本书由北外科技园，千灯湖产业金融高级智库资助出版

# 国际互联网产业研究报告

## （法德篇）

裴艳丽　杨纪成　牛华勇
夏提古丽·夏克尔
著

International Report on
Internet Industry

**参加研究人员**

丁　酮　原　祯　郑斯榕　刘嘉钺　王炳坤
王欣然　张　建　谭楚茵　夏提古丽·夏克尔

中国经济出版社
CHINA ECONOMIC PUBLISHING HOUSE
北京

**图书在版编目（CIP）数据**

国际互联网产业研究报告（法德篇）/裴艳丽等著．
—北京：中国经济出版社，2019.1
ISBN 978-7-5136-5467-8

Ⅰ．①国… Ⅱ．①裴 Ⅲ．①互联网络—应用—金融—产业发展—研究报告—法国
②互联网络—应用—金融—产业发展—研究报告—德国
Ⅳ．①F831-39

**中国版本图书馆 CIP 数据核字（2018）第 269790 号**

责任编辑　杨元丽
责任印制　巢新强
封面设计　华子设计

**出版发行**　中国经济出版社
**印 刷 者**　北京九州迅驰传媒文化有限公司
**经 销 者**　各地新华书店
**开　　本**　710mm×1000mm　1/16
**印　　张**　21.5
**字　　数**　267 千字
**版　　次**　2019 年 1 月第 1 版
**印　　次**　2019 年 1 月第 1 次
**定　　价**　56.00 元
**广告经营许可证**　京西工商广字第 8179 号

**中国经济出版社** **网址** www.economyph.com **社址** 北京市西城区百万庄北街 3 号 **邮编** 100037

本版图书如存在印装质量问题，请与本社发行中心联系调换（联系电话：010-68330607）

# 序 言

# Preface

目前,我国互联网产业发展十分迅速,尤其是在电子商务领域领跑世界。与此同时,世界各国互联网金融也在相应的随着时代发展而发展。如果将目光投向高新科技制造大国法国、德国和日本,也不难发现,这三个世界主要经济体的互联网产业也发展得非常成熟,在某些领域可能尚不及中国,但也有许多可以学习借鉴的经验与优势。虽然发展程度不尽相同,但从整体来看,三国都在政治、经济、社会、技术、法律等各个方面积极推动了该国互联网产业的蓬勃与健康发展。

本书系以法、德、日三国互联网发展的大量数据及分析模型作为突破口,对三个国家互联网产业进行了较为全面且详尽的介绍,对三个国家互联网经济的宏观环境和 B2C 电子商务进行了重点剖析,提出了独到的观点与发展预测。通过本篇书系,对这三个国家的互联网产业有所兴趣、有意同三国企业展开互联网商务合作或有意向进入其市场展开互联网商务活动的人士,可以对三国互联网发展现状及潜在的机遇与挑战建立一个基础性的全面认识。

# 目　录

# Contents

## 第一篇　法国互联网产业

## 第二篇　德国互联网产业

# 第一篇

# 法国互联网产业

# 第一章
# 法国经济及产业环境分析

受2000年全球经济衰退和2008年金融危机的影响，法国经济发展面临挑战，但作为主要发达国家之一的法国是一个老牌工业经济强国，拥有大规模且多样化的工业基础，因而近年来经济复苏与产业革新表现不俗。在传统的农业和工业方面，法国继续发展其优势。在农业上，法国成为仅次于美国的世界第二大农业出口国；在工业上，法国的电信、航天、国防、造船、制药、建筑及土木工程、化学以及汽车行业实力雄厚，是国民经济的命脉。作为走在技术改革与创新前沿的国家，法国研究与发展经费高达国内生产总值（GDP）的2.3%，在经济合作与发展组织（OECD）国家中排名第三，是推动欧盟及全球经济增长和产业革新的重要引擎之一。

## 第一节　法国经济环境分析

2015 年，法国国内生产总值达 2.18 万亿欧元，居世界第六位、欧盟第三位。法国是世界第六大进口国和出口国，2015 年获得外商直接投资达 357 亿欧元，位居世界前列。有 31 家法国企业跻身年度财富世界 500 强，其中包括道达尔（TOTAL）、安盛（AXA）、法国巴黎银行（BNP PARIBAS）、法国电力公司（ÉLECTRICITÉ DE FRANCE）以及家乐福（CARREFOUR）等著名企业。

农业方面，法国凭借肥沃的土壤、先进的技术以及欧盟补贴成为欧洲最主要的农业生产国和农产品出口国，农业生产量处于欧洲领先地位；工业方面，法国是全球工业最为发达的国家之一，航空航天、民用核能、高端制造、医药和环保等为法国主要优势产业，化妆品和奢侈品制造业极具法国特色；此外，服务业是当今法国经济最主要的部门，2014 年法国服务业人口占总就业人口的 76.9%；法国还是世界上最受欢迎的旅游目的地之一，旅游业收入居世界前列。

但是，当今法国经济也存在一定问题，主要表现在欧债危机后，法国经济恢复速度较慢，同时国家财政赤字扩大，人口失业率较高。

## 第二节　法国优势产业发展情况

目前，法国是世界第五大经济体，2015 年有 29 家企业入围财富世界 500 强。同时，中国是法国第六大贸易伙伴，两国在技术、投资方面的合作愈加频繁。本书以航空航天、民用核能、高端制造业、医药产业和环保产业这五个产业为例来分析法国优势产业的发展状况。

### 一、航空航天

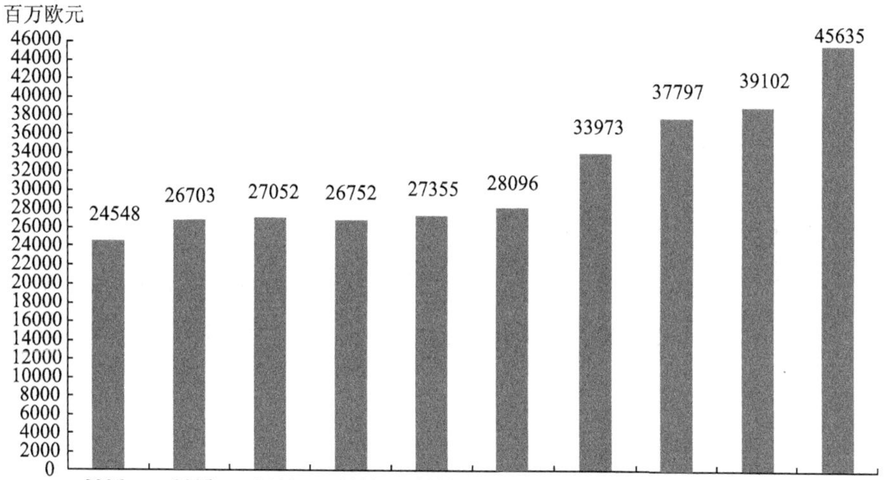


**图 1-1　法国航空航天总销售额**

法国是欧洲第一大航空航天工业强国。根据法国航空航天工业协会（GIFAS）的统计数据显示，2015 年法国航空航天业总销售额为 456.35 亿欧元，其中出口额占比 84%，新增就业岗位 1 万余个。2009—2015 年，法国航空业出口额持续增加，分别约为 268 亿欧元、274 亿欧元、281 亿欧元、340 亿欧元、378 亿欧元、391 亿欧元、456 亿欧元（见图 1-1）。

法国在该领域拥有诸多知名集团。空客集团（Airbus Group）是仅次于波音公司的全球第二大航空航天及防务公司，在民航机市场上与波音不相上下。同时空客集团也生产诸多军用机及飞行武器，是全球第七大国防承包商，其前身为欧洲航空国防与航空公司（EADS）。赛峰集团（Safran Group）是世界领先的航空发动机和设备制造商，拥有四大核心专业：航空航天推进、航空航天设备、防务—安全以及通信。目前该集团在世界 30 多个国家拥有 62000 名员工，年销售额超过 113 亿欧元。赛峰集团旗下的各公司都享有盛誉，包括 Sagem 集团、Aircelle 集团、Hispano-Suiza 集团、Snecma 集团以及 Turbomeca 集团等，它们通过独立开发或进行合作均居欧洲乃至世界领先地位，其麾下 Snecma 集团的主营业务为航空器动力装置研制生产。达索航空（the Groupe Industriel Marcel Dassault S. A.）是法国第二大飞机制造公司、世界主要军用飞机制造商之一。阿丽亚娜空间（Arianespace）公司在发射地球同步轨道卫星方面处于世界领先地位。泰雷兹集团（Thales Group）是全球领先的生产航空、防御及信息技术服务产品的电子高科技公司，旗下 Thales Alenia Space 公司是欧洲领先的通信、防卫、导航及对地观测卫星设计与制造厂商。

## 二、民用核能

随着传统能源的消耗和气候变化问题日益凸显，更加清洁环保的核能逐渐受到各国青睐，而法国民用核能发展历史悠久，在原料供给、核电站建设以及核废料处理等方面具备极强的技术优势，在核能发电领域处于国际领先地位。

**表 1-1　2015 年全球核电生产量前十位国家**

| 国家 | 在役核电组 | 总输出功率(MW) | 核能发电量(TWh) | 核电占发电总量比重(%) |
|---|---|---|---|---|
| 美国 | 99 | 99185 | 797.2 | 19.50 |
| 法国 | 58 | 63130 | 416.8 | 76.34 |
| 俄罗斯 | 35 | 25443 | 195.2 | 18.59 |
| 中国 | 31 | 26774 | 170.4 | 3.03 |
| 韩国 | 24 | 21733 | 157.2 | 31.73 |
| 加拿大 | 19 | 13524 | 98.4 | 16.60 |
| 德国 | 9 | 12074 | 86.8 | 14.09 |
| 乌克兰 | 15 | 13107 | 82.3 | 56.49 |
| 英国 | 16 | 9408 | 63.9 | 18.87 |
| 西班牙 | 7 | 7121 | 54.7 | 20.34 |

资料来源：国际原子能总署。

据统计，2015 年，法国本土发电总量为 546 TWh(太瓦时)，其中核能发电量为 416. 8TWh，仅次于美国，排名世界第二。核能发电量在全国发电总量中所占比重达 76. 34%，领先于乌克兰、韩国、西班牙等国家，居全球首位（见表 1-1）。

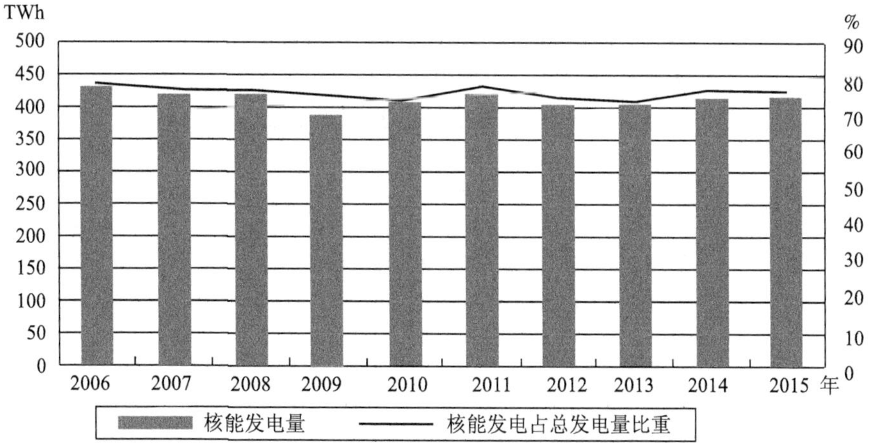


**图 1-2　2006—2015 年法国核能发电情况**

数据显示，2006—2015 年，法国年核能发电量基本保持稳定，仅 2009—2012 年出现较明显下降，其中 2009 年核能发电量为 390TWh，较上年减少了 6.8%，为 10 年来最低水平。早在 1997 年，法国核能发电量在总发电量中所占比重已达 78.17%，2006—2015 年，该比重基本稳定在 73%~78%，核能发电早已成为法国最主要的电力来源（见图 1-2）。

核能发电不仅清洁环保，且因生产成本相对较低而具有价格优势（铀原料占每度核电生产成本的 5%左右，而煤炭和天然气原料则分别占燃煤发电和燃气发电生产成本的 20%~50%和 50%~80%）。法国是欧盟电价最低的国家之一，每度电的价格与其邻国相比平均低 40%。

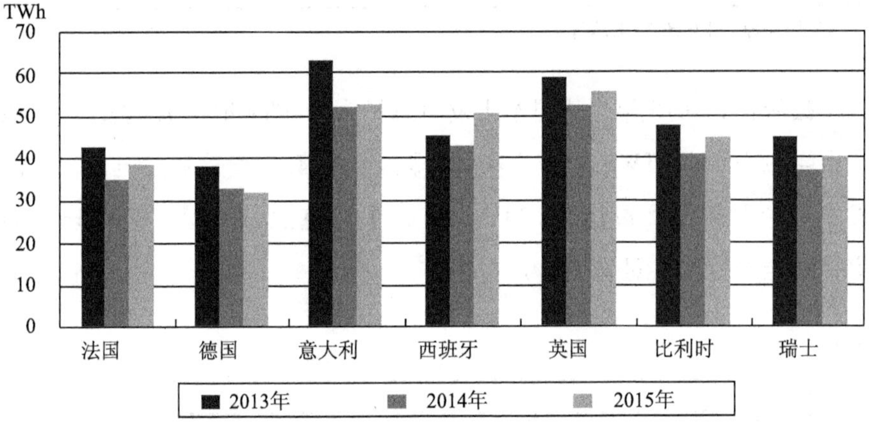


**图 1-3　2013—2015 年法国及其邻国节点电价柱状图**

法国输电网公司（RTE）与欧洲电力市场所提供的统计数字显示，2013—2015 年法国及其邻国电力价格均有波动，但德、法两国电价始终低于其他国家（见图 1-3）。

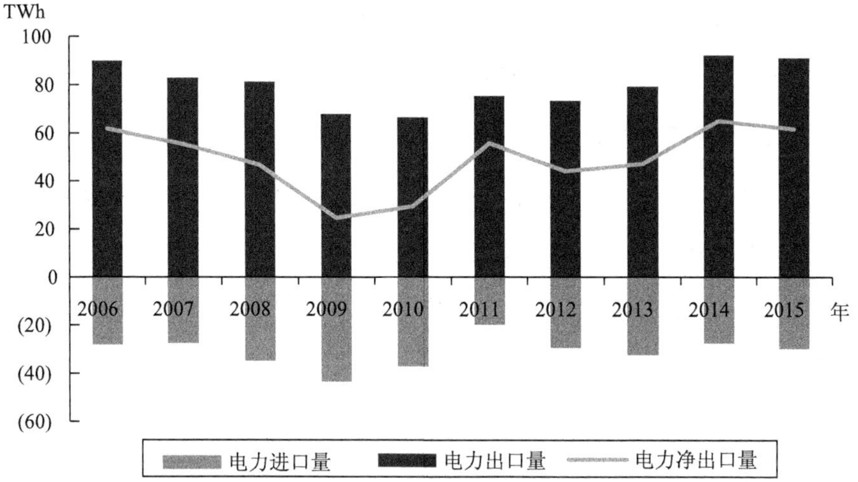


**图 1-4　2006—2015 年法国电力进出口情况**

2009 和 2012 年，受核能发电量下降等因素影响，法国电力出口量减少，进口量增长，净出口量两次出现下滑，但随后逐渐恢复到 2006 年水平。2014 年法国已成为全球最大电力净出口国。2015 年，法国总电力出口量为 91.3TWh，净出口量达 61.7 TWh（见图 1-4）。

作为世界最大的电力生产厂家之一，法国电力公司（EDF）是负责全法国发、输、配业务的国有企业，其在法国年发电量的 85%以上来自于核能。该公司共有员工 15.9 万余人，2005 年营业额超过了 750 亿欧元。公司运营管理分布在法国在 19 个核电站的 58 个压水反应堆，其中 34 台 900 兆系列、20 台 1300 兆系列和 4 台 N4 型 1450 兆系列，总功率达 63.13GW。一台输出功率为 900 兆的核电机组平均每月可生产 50 万兆瓦电量，可满足 40 万个家庭的用电需求。

法国国有公司阿海珐集团（AREVA）具备先进的专业技术，开发出了欧洲压水反应堆（EPR），在核电安全、设施保障等方面要求严格，在全球核电行业中首屈一指。作为中国工业发展过程中重要的合作伙伴之一，阿海珐集团与中广核集团在广东省台山合作建造两台EPR反应堆，提供天然铀供应、核燃料交付等服务。

## 三、高端制造业

制造业是法国国民经济的重要组成部分，2014年法国制造业产值为2138亿欧元，在国民生产总值中所占的比重达11.2%。由于生产力快速提高，制造业产品价格增长速度相对其他产业较低等原因，这一比重自1970年（22.3%）以来逐年降低。

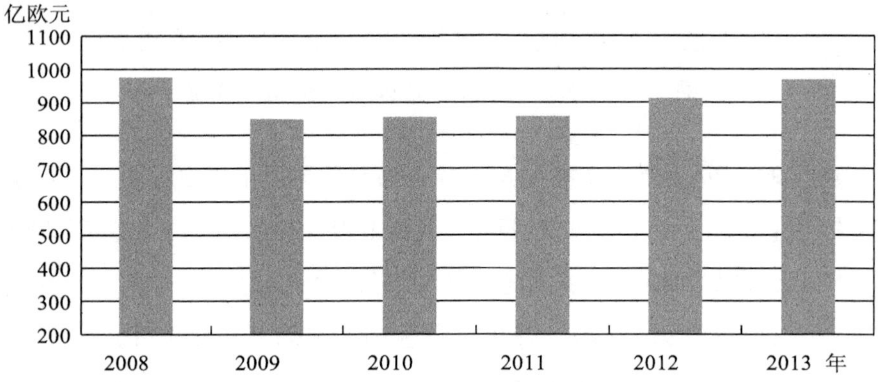


**图1-5　2008—2013年法国高端制造业产值**

法国在以航空航天、汽车、高速铁路、机械以及电子元件为主的高端制造业领域具有完备的核心技术和杰出的创新能力，产品附加值高。近年来，法国高端制造业产值稳步提高，但在2008年由于受世界金融危机的影响出现下滑，之后逐年回升，2013年达到968.9亿欧元（见图1-5）。

由法国阿尔斯通公司（Alstom）与法国国家铁路公司（SNCF）共同设计建造的法国高速列车（TGV）是全球最快的高速列车之一，其商业营运最高速度可达每小时320公里。在汽车制造业方面，标致（Peugeot)、雷诺(Renault S. A.)以及雪铁龙(Citroën)等法国汽车以其前卫的设计、出色的性能受到人们的喜爱。

## 四、医药产业

法国医药工业凭借其悠久的历史、先进的科学技术，一直保持着全球医药工业大国的地位，1995 年后法国成为欧盟最大的药品生产国。面对激烈的国际竞争，法国医药行业进行了多次重大的技术变革和重组合并，其企业数量已从 20 世纪 50 年代的近 1000 家，减少到目前的不足 300 家，此外还有 170 家企业完全服务于生物技术领域。

近年来，法国医药行业表现不错，2014 年共有专利 124 项，2013 年风投总额达 1.8 亿欧元，在欧盟均位列第 2；欧盟研究资助专项 438 项，核心企业 255 家，均位列第 3；根据欧洲制药工业协会联盟(EF-PIA)2014 年提供的数据显示，2013 年生物技术产业的员工数量为 110006 名。

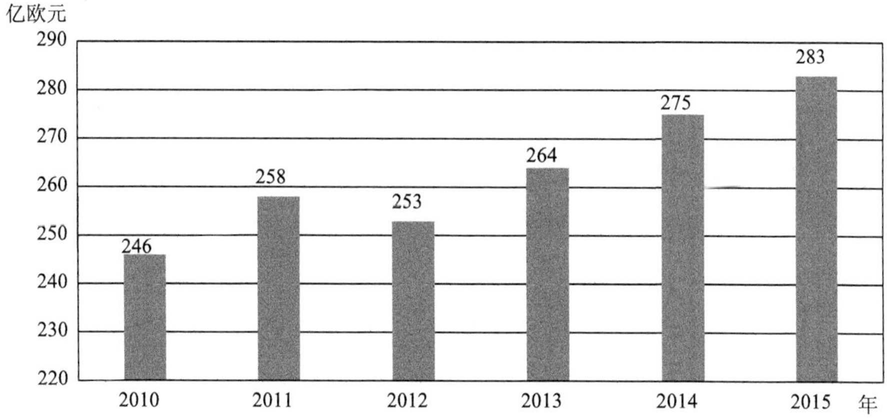


**图 1-6　2014 年法国医药市场销售额**

随着法国人均医疗支出的增加和市场规模的不断扩大，医药行业的销售额也在逐年增长。2014 年，法国医药市场销售额达 275 亿欧元，2015 年达到 283 亿欧元。企业销售额集中度较高，1/3 来源于国内最大的五家企业，其余来自中小型企业。虽然中小型企业的国内销售额不大，但其产品新颖，专业性强，在细分领域表现突出（见图 1-6）。

法国制药行业注重研发创新，其科研经费的 99%来自企业投资，医药企业将超过 10%的药品销售收入用于研发。目前，法国制药行业研发与制药分离正在成为一种趋势。随着市场一些药品专利的到期，制药企业出现产能过剩现象，销量和盈利开始减少，许多大型医药公司纷纷采取将制药业务分包的做法，多数大众类药品都由分包商生产。业内人士认为，研制分离的趋势会使制药业务的集中程度越来越高。

法国制药行业在促进就业方面发挥着重要作用，2013 年直接创造了 10 万个就业岗位，间接创造了 20 万个就业岗位。制药行业的另一个重要性在于投资，2013 年的研究显示，1 欧元的投资可以给法国经济带来 3 欧元的贡献。因此，制药行业是法国政府重点扶持的行业之一。

此外，法国是传统的化工大国，化学工业是其优势产业，也是法国四大强势出口行业之一，近年来保持了 4%~6%的年增长率，2013 年出口额达 263 亿欧元，以高科技含量产品为主。由于历史原因，其产品最大的出口目的地一直是欧洲，占其出口总额的比重达 61%，其次为非洲、美洲和亚洲，亚洲占比仅为 10%。最大出口目的国是比利时，占比达 33%，德国紧随其后。近年来，法国的医药出口有逐渐向包括俄罗斯、中国在内的新兴市场转移的趋势，对新兴市场的出口额占其全部出口市场比重已达到 13%。

## 五、环保产业

在法国，环保产业指以环境保护或自然资源管理为目标而提供商品生产或服务的产业，既有商业公司的运营，也有公共部门的参与。法国的环保产业分为三部分：一是环境保护产业，包括空气和气候保护、污水处理、垃圾处理、放射性垃圾处理、土壤及水体恢复、噪声污染治理、维护自然景观和生物多样性等；二是自然资源管理，包括水资源可持续发展、垃圾回收利用、能源管理、可再生能源发展等；三是跨领域活动，同时涵盖环境保护与自然资源管理，包括公共服务、研究与开发、环境工程学的研究与实践等（见图 1-7）。

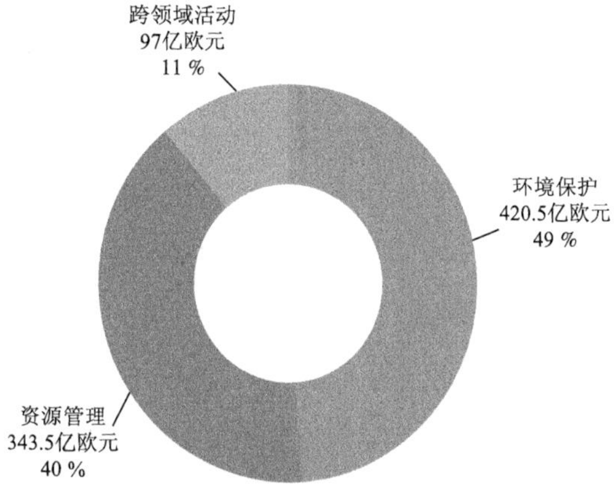


**图 1-7　2013 年法国环保产业产值分布**

以 2013 年为例，该年份法国环保产业产值已达 861 亿欧元（占国内生产总值 2.3%），比 2012 年增加 0.9%，净增价值达 315 亿欧元（占国内生产净值的 1.5%），企业数量约为 1.2 万家，带动就业岗位 442440 个。根据 Insee 提供的 2013 年法国环保产业产值各领域分布信息显示，可再生能源管理、垃圾处理及污水治理位居前三，可再生能源管理发展势头强劲，比 2012 年增加了 6.2%（见图 1-8）。

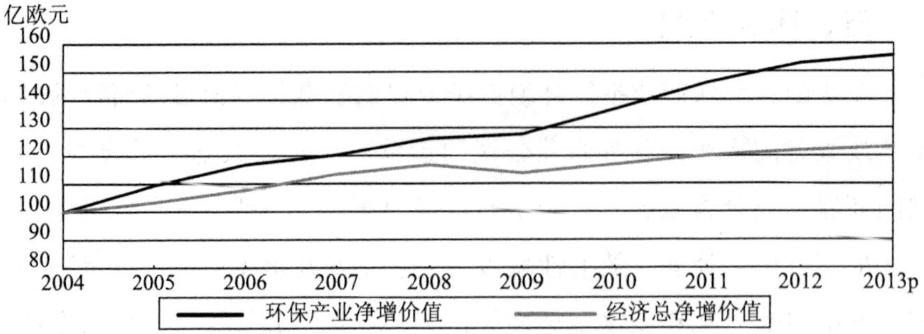


**图 1-8　法国环保产业净增价值变化图**

注:(p) = 临时数据。

资料来源: SOeS; Insee, Esane, Comptes nationaux base 2010。

出口贸易方面，再生资源回收利用、可再生能源、水资源管理、污水处理等在出口贸易额中占有重要比重。2013 年，贸易顺差额达 28 亿欧元，其中再生资源回收利用及可再生能源在出口贸易额中占比最大。

法国国家统计与经济研究所等机构的统计数据表明，法国环保及相关衍生产业从业人员 2008—2014 年间逐年递增，2014 年共计989950人，年平均增长率为 1.7%。

法国采取全方位措施推进环保产业发展。在可再生能源管理方面，实施电动车与混合动力汽车购买优惠补助政策；在氢燃料电池和燃料电池领域实施“氢能源展望”规划以加大在该领域的投资力度；而在海洋能源产业方面则有欧洲各国海洋能源试点工程和招投标项目的推动；在能源管理方面，法国规定建造房屋需提供能耗数据，同时低碳化汽车和智能电网的发展潜力被看好；在水资源管理方面，法国具备良好的雨水回收和污水处理的节水系统，而且在水处理、垃圾处理方面具备巨大发展潜力,例如法国拥有威立雅环境集团、苏伊士环境集团等大型跨国公司及众多活力旺盛的中小企业。2013 年，污水处理产品在出口贸易中占高达 12.3%。

第二章

# 法国互联网产业发展现状

法国人使用互联网始于20世纪90年代初，但直到21世纪互联网才开始迅速发展，主要表现为用户规模不断扩大，用户结构多元发展，接入环境呈良好发展态势。与此同时，互联网经济蓬勃发展，例如，法国电子商务起步虽晚但发展势头迅猛，而且移动互联网用户数量也快速增加。值得注意的是，法国的社交网络使用群体不断扩大，其中在年轻群体中体现尤甚。

# 第一节　法国互联网基本发展情况

法国互联网基本发展情况主要涉及法国互联网用户规模、互联网用户结构以及互联网接入环境。

## 一、互联网用户规模

### （一）总体互联网用户规模

世界银行发布的统计数据显示，1990 年，法国互联网用户占比仅为 0.053%，到 2000 年，该比例也仅为 14.308%，此后的互联网用户比例增长速度明显加快，尤其是 2007 年，用户比例由 2006 年的 46.87%迅速增长到 66.09%，2015 年，法国互联网用户比例达到 84.695%。根据 Journal du Net① 在其网站引用的 Mé diamé trie② 发布的一项报告显示，截至 2016 年 8 月，法国互联网用户数量达到 4770 万（见图 2-1）③。

---

① 法国经济信息类专业网站，创立于 1999 年，2012 年在该类网站在法国排第二名，致力于传播数字化经济、经济管理和科技信息。

② 创立于 1985 年的法国企业，主要开展多媒体的市场分析等研究，其研究对象包括电视、广播和互联网等。

③ http://www.journaldunet.com/ebusiness/le-net/1071394-nombre-d-internautes-en-france/.

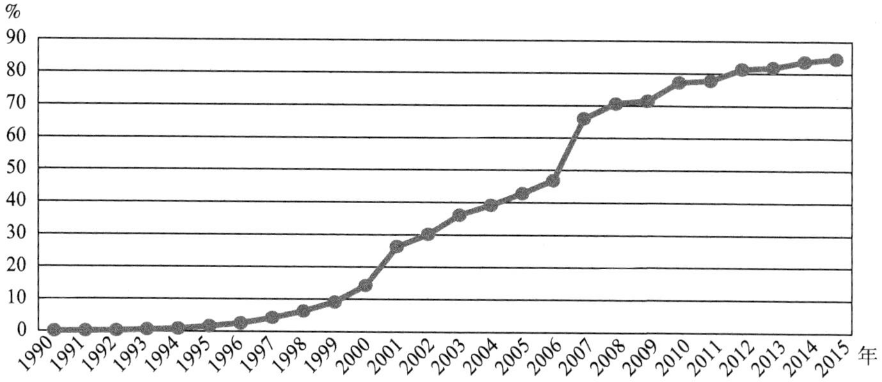


**图 2-1　1990—2015 年法国互联网用户比例**

## (二)各地区用户规模

**表 2-1　法国各地区网民数量及其占该地区总人口数比例**

| 地区 | 该地区网民数量 | 该地区网民数占该地区总人口数比例(%) |
|---|---|---|
| 巴黎大区 | 9949764 | 84.42 |
| 巴黎盆地西部地区 | 4371972 | 74.63 |
| 巴黎盆地东部地区 | 3533579 | 72.22 |
| 北部地区 | 3038836 | 75.25 |
| 西部地区 | 5557204 | 65.01 |
| 东部地区 | 3968808 | 73.93 |
| 西南地区 | 5576836 | 81.33 |
| 东南地区 | 5997018 | 79.14 |
| 地中海地区 | 6023109 | 76.77 |

根据 Journal du Net 和 comScore① 共同开展的这项调查研究显示，巴黎大区无论在网民数量还是在网民数占地区总人口数的比例上都领先全

① comScore 公司是一家全球性互联网信息服务提供商，是美国知名的互联网统计公司、互联网流量跟踪分析公司和市场调研公司。1999 年由 Magid Abraham 与 Gian Fulgoni 创建于弗吉尼亚州雷斯顿。2007 年在纳斯达克上市。

国其他地区，网民数量大约达到 995 万，占比达到 84.42%。拥有 560 万居民的西部地区的互联网普及率最低，仅占该地区总人口数的 65.01%，与巴黎大区相差近 20 个百分点，与相邻的西南地区（81.33%）也相差了 15 个百分点（见表 2-1）。

## 二、法国互联网用户结构

法国的互联网用户根据年龄、性别、学历、职业、居住地的不同，有着不同的网络使用习惯。从最新的数据上看，和大部分国家一样，居住在城市的高学历年轻人是构成法国网民群体的“主力军”。但值得指出的是，法国的 30~59 岁的中年人口中，互联网用户比例仍然保持着较高水平。此外，从事不同职业的劳动者中，互联网用户比例的差距也并不是很大，这表明随着社会信息化程度的加深，不同行业都对从业者的信息技术提出了一定的要求。而随着网络技术的进步和基础设施的建设，法国的城市与农村地区之间的“信息化鸿沟”正在逐渐缩小。

### （一）年龄结构

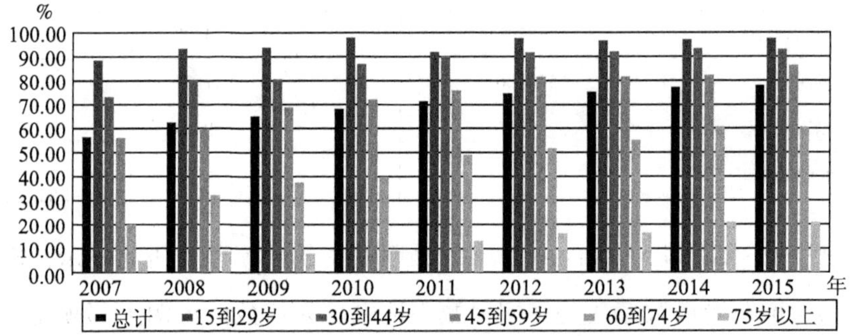


**图 2-2　2007—2015 年法国互联网用户年龄结构**

如图 2-2 所示，2007—2015 年期间，法国青年人群中互联网用户比例始终是最高的。2015 年，15～44 岁的青壮年上网比例均超过 90%，其中 15～29 岁人群的网民比例高达 97.6%。但这个数字和其他年龄段之间的差距正在逐年缩小。2007 年仅有 5%的 75 岁以上老人使用互联网，20%的 60～74 岁的人使用互联网，56%的 45～59 岁的人使用互联网，但 2015 年三组数据分别攀升为 21%、60.7%和 86%。用户比例的增长一方面是因为部分低年龄组的用户随着时间推移进入高年龄组，这说明随着用户逐渐变老，使用互联网的习惯一直保持，另一方面说明有更多老年用户开始使用互联网。此外，考虑到法国社会人口老龄化很明显，中老年网民的市场不容小觑。

### （二）性别结构

如图 2-3 所示，2007—2015 年期间，法国男性中的网民比例始终高于女性中的网民比例，2015 年，法国男性中有 80.3%是网民，而女性中互联网使用者只有 75.9%。但这一差距总体呈现缩小趋势。

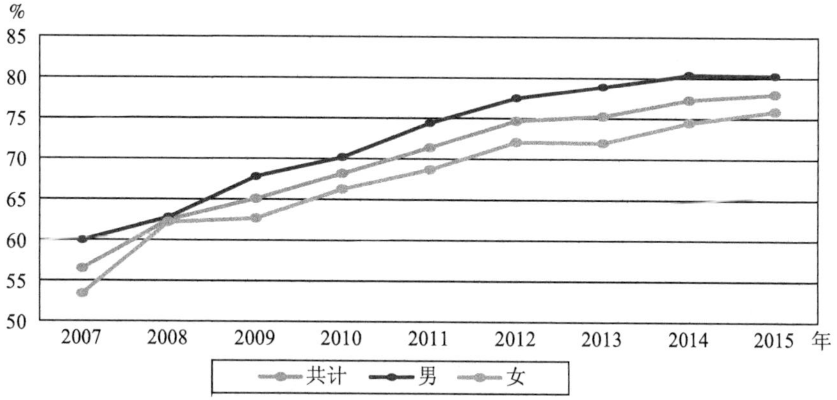


**图 2-3　2007—2015 年法国互联网用户性别结构**

### （三）学历结构

如图 2-4 所示，2007—2015 年期间，法国高中以上学历人群中网民比例最高，2015 年达到 96. 2%，高中学历人群次之（93%），职校或初中毕业人群中 80%有上网习惯，比例相较 2007 年的 56. 6%有显著提高，而仅有小学毕业文凭或没有文凭的人群中，网民占比还不到一半（46%）。

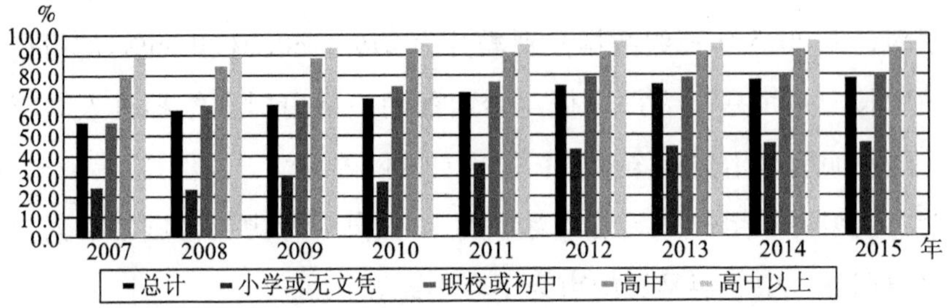


**图 2-4　2007—2015 年法国互联网用户学历结构**

## （四）职业结构

如图 2-5 所示，2007 年到 2015 年期间，法国互联网用户的职业结构呈现出以下特点：在企业中担任管理职位和中间职位以及自由从业者的网民比例最高，超过 98%。白领阶层次之，比例为 90. 6%。农民、手工业者和零售商中，互联网使用者占比近九成（89. 8%）。比例最低的为蓝领工人，但也达到 84. 5%。可见，法国的各个行业从业人员都普遍使用互联网。

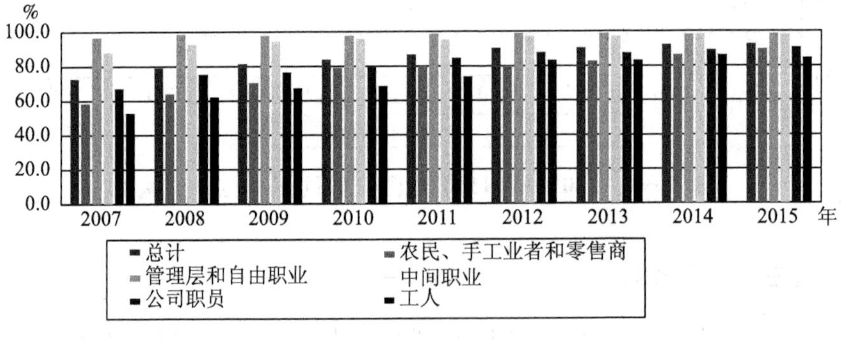


**图 2-5　2007—2015 年法国互联网用户职业结构**

### （五）城乡差距

如图 2-6 所示，2010—2015 年期间，法国城乡居民的互联网用户率存在一定差异，但相对来说较小。2015 年，巴黎地区的网民比例最高，也是唯一超过 80%的地区（83%）。人口在 20 万以上的大城市中，这一比例达到 79%。在中小城市中，网民数量占到当地人口的 75%以上。值得注意的是，法国农村地区网民比例在近年来逐渐反超中小城市，在 2015 年达到 77.3%。这说明，因为互联网跨越时空限制的优势，在偏远地区互联网的发展潜力巨大。

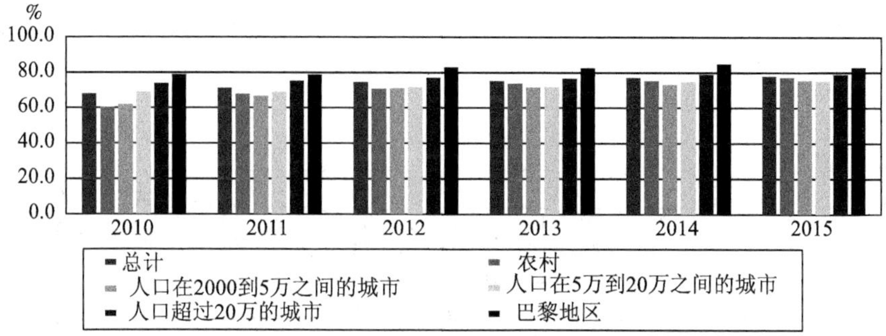


**图 2-6　2010—2015 年法国互联网用户地区差异**

## 三、互联网接入环境

2016 年，法国互联网使用频率越来越高，发展潜力很被看好。65%的法国人（比 2009 年增加了 11%）认为，为了更好地融入社会，跟上时代发展的步伐，互联网无疑起了重要作用。他们认为，如果缺少相关的计算机操作能力，生活或工作就会遇到很多困难。可以说，法国互联网接入环境呈良好发展态势。

### （一）通信设备使用与互联网连接

通信设备使用方面，2016 年，法国移动电话使用比例比固定电话高出 5%，前者为 93%，后者为 88%，只安装了固定电话的家庭只占 6%，同时拥有这两种通信设备的人口占 81%（在欧洲排名第 5）。移动电话取代固定电话的趋势越来越明显。

互联网接入设备方面，2012 年以来，持有电脑的法国人占比持续增长，2016 年达到 82%，近年来智能手机和平板电脑数量激增，2016 年，两样电子设备普及率分别较 2015 年增长 5 个和 7 个百分点。2016 年同时持有电脑、平板电脑和智能手机这三种设备的法国人占比 30%，比 2015 年增加了 5%；而同时持有电脑和智能手机这两种设备的法国人占比 29%，比 2015 年增加了 2%，这是第一次前者超过后者。

家庭网络接入情况十分乐观，占 85%，比 2015 年增加 2 个百分点。

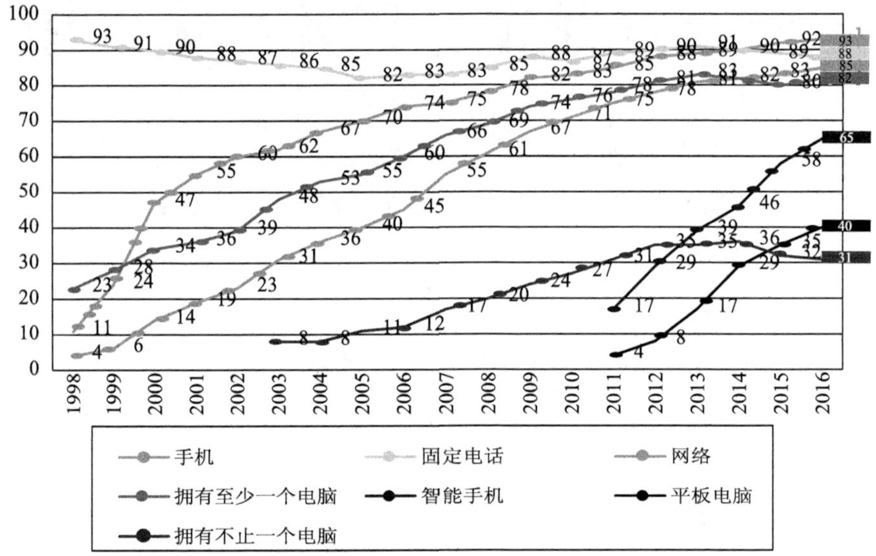


**图 2-7　设备使用及家庭网络安装情况**

注:2003 年以前,调查对象为 18 周岁及以上的法国人,2003 年以后年龄起点为 12 周岁。

调查数据显示，超过一半的人没有在家中安装互联网，原因是不感兴趣，这一现象在 2011 年和 2012 年尤为突出；还有大约 1/4 的人认为网络套餐或终端设备的费用太贵（见表 2-2）。

**表 2-2　在家中不安装互联网的主要原因(%)**[①]

| | |
|---|---|
| 网络套餐或终端设备太贵 | 16 |
| 手机流量可以满足需求 | 4 |
| 安装及使用太复杂 | 9 |
| 居住地网络信号差或没有网络信号 | 1 |
| 不感兴趣 | 5416 |
| 在其他地方使用互联网：工作地点、自带网络的咖啡店等 | 5 |
| 其他原因 | 11 |
| 总计 | 100 |

### （二）互联网接入用途

互联网用途种类日渐丰富。62%的人利用网络办理行政手续，此类人群规模甚至超过网购人群，其以 9%的年增长率位居第一。

60%的人进行过网购，比 2015 年增加了 5 个百分点，但随着网购的普及，对支付安全的担忧成为网购进一步发展的最大瓶颈（2016 年，36%的人有此担忧，但相比 2004 年已下降了 13%）。送货上门成为广受欢迎的收货方式，63%的网购用户表示更喜欢这种方式。

2016 年社交网络用户占比达 56%，较 2015 年提高 4 个百分点，小于 40 岁的人群中 84%为社交网络用户。55%的用户听或下载音乐，35%的人在固定网络的情况下喜欢使用网络电话（例如 Skype 或者 Google Hangouts）。14%的人使用网络的远程教育功能，人们对于此功能的肯定程度尚待观察，目前有少于一半的人认为此功能效果不错，与 2001 年相比已增加了 7 个百分点。

① 调查范围：12 岁及以上的家中未安装互联网的法国人。

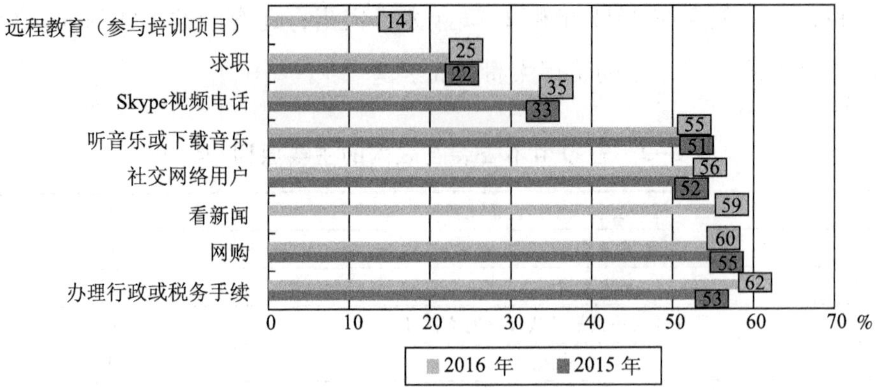


**图 2-8 互联使用类型**

注:调查范围为 12 岁及以上的法国人。

资料来源:CREDOC,《生活条件与憧憬》问卷调查,2016 年 6 月。

## (三)互联网接入时长与质量

随着时间的推移,互联网接入时长逐渐与看电视的时长持平。平均而言,每个法国人每周在网上花费的时间超过 18 小时(与 2012 年相比多了 5 小时),甚至即将与看电视时长持平(20 小时),而后者在这几年间并没有增长。12 周岁及以上的人群中,网络用户所占比重达 87%,而 40 岁以下年龄段人群中网络用户比例则达到 100%。更值得关注的是,使用互联网是十分日常的行为,74%的受访者称,不论地点或接入方式,他们每天都会接入互联网(与 2015 年相比增加了 6 个百分点)。

关于移动设备的网络连接质量,83%的法国人表示满意,只有 2%的人完全不满意。在人口稀疏的地区,满意率只有 77%,4%的人表示对连接状况非常失望。关于家庭网络(固定或移动设备)的连接质量,满意度取决于网络用途及该用途所需流量。

在网上办理行政手续或者寻找求职信息等耗费流量较少的情况下,

人口稀疏的地区有13%的法国人认为网络状况不能满足需求；而人口相对稠密的地区则有9%的法国人认为不能满足需求。在审查电影、电视节目的工作或下载电影等耗费流量较多的情况下，上述两种地区认为不能满足需求的用户比例差值为7个百分点：前者为33%，后者为26%。

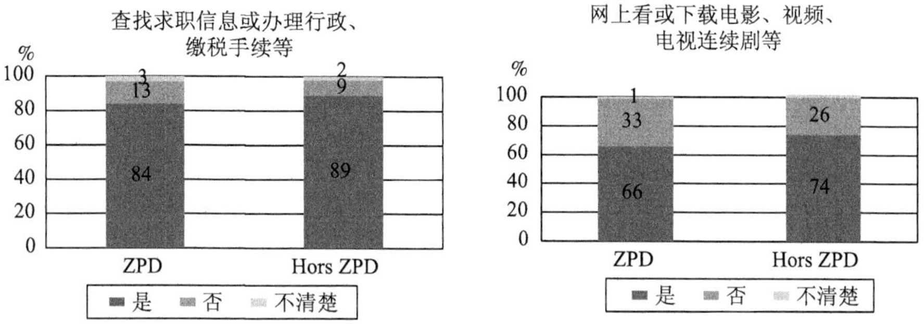


**图2-9　互联网连接质量(移动或固定设备)能否满足**

注:调查对象为12周岁及以上的有途径(家庭网络或移动手机网络)接入互联网的法国人。

资料来源:CREDOC,《生活条件与憧憬》问卷调查,2016年6月。

## 第二节　法国 B2C 和 C2C 电子商务发展情况

伴随着信息化程度的加速升级，尤其是互联网行业的高速发展，电子商务作为新兴的商业模式在全球范围内兴起并呈蓬勃之势，也日渐成为经济发展的重要增长点和拉动全球经济复苏的引擎。以下是法国的电子商务发展情况。

### 一、法国电子商务总体情况

法国电子商务起步较晚，但近年来发展势头迅猛，在法国国民经济衰退的背景下，电子商务规模始终保持快速增长，极大地带动了法国消费增长。2016 年，超过 3550 万法国人选择网络购物，占法国人口总数的 66%，约有 660 万的法国人尝试过利用手机进行网购。

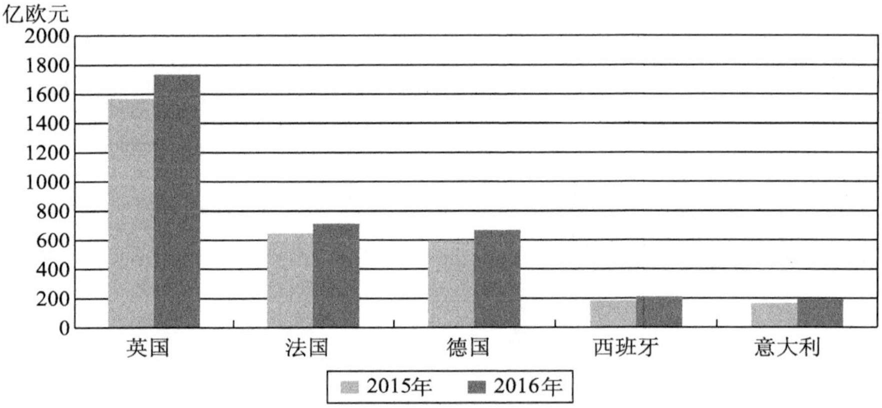


**图 2-10　2015—2016 年欧洲电子商务营业额前五国**

法国为欧洲第二大电子商务市场。数据显示，2016 年英国、法国、德国、西班牙和意大利电子商务营业额分别为 1737 亿欧元、714 亿欧元、669 亿欧元、210 亿欧元和 191 亿欧元（见图 2-10）。

据统计，2005—2015 年法国电子商务营业额持续高速增长，11 年间增幅达 675%，2015 年电商营业额为 649 亿欧元，同比增长 14%，网络销售额在总零售额中所占的比重为 7%。2016 年营业额为 714 亿欧元,网络销售额占总零售额的 8%（见图 2-11）。

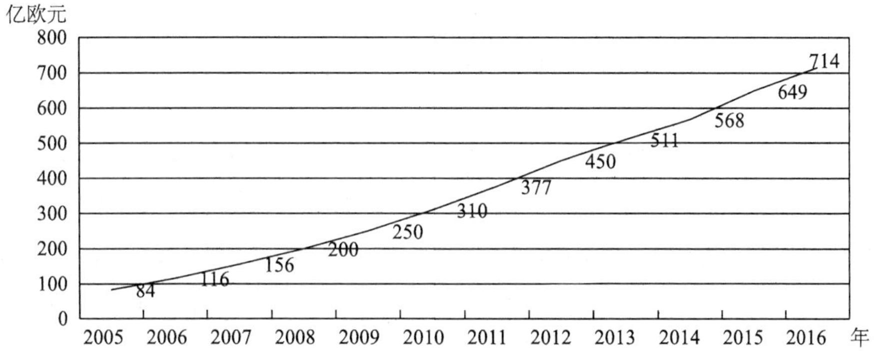


**图 2-11　2006—2016 年法国电子商务营业额**

根据法国电子商务和远程销售协会（Fevad）提供的调查数据显示，2005—2016 年，法国电子商务交易量持续快速增长，11 年翻了 10 余倍。2016 年法国电子商务交易笔数突破 10 亿笔，较上年增长了 23%，平均每秒钟就有 33 笔网上交易，一年中平均每位电商买家进行 28 笔交易，同比增长 21%（见图 2-12）。

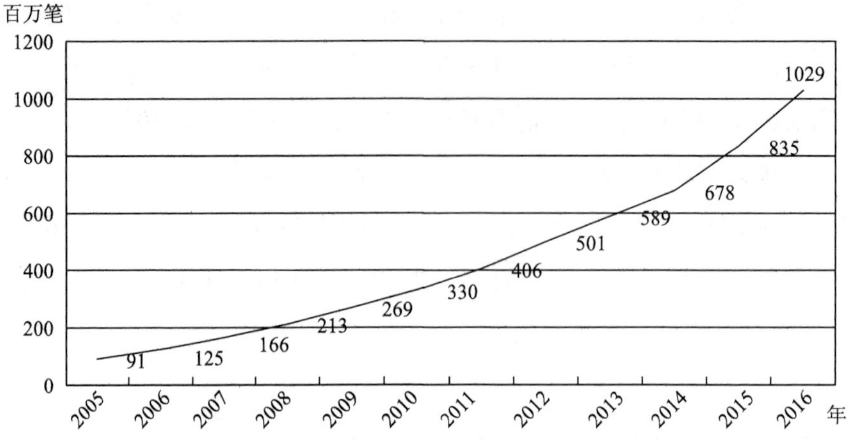


**图 2-12　2005—2016 年法国电子交易笔数**

数据显示，2006—2015 年，法国电子商务网站数量逐年增长。10 年来，法国电子商务网站的数量已经由 22900 个增长至 182000 个。2015 年，营业额高于 1000 万欧元的电子商务网站仅占网站总量的 0.6%，总共创造了 61%的营业额；营业额在 100 万欧元到 1000 万欧元的网站占总数的 4.3%，总共创造了 24%的营业额；95.1%的电子商务网站营业额低于 100 万欧元，营业额占总数的 15%（见图 2-13）。

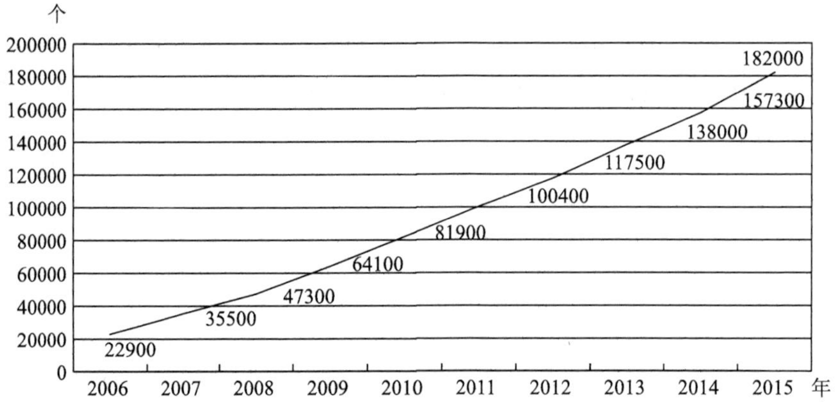


**图 2-13　2006—2015 年法国电子商务网站数量**

法国主要电子商务网站有 amazon、cdiscount、vente-privee 等，2016 年 3 家网站营业额分别为 31 亿美元、19.7 亿美元和 19.6 亿美元，分列法国前 3 名（见图 2-14）。

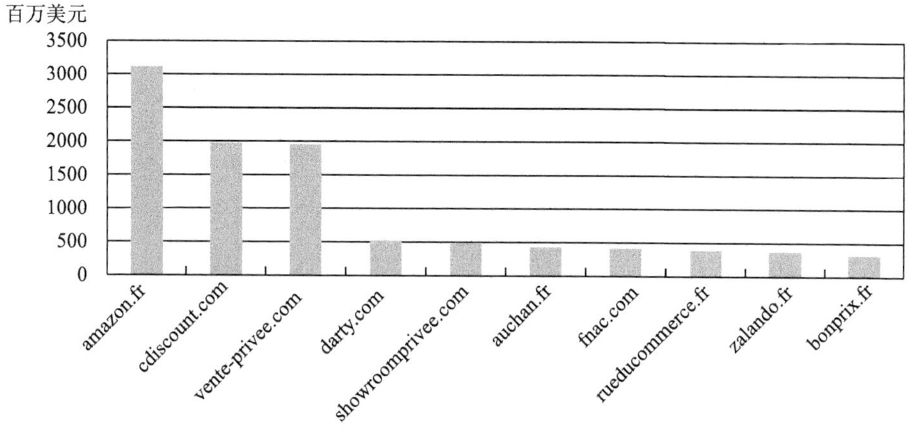


**图 2-14　2016 年法国主要电子商务网站营业额**

## 二、法国 B2C 电子商务发展情况

2012 年法国 B2C 电子商务营业额为 450 亿欧元，2012—2016 年，法国 B2C 电子商务营业额呈逐年增长的态势，据预测，B2C 电商营业额将于 2016 年达到约 714 亿欧元（见图 2-15）。

2012 年法国 B2C 电商营业额增长率为 19.4%，2012—2016 年，法国 B2C 电子商务营业额增长率整体呈逐年减小趋势，但增长率仍保持在 10%以上。相较于 2012 年，法国电子商务行业最近几年发展速度放缓（见图 2-16）。

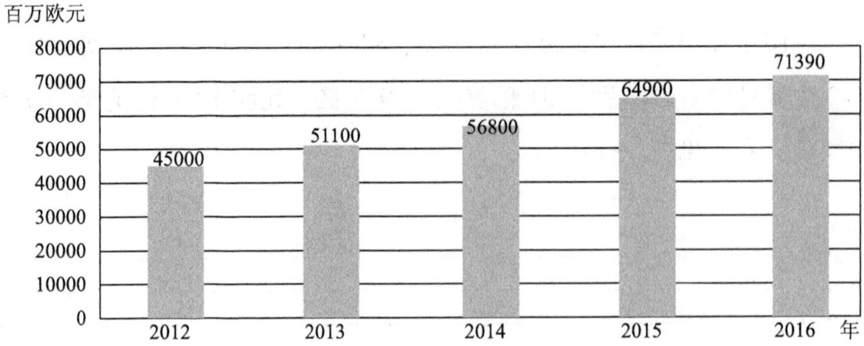


**图 2-15　2012—2016 年法国 B2C 电子商务营业额**[①]

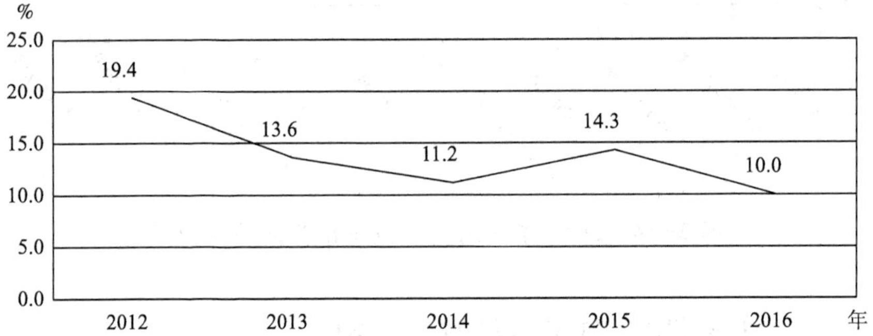


**图 2-16　2012—2016 年法国 B2C 电子商务业额增长率**[②]

未来几年法国的 B2C 电子商务产业仍呈增长态势，据预测，法国 B2C 电商营业额将于 2018 年达到 641 亿美元（见图 2-17）。

2014—2015 年，法国 80%的旅行机票的购买通过线上 B2C 的方式实现，73%的旅行住宿的预订通过线上 B2C 的方式实现，61%的音乐消费通过线上 B2C 的方式实现，旅行和音乐成为线上消费最受欢迎的两

① 数据来源于 Ecommerce Foundation2016 年发布的法国 B2C 电子商务报告，其中 2016 年数据为预测数据。Ecommerce Foundation 即电子商务基金会，是一个独立的非营利性的组织机构，由世界各国的电商协会和电商企业联合发起，其研究电子商务在世界各国的发展并发表相关的数据报告。

② 数据来源于 Ecommerce Foundation2016 年发布的法国 B2C 电子商务报告，其中 2016 年数据为预测数据。

种服务。而在法国人服饰鞋子的消费中有46%通过线上B2C的方式实现，服饰鞋子成为线上消费最受欢迎的产品之一（见图2-18）。

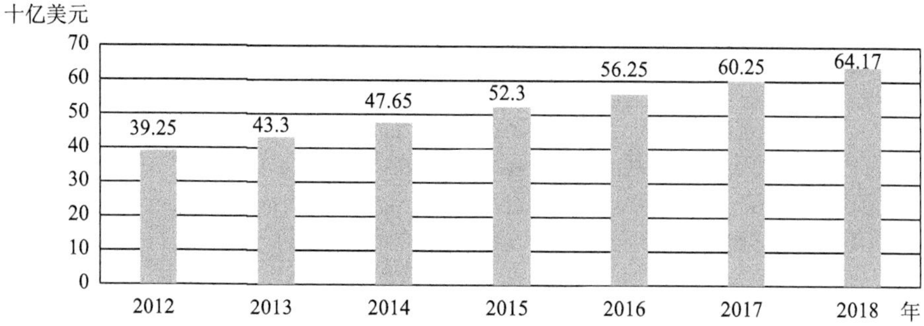


**图2-17　法国2012—2018年B2C电子商务营业额预测①**

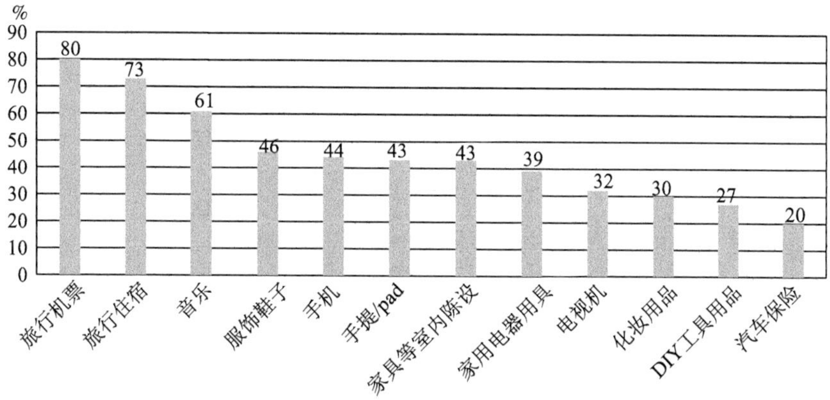


**图2-18　2014—2015年法国B2C电子商务在每种产品/服务中所占比例②**

关于跨境B2C电商在法国的市场，图1-19、图1-20分别展示了法国人不跨境网购和促使法国人跨境网购的原因及其占比。相较于跨境购买产品或服务，法国人更青睐于本土电商，其中最主要的原因在于法

① https://www.statista.com/statistics/280330/b2c-e-commerce-sales-in-france/，其中2015至2018年数据为预测数据。

② 数据来源于Ecommerce Foundation2016年发布的法国B2C电子商务报告。

国人对境外网站的不信任（占比 40%），同时 35%的人认为本土电商已能满足个人需求。40%的受访者认为跨境 B2C 电商对法国人最大的吸引力在于其价格更低，分别有 30%和 26%的人认为选择跨境 B2C 电商是为了获取更好的产品、服务条件和为了获得具有更高性能的产品。

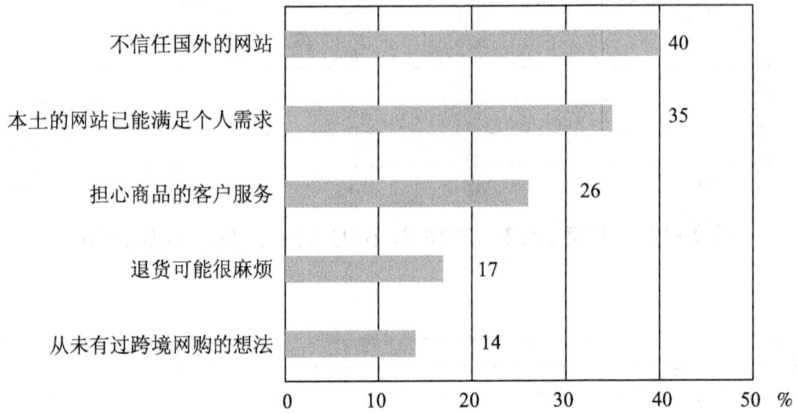


**图 2-19　法国不跨境网购的原因及其占比(2014—2015)**①

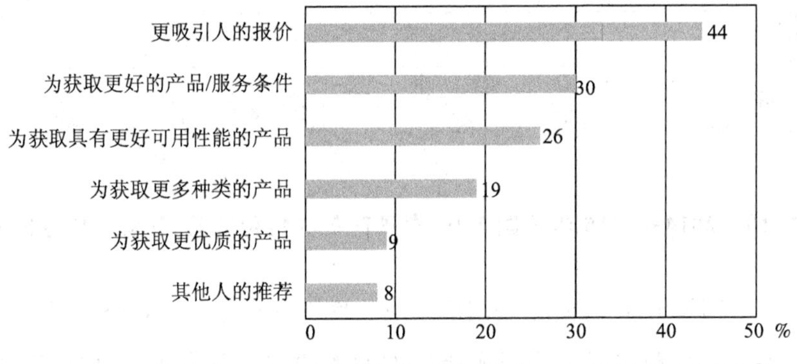


**图 2-20　促使法国人跨境网购的动因及其占比(2014—2015)**②

① 数据来源于 Ecommerce Foundation2016 年发布的法国 B2C 电子商务报告。

② 数据来源于 Ecommerce Foundation2016 年发布的法国 B2C 电子商务报告。

如图 2-20，我们可以发现，2014—2015 年，法国人最常在境外网购的产品是服饰鞋子，29%的法国网购者至少在境外电商网站购买过一次服饰鞋子，排位第二的是书籍、CD、DVD 或电子游戏等产品，19%的法国网购者至少在境外电商网站购买过一次相关产品。

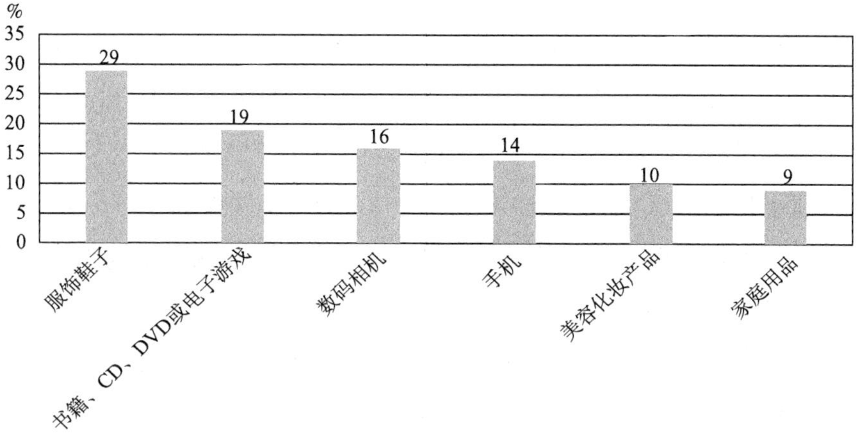


**图 2-21　法国人最常在境外网购的产品(2014—2015)**①

## 三、法国主要 B2C 电子商务网站发展情况

2016 年法国共有超过 20 万个电子商务网站，比 2015 年增长了 12%。其中，排名前五的法国电子商务网站分别是：Amazon、CDiscount、FNAC、eBay 和 Price Minister。我们将通过更具体的数据，分析法国的主要 B2C 电子商务网站的发展情况和市场策略。

### （一）Amazon 在法国的发展

作为全球范围内的电商巨头，美国亚马逊在法国电子商务市场中发展势头良好，经过十几年的本地化运营，已经成为该领域当之无愧的龙头老大。根据法国电子商务协会（FEVAD）的统计数据显示，目前，

① 数据来源于 Ecommerce Foundation 2016 年发布的法国 B2C 电子商务报告。

Amazon. fr 网站以每月平均高达 1653. 3 万人次的访问量高居法国电子商务平台榜首[①]。根据法国媒体观察机构 Mé diamé trie 公布的数据显示，2016 年，31. 6%的法国网民访问过法国亚马逊的电脑版网站，并有 28. 2%的网民访问过其移动端网站（访问量约 1040 万人次）[②]。

Amazon. fr 网站创建于 2000 年，同一年，亚马逊公司在法国卢瓦雷省萨朗市设立了首个在法国的物流仓库。2004 年之后，亚马逊在全球范围内进入高速发展时期。2008 年，Amazon. fr 开始实行 Prime 会员制，只要缴纳一定的年费就可以享受无限量免费送货服务，并在巴黎市区提供当日送达服务。2010 年开始，Amazon. fr 实施新的送货政策，购买商品价格达到一定的数额就可以免运费，导致其物流配送中心数量急剧增长。亚马逊法国区总裁杜瓦尔（Fré dé ric Duval）在接受法国商业杂志 LSA 采访时表示，2016 年亚马逊在法国市场中取得了许多突破性发展。特别是在物流方面，2016 年 6 月开始上线的 Prime Now 服务，使得其会员能够在更短时间内收到订购的货物：在巴黎和周围的 21 个市镇，1 小时内就能送货上门；在部分大城市，当日送货上门也成为可能[③]。优质的配套物流服务缩短了从下单到收货之间的时间差，提高了顾客的满意度，这是亚马逊成功吸引消费者的重要原因之一。

由于亚马逊公司不对外公布其在法国的营业额，因此我们只能根据一些市场调查机构发布的预测来评估法国亚马逊的发展情况。从摩根士丹利公司旗下调研机构公布的预测数据来看，亚马逊在欧洲最大的市场是德国，其次是英国和法国，其中亚马逊法国的年营业额约在 80 亿欧元左右（见图 2-22）[④]。

---

① http://www. fevad. com/etudes-et-chiffres/.

② http://www. mediametrie. fr/internet/solutions/observatoire-du-consommateur-connecte-infographie-e-commerce. php? id=25&page=36.

③ http://www. lsa-conso. fr/amazon-france-trace-sa-voie-bilan,253137.

④ http://www. lsa-conso. fr/combien-gagne-vraiment-amazon-en-france,255411.

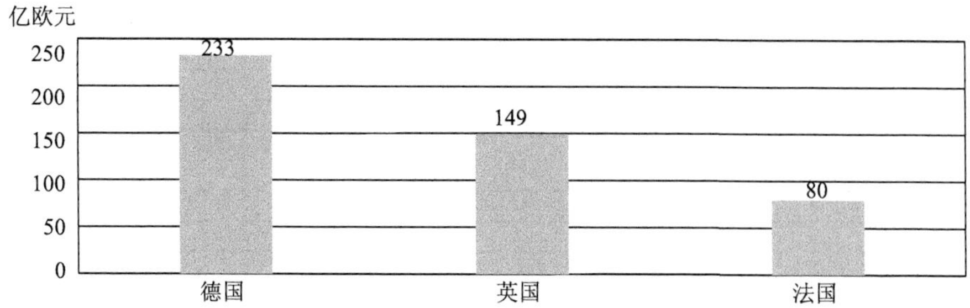


**图 2-22 2016 年亚马逊在德英法三国的营业额(估算值)**

资料来源:LSA。

## (二) eBay 在法国的衰落

经过十几年的发展，经历过辉煌时期的 eBay 目前在法国电子商务平台中发展处于劣势。根据法国电子商务协会（FEVAD）的统计数据显示，2016 年第三季度 eBay 法国以每月平均 665.9 万人次的访问量屈居第四，不敌法国本土的电子商务网站 Cdiscount 和零售商 Fnac。近几年来，eBay 的竞争对手异军突起，分类广告网站 Craigslist，亚马逊推出的二手商品，传统零售商自己构建的电商平台，甚至是中国的淘宝网和法国本土的 PriceMinister，都对 eBay 在法国的市场份额形成了冲击（见图 2-23）①。

① http://www.journaldunet.com/ebusiness/commerce/1174343-ebay-est-il-le-nouveau-yahoo/.

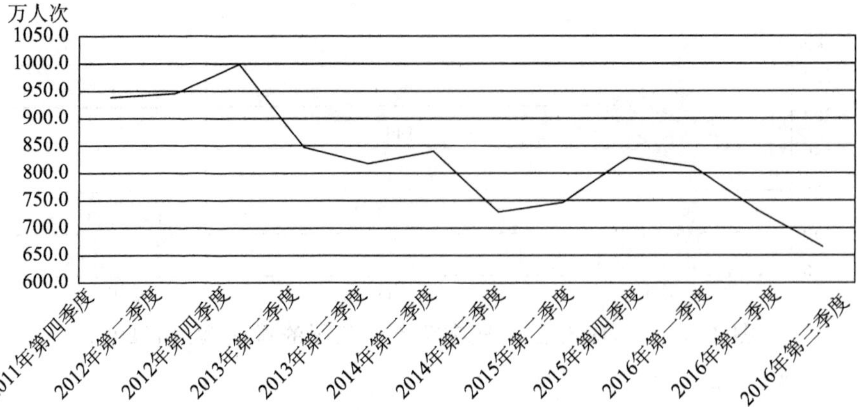


**图 2-23　2011—2016 年 ebay. fr 网站月均访问量变化**

资料来源:FEVAD。

### (三) 法国本土电商网站 Cdiscount 的发展

Cdiscount ( cdiscount. com ) 于 1998 年 12 月创建于法国波尔多, 是一家以折扣价格售卖电子产品、日常生活用品、家用电器等的综合 B2C 电商网站。 创建之初, 网站主要售卖的是书影音等文化类商品, 随后业务逐渐扩展到电子产品、服饰、酒品、电器、汽车配件、旅游用品等。

2000 年, Cdiscount 成为法国 Casino 集团旗下的子公司。 2014 年, Casino 集团将包括 Cdiscount 在内的几个电商品牌归到新创建的 Cnova 公司旗下进行统一管理, 并逐渐开始开拓国际市场, 目前其业务已经拓展到哥伦比亚、泰国、越南、科特迪瓦、巴西等多个国家和地区。

随着互联网经济的起步, Cdiscount 在法国电子商务市场中迅速发展壮大。 为了适应快速变化的电子商务市场, 该公司数次调整其商业策略。 从 2011 年开始, Cdiscount 开始鼓励第三方商店进驻网站, 以增加商品种类, 并通过收取租金扩大盈利。 同年, 该公司通过优化物流链, 正式推出“隔天到货” 服务。 2014 年, Cdiscount 开通“即刻取货”功能，顾客在网站上下单之后，在两小时内就可以到附近的商店里收取货物。①

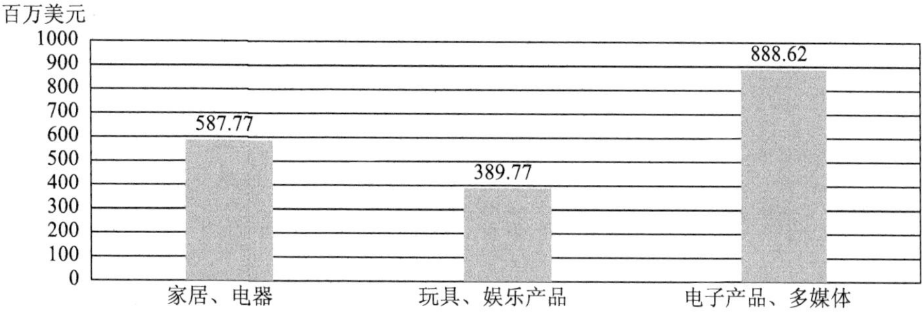


**图 2-24 2016 年 cdiscount. com 网站不同种类商品的营业额**

资料来源：Statista。

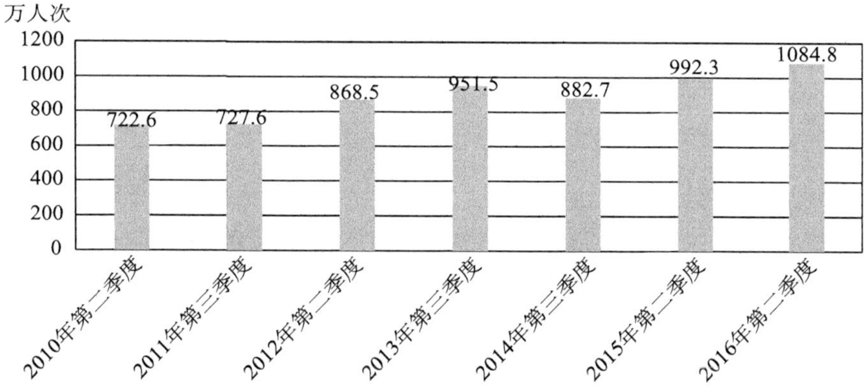


**图 2-25 2010—2016 年 cdiscount. com 网站月均访问量变化**

资料来源：FEVAD。

2016 年，Cdiscount 的营业额达到了 19. 75 亿美元，在法国的电商网站中仅次于亚马逊。根据法国电子商务协会发布的季度发展报告显

① https://www. groupe-casino. fr/fr/activites/cdiscount/以及 https://fr. wikipedia. org/wiki/Cdiscount.

示，2010—2016 年 Cdiscount 网站的访问量增加了 50%，达到每月 1084.8 万人次①。目前，Cdiscount 网站上有超过 10 万件商品，公司在全法拥有 18000 个线下提货点，超过 20 万平方米的仓储用地，其中在波尔多地区有 5000 平方米的仓库专门储存葡萄酒。在家居电器以及玩具娱乐产品这两个商品种类中，其营业额已经赶超了亚马逊（见图 2-24、图 2-25）②。

## 四、法国 C2C 电子商务发展情况

在法国网民的生活中，C2C 电子商务已不是新鲜事物，OpinionWay Research 调查机构 2016 年 12 月的一项报告显示，在过去的一年中，样本中有 65%的网民从事过 C2C 交易，可以说，C2C 交易模式已经与法国人生活密不可分。

### (一)C2C 交易情况

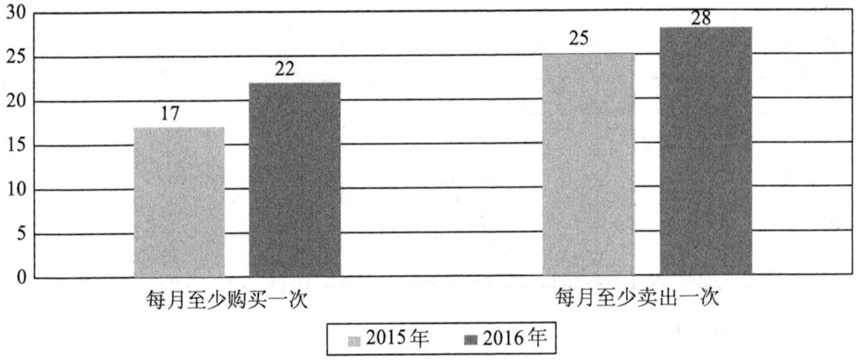


**图 2-26　从事 C2C 交易频率**

资料来源：OpinionWay。

---

① https://fr.statista.com/statistiques/650551/sites-e-commerce-france-top-10/.

② https://fr.statista.com/statistiques/650352/sites-e-commerce-electroniques-medias-france-top-10/以及 https://fr.statista.com/statistiques/650512/sites-e-commerce-electroniques-mobilier-appareils-france-top-10/.

从 2015—2016 年网民从事 C2C 交易的频率来看，2015 年每月通过 C2C 平台购买商品的网民占 17%，2016 年则达到 22%，而 2015 年每月通过 C2C 平台出售商品的网民占 25%，2016 年占 28%，两项数据均呈上升趋势，且卖方比例高于买方（见图 2-26）。

法国 C2C 市场主要从事二手商品交易，从网民偏爱的商品类别来看，28%的用户出售衣物，25%的用户选择了出售书籍，23%的用户倾向于出售家具，出售玩具/儿童用品以及 DVD/家电的用户分别占 18%和 14%（见图 2-27）。

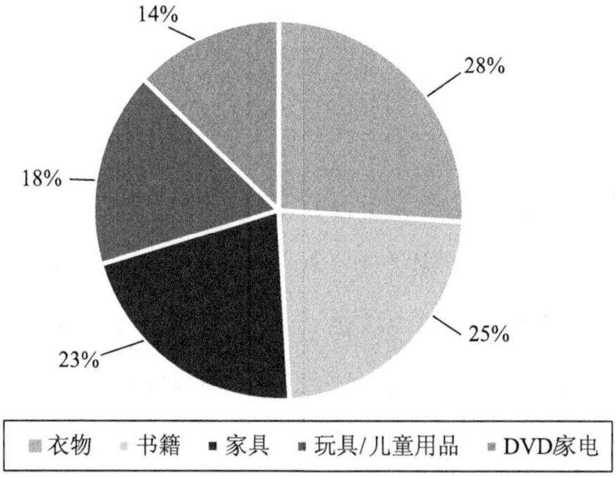


**图 2-27　C2C 交易中供应量最高的商品**

资料来源：OpinionWay。

从需求来看，35%的用户选择购买书籍，26%的用户选择购买衣物，购买玩具/儿童用品、电子游戏/装饰/家具及 DVD/演出门票/鞋的用户分别占 17%、15%和 14%（见图 2-28）。

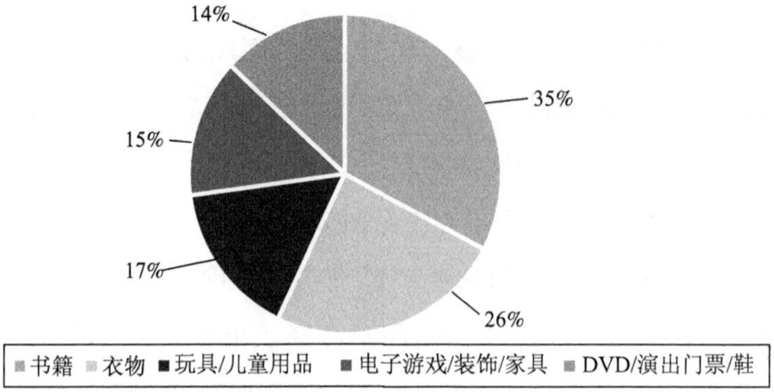


**图 2-28 C2C 交易中需求量最高的商品**

资料来源:OpinionWay。

### (二)法国人对 C2C 的态度

影响法国人通过 C2C 平台购买二手商品的原因各有不同，主要分为产品价值因素、第三方平台以及快递三方面。

从产品价值因素来看，71%的 C2C 平台用户认为这是一种替代性消费模式，89%的用户认为此模式可以延长产品使用寿命，避免浪费，88%的用户认为这也是回收利用产品的方式，有利于环境保护（见图 2-29）。

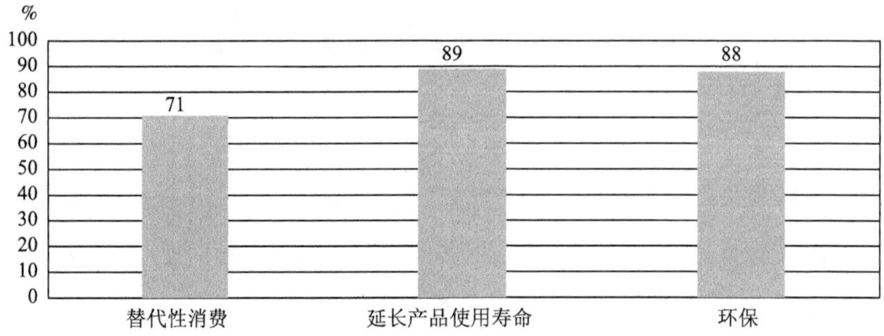


**图 2-29 产品价值因素对法国人通过 C2C 平台购买二手商品的影响**

资料来源:OpinionWay。

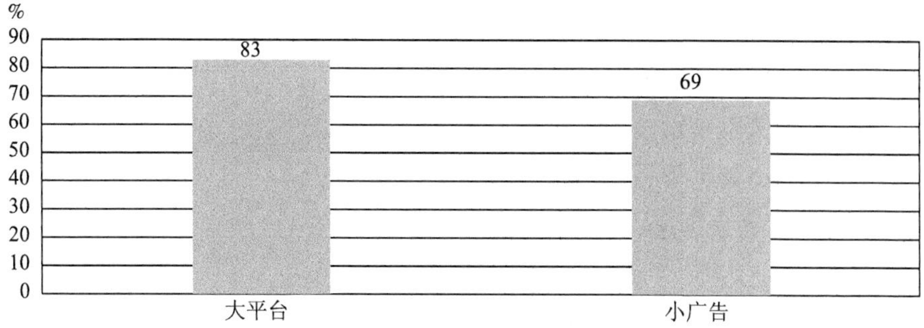


**图 2-30　C2C 用户对第三方平台的信任度**

资料来源：OpinionWay。

法国 C2C 用户总体上对于第三方平台持信任态度，83%的用户认为诸如 PriceMinister/eBay/Amazom 之类的大平台是可靠的，69%的用户也信任诸如 Le Bon Coin 发布的小广告（见图 2-30）。

相较于法国网民整体的第三方支付使用情况[①]而言，C2C 用户表现更为开放乐观，其中使用 clickandbuy 支付的用户占 59%，使用 paulib 的用户占 57%，Applepay 用户占 52%，Lydia 用户占 43%（见图 2-31）。

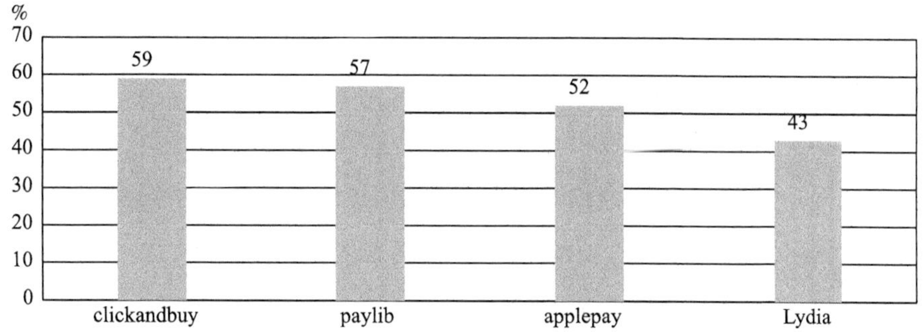


**图 2-31　C2C 用户对第三方支付的使用情况**

资料来源：OpinionWay。

① 2016 年法国网民使用 clickandbuy 占比 30%，使用 paylib 占比 17%，使用 Applepay 占比 17%，使用 Lydia 占比 7%。

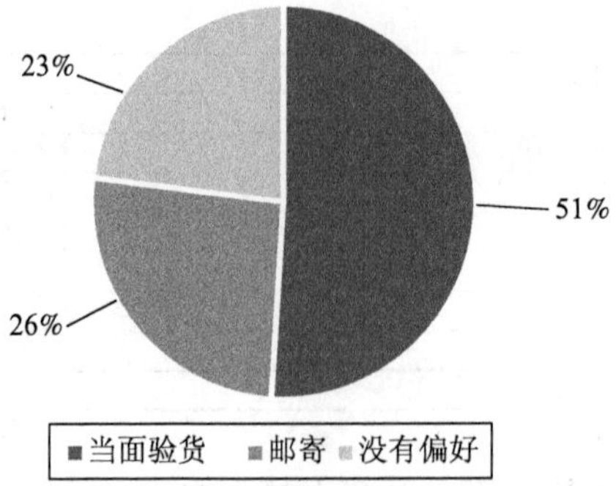


**图 2-32　收货方式偏好**

资料来源:OpinionWay。

法国 C2C 用户在选择收货方式时，更倾向于当面收货，此类用户占 51%，偏好邮寄的用户占 26%。同时，OpinionWay 的调查报告还显示，71%的用户曾因为运费问题放弃购物（见图 2-32）。

### (三)新兴 C2C 电子商务平台 Etsy

Etsy 是新兴的 C2C 电子商务平台，成立于 2005 年，主要从事手工艺品线上交易。与传统的 B2C 销售模式不同，Etsy 平台的卖方主要是世界各地的独立的手工艺从业者，能够提供相对个性化的产品与服务，因此受到广大消费者的青睐。根据 Etsy 提供的官方数据显示，目前其网站有 160 万个卖家，提供超过 3500 万件手工珠宝、陶器、毛衣等商品，在 Etsy 平台上购买过商品的会员达到 2610 万。由图 2-33 可以看到，从 Etsy 平台创立至 2015 年，其贸易额持续增长，尤其是 2010 年后，其增速加快，2015 年增幅达 33%。

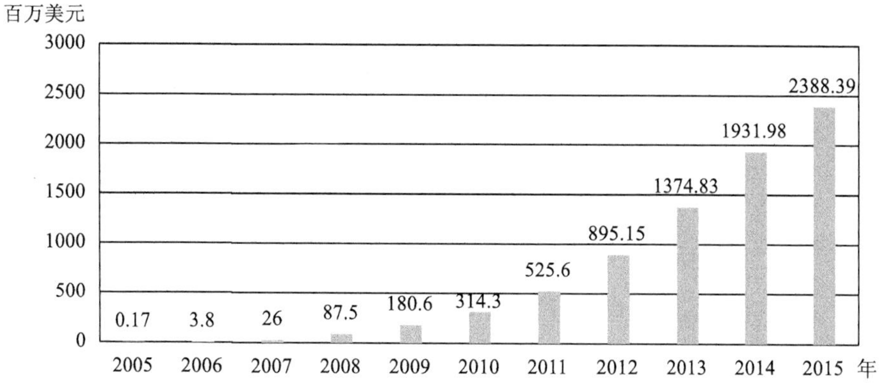


**图 2-33　2005—2015 年 Etsy 平台年交易额**

资料来源：Statista。

Etsy 平台蓬勃发展的同时也需要支付高昂的开发成本，Etsy 目前仍处于亏损状态，2015 年亏损额近 5400 万美元（见图 2-34）。

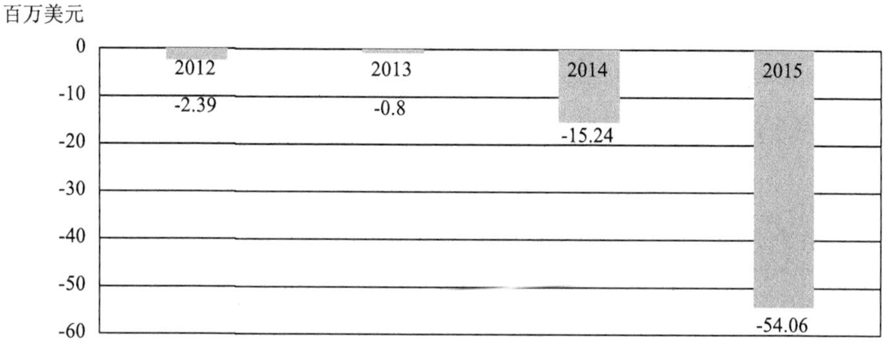


**图 2-34　2005—2015 年 Etsy 盈利状况**

资料来源：Statista。

虽然 Etsy 平台的净亏损呈现扩大趋势，但 2015 年 4 月 Etsy 正式上市，上市首日股价上涨 88%，公司市值超过 35 亿美元。从目前市场交易额及发展情况来看，Etsy 平台的发展仍然值得期待。

### (四)法国电商平台 PriceMinister

PriceMnister 是法国本土创立的电商平台，截至 2016 年 11 月，该平台已上架超过 2 亿件商品，注册会员超过 1000 万。 PriceMinister 平台每个月平均有 500 万访客，访问量达 800 万次。 在该平台的交易量平均每天为 20000~40000 笔，其中 30%属于 C2C 交易①。

## 五、法国共享经济的发展概况

近几年，C2C 行业中有一个新兴产业在法国正发展迅猛，那就是共享经济。 在这一部分里，我们将介绍法国共享经济的发展概况。

根据法国 Nomadé is 机构 2015 年的一项调查显示，截至调查日期，世界范围内已有约 9000 家共享经济的初创公司，现估值达到 150 亿美元，预计到 2025 年，市值将达到 3350 亿美元，也就是说年平均增长率将达到 36.4%，共享经济的市场份额在十年之内将增加 20%。 在共享经济领域，法国无论是在市场营业额（根据 Nomadé is 机构的同一份报告显示，法国共享经济营业额达到 35 亿欧元，据预测，到 2018 年该数额将翻三番），还是在共享经济形式的多样性上，都处于世界领先地位。

普华永道 2016 年发表的一项数据显示，在欧洲，共享平台的交易额由 2013 年的 100 亿欧元上升到 2014 年的 160 亿欧元，到 2015 年，该交易额达到 280 亿欧元。 2015 年 10 月，OpinionWay 为 CapGemini Consuilting 开展的一项研究的结果显示，5 个法国人当中就有 1 个人已经使用过共享经济服务，并且 15% 的受访者表示很快会再使用共享经济服务。

这一新的经济模式在法国发展迅速，并给传统的经济模式带来震

---

① http://www.priceminister.com/blog/dossier-de-presse-priceminister---rakuten-3701,2017 年 4 月 15 日 12 时 10 分。

动，共享经济以个体为主体，个人既可以是服务的提供者也可以是购买服务者，给经济带来活力的同时也让传统工业感到威胁。OpinionWay的调查中，70%的受访者表示共享经济将会强迫传统公司模式转型。

通过共享的方式，法国人不仅可以通过自身拥有的资源实现投资获益，还增加了收入，使收入来源更多样化。从更高的层面来看，共享经济使人与人之间的联系更紧密，对环境保护、绿色消费和可持续发展也有重要意义和促进作用。共享经济作为一种新兴的经济模式，在法国大有发展前景。它是对当前生产和消费模式转变的一个积极响应。

**（一）法国共享经济的定义及领域**

共享经济是指拥有闲置资源的机构或个人有偿让渡资源使用权给他人，让渡者获取回报，分享者利用分享他人的闲置资源创造价值①。共享经济的形式多样，不仅可以共享某种实物，还可以共享某种知识或服务。具体来说，法国共享经济主要分布在以下九大领域：

第一类，组织分享和团购类。团购、个人到个人的租借业务、旧物的捐赠或转卖、补充货币、个人到个人的租赁、以物易物等都属于这一大类，其中Vide dressing就是转卖二手服装的一个平台。

第二类，房屋住宿类。其中包括合租、房屋自主修建、交换住宿、住宿分享等。譬如，GuestToGuest就是交换住宿的一个共享经济平台。

第三类，能源消费类。这一类包括能源生产过程中的合作以及能源消费过程中的团购。譬如，Selectra-就是团购能源的共享平台。

第四类，交通出行类。包括私家车共享和拼车出行，Blablacar就是法国拼车出行最受欢迎的选择。

第五类，食品和农业类。包括家庭自制食品、消费型合作企业（企业成员是消费者）和短线的农庄旅游等，其中La Ruche qui dit Oui

① http://wiki.mbalib.com/wiki/%E5%85%B1%E4%BA%AB%E7%BB%8F%E6%B5%8E.

就是一个例子。

第六类，物品修理和制造类。其中包括黑客空间（Hackersp aces）、微管装配实验室（Fab Labs）、创客空间 TechShop 和修理咖啡馆 Repair Café 等，譬如法国塞尔吉大学创立的 Fac Lab 技术共享平台。

第七类，项目投资类。其中包括公众集资、团结金融（solidarity finance）、市民投资等形式，例如 KissKiss BankBank 就是其中一个例子。

## (二)法国共享经济的盈利模式和三种不同的类别

法国共享经济平台众多，其盈利方式各有不同。有的网站为非营利性质，提供义务服务，如 covoiturage libre；有的共享平台通过获取赞助的方式维持运作，如 donnons. org；有的平台通过订阅量来获利，如 Homexchange；有的通过收取手续费来获利，如 La Ruche qui dit Oui；还有一些平台通过广告收益，如 Le Bon Coin；另外一些平台通过部分收费项目来获利，如 Guest to Guest。

法国共享经济有三种不同类别。第一类：非营利性企业，旨在促进个人对个人的交流，利用自身资源提供已有的某种服务或者利用私家车进行出行分享，例如：Blablacar 和 Guest to Guest；第二类：提供一种新型的服务，该平台将消费者和专业人士联系在一起，例如：Uber；第三类：旨在将个人，尤其是某一领域的专业人士联系聚集在一起，在该平台上提供产品或服务，如 La Ruche qui dit Oui 和 Le Bon Coin。

## (三)法国共享经济在不同领域的发展情况及生命周期

法国 Pipame 机构[①]在 2015 年 7 月发布的一项关于共享型消费的报告对 9 个不同领域的平台进行统计分析，共涉及 276 个不同的平台，其中 70%的平台总部在法国。这 9 个领域分别是：出行、运输和储藏货

① Pôle Interministériel de Prospective et d' Anticipation des Mutations économiques。

物、饮食、资金投资、关怀互助、衣着服饰、装备器具、休闲娱乐和住宿。

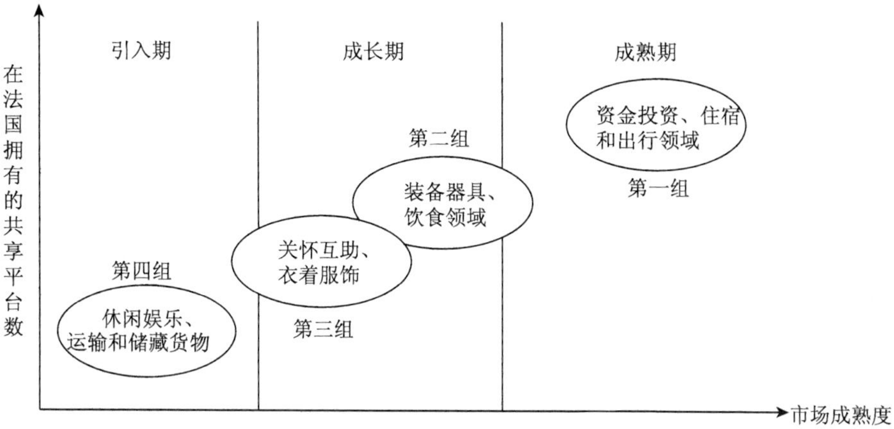


**图 2-35　9 个领域共序给平台所处生命周期阶段**

图 2-35 根据这 9 个领域的不同的共享经济平台当前的结构、市场规模、发展方向和竞争的激烈程度，Pipame 得出了它们各自所处的生命周期的阶段及相关分析。

首先我们可以看第一组数据，处在市场成熟期并且同行业竞争激烈的是资金投资、住宿和出行三大领域的共享平台，这三大类平台占了受调查的共享平台的一半，合计 137 个共享平台。 这其中既有定位宏观市场的平台，也有定位利基市场的平台。 在住宿和出行领域，线上平台成为人们消费的主要手段，注册用户众多，竞争激烈。

第二组包括装备器具和饮食领域的共享平台，合计 57 个共享平台，占比 21%。 这两个领域的共享平台目前处在卖方市场，领头的两个平台分别是 Le Bon Coin 和 La Ruche qui dit Oui，此外还不断有新的平台出现。

第三组包括关怀互助和衣着服饰领域的共享平台，这些平台处于高速发展的上升阶段，但交易额还相对较低。这两个领域的共享平台合计 57 个，占本次调查的平台总数的 21%。

最后一组包含两个领域的共享平台：休闲娱乐和运输和储藏货物，当前这两个领域的共享平台仍然比较边缘化，营业额相对较低，需要大量的消费者评价以帮助其找到更合适的经济发展模式。在本次调查中，属于这一组的共享平台有 25 个，占比 8%。

共享经济涉及的企业大多都是年轻的企业。根据 Pipame 的同一份调查显示，该调查中统计的 79%的共享经济企业创立于 2008 年之后，49%的企业在调查的时候成立不足三年（见图 2-36）。这些企业充分利用了它们的技术优势，尤其是当前互联网科技发达，普及率高的情况下，大多数法国人都能通过手机或者其他电子产品来连接到网络。因此，这些年轻的企业尤其需要资金支持它们的发展。数据显示，这些企业在创立之初的几年内几乎没有收入，因为它们将所得收益全部重新投入到企业建设中（发展相关的技术工具、人员的扩招和广告费用）以拓展企业业务（不仅在法国境内，也在世界范围内）。这些年轻的企业大多很脆弱，一旦对市场作出错误的判断，或者采用了不合适的经济模式，或者无法得到投资都会导致它们的倒闭。

调查显示，在法国，共享经济的主要人群是 25~49 岁的法国中青年人，81%的法国人表示支持这种经济模式，认为重要的不是拥有商品本身而是拥有其使用权，这种使用权的拥有大多通过租借或共享的形式实现，将近一半（48%）的法国人表示经常会拼车出行、以货易货、合租公寓等，这一比率比欧洲的平均比率要高（见图 2-36）。①

① https://sharedeconomyblog.wordpress.com/leconomie-collaborative-en-france/.

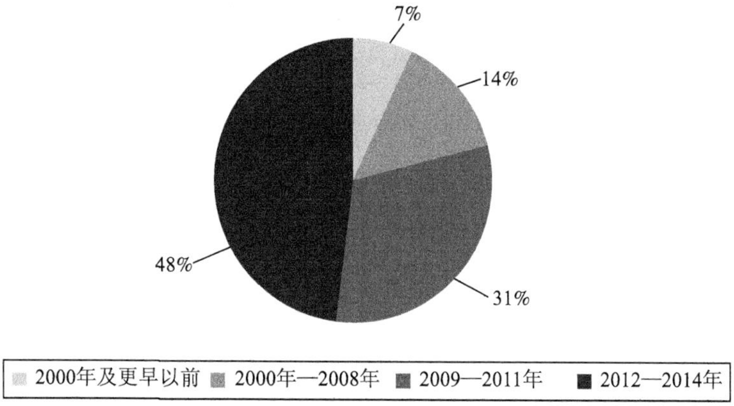


**图 2-36　法国共享经济企业的创立年份及不同年份创立的企业的占比**

资料来源:Pipame2015 年 7 月经济报告。

## (四)法国人共享消费的动因

法国 Pipame 机构在 2015 年的经济报告《共享消费的关键及未来展望》中对法国人共享消费的原因进行了探讨。据调查显示，大于一半（65%）的法国人选择共享消费是出于购买力的原因，他们认为共享消费既省钱，又能提供良好的服务和商品。55%的法国人认为共享消费是环境保护和可持续发展的选择，能够减少浪费，给予物品第二次使用生命。43%的法国人选择共享消费主要是出于加深社会联系的原因，共享经济有助于认识新朋友，帮助有需要的人。有超过 1/3（38%）的法国人认为共享消费既方便快捷，又能学习或者分享相关领域的经验认识。32%的法国人则是出于对创新创意的支持选择共享消费，认为通过共享消费这种前卫的消费方式，人们能够发现并体验新事（见表 2-3）。

表 2-3　法国人选择共享消费原因

| 法国人共享消费的原因 | 所占百分比(%) |
| --- | --- |
| 购买力(省钱、良好的商品和服务等) | 65 |
| 社会性原因(减少浪费、给予物品第二次使用生命等) | 55 |
| 社会联系(认识新朋友、帮助有需要的人、认识生产者或消费者等) | 43 |
| 效率或者教育学习的原因(方便快捷、学习和分享经验认识、适应本身的需求等) | 38 |
| 创意创新(发现并体验新事物、试验不同的产品、前卫的消费方式等) | 32 |
| 以上原因皆不是 | 12 |

资料来源:Pipame2015 年 7 月经济报告,《共享消费的关键及未来展望》。

## (五)法国共享经济与传统经济的协同发展关系正在加强

一方面，法国共享经济和传统经济的合作正在加强，另一方面，法国共享经济可以作为传统经济的补充。

法国共享经济和传统经济合作的不少例子都显示出这类合作可能会成为未来新的经济增长点。 在 2012 年，法国雪铁龙汽车品牌收购了 Zylok auto（后改名为 Ouicar），这是一个线上汽车租赁的网站。 雪铁龙和 Zylok auto 开展的合作模式为：在 23 个月中，Zylok auto 的用户只要每月交纳 90 欧元（不含保险）就能拥有一辆雪铁龙电动汽车，同时，雪铁龙鼓励这些用户注册雪铁龙的 Citroën Multicity 网站并给其他用户提供租车业务。 用户也可以选择不提供租车服务，不过如果他们选择提供租车服务，每次租车服务都要给雪铁龙一笔佣金，雪铁龙通过这种方式来赚取收益。

另一个例子是法国乐华梅兰注资 Frizbiz。 乐华梅兰集团是著名的跨国连锁装饰建材零售集团，而 Frizbiz 这一共享经济网站聚集了对 DIY 手工制作或者修理工具的大批业余爱好者和专业人士，他们会给那些需要帮助的人提供修理服务。 乐华梅兰和 Frizbiz 的合作模式是：乐华梅兰在 Frizbiz 的用户群中进行宣传，凡是购买乐华梅兰商品的用户，在购买之后，涉及相关安装和翻新的工作都可以获得帮助。

第三个成功的例子是法国邮政机构 La Poste 注资 Stuart 共享经济平台。La Poste 集团是法国政府全资拥有的邮政机构，亦是法国第二大的雇主。而 Stuart 这一平台旨在将需要寄快递的顾客和快递员联系在一起。在法国，临近地区短途的物流业务竞争十分激烈，这一投资让 La Poste 集团可提供的业务选择更多样，增加了竞争优势。

法国共享经济是传统经济的补充，因为在一些传统经济缺失的领域，共享经济很好地做出了弥补。譬如，法国共享经济平台 Co Stockage就是这样一个例子。Co Stockage 平台的用户可以通过平台租赁存储货物或者物品的空间，尤其是在大城市。该行业中传统的企业尽管在郊区已经建立了很多存储空间，但仍然无法满足市场的需求，Co Stockage 就很好地把握住了商机，填补了传统经济的空缺。同样的例子还有 Boaterfly，这一共享经济平台的个人用户凭借该平台给其他用户提供船只租赁服务，Boaterfly 面向的是利基市场，很少有专业的传统企业涉足。除此之外，Heetch 平台也是一个成功的例子。在法国，晚上 20 点到早晨 6 点的这个时间段内，公共交通停运，业内的出租车也不足以满足需求，Heetch 平台抓住这一空缺，让非业内的司机在晚上 8 点到早上 6 点这一时段提供服务。

## 第三节　法国 B2B 电子商务行业分析

B2B 是企业通过互联网进行的产品、信息和服务交易的电子商务模式，这一模式的发展使企业之间的交易减少许多事务性的工作流程和管理费用，降低了企业经营成本。截至 2015 年，法国 B2B 电子商务交易额已达到企业间总交易额的 18%，根据 Fevad 的预测，到 2020 年，企业间的线上交易额（通过电商网站或者个人网络客户端实现）将达到企业间交易总额的近 1/4（24%），增长率达到 32%。

### 一、企业中的网络使用情况

数据显示，2010 年、2011 年法国接入互联网的企业所占比重分别为 97%和 96%，2012—2015 年这一比例更是达到并保持在 99%，网络在法国企业中已经非常普及（见图 2-37）。

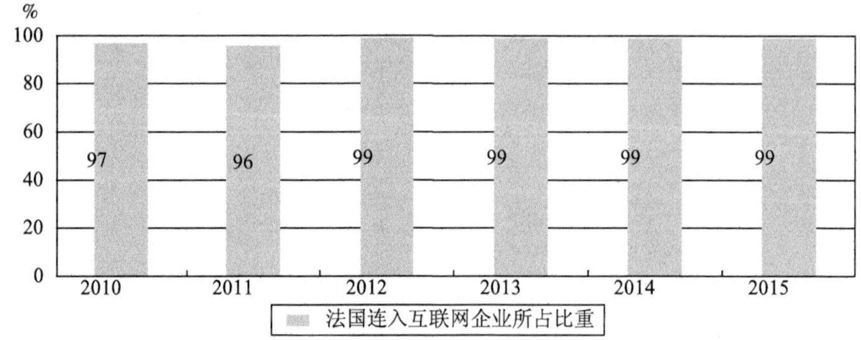


**图 2-37　2010—2015 年法国连入互联网企业所占百分比**

法国全国统计和经济研究所（INSEE）提供的调查结果显示，2014年法国各行业中电脑和互联网的普及率都非常高，联网设施齐备。尤其是在信息通信产业、批发和机动车维修业、零售业、高科技产业以及电子产业、电脑维修业等行业中，几乎所有企业均已接入网络。而未能配备电脑或接入互联网的大多是员工数量在10人到249人之内的中小型企业，只有少数为员工数量等于或超过250人的中、大型企业（见表2-4）。

**表2-4　2014年法国各行业中网络连接情况**

| 行业 | 连入移动宽带的企业 | 连入固定宽带的企业 | 使用联网移动设备的员工 | 使用联网电脑的员工数量 |
|---|---|---|---|---|
| 信息通信产业 | 6806 | 6806 | 6806 | 6866 |
| 制造、能源和污染治理业 | 36992 | 36766 | 36485 | 34579 |
| 批发、机动车维修业 | 25092 | 25092 | 25058 | 24330 |
| 零售业 | 20485 | 20373 | 20020 | 19125 |
| 运输和仓储业 | 11670 | 11642 | 11487 | 10737 |
| 餐饮和住宿业 | 18815 | 18606 | 18369 | 16647 |
| 高科技产业 | 17867 | 17867 | 17867 | 17639 |
| 不动产、服务业 | 16039 | 16060 | 16060 | 15404 |
| 电子产业、电脑维修业 | 7357 | 7357 | 7357 | 7212 |

资料来源：法国全国统计和经济研究所。

就连接互联网的方式来说，2014年法国各个行业中的企业仍以固定宽带连接为主，以移动宽带连接为辅，而工作过程中使用电脑连接网络的员工数量则远超使用移动设备联网的的员工数。在制造、能源和污染治理领域，有150余万人使用电脑联网，为各行业之最（见表2-5）。

**表 2-5　2014 年法国各行业移动与固定宽带连接情况**

| 行业 | 企业数量 | 配备电脑的企业 | 配有联网设备的企业 | 接入固定宽带的企业 |
|---|---|---|---|---|
| 信息通信产业 | 5442 | 6668 | 281683 | 539237 |
| 制造、能源和污染治理业 | 23330 | 34579 | 547629 | 1507475 |
| 建筑业 | 22536 | 28912 | 187163 | 365059 |
| 批发、机动车维修业 | 17669 | 24330 | 324238 | 769444 |
| 零售业 | 9050 | 19125 | 109308 | 176339 |
| 运输和仓储业 | 7418 | 10737 | 32259 | 741578 |
| 餐饮和住宿业 | 8094 | 16647 | 37458 | 156691 |
| 高科技产业 | 13588 | 17639 | 267284 | 703519 |
| 不动产、服务业 | 11401 | 15404 | 17048 | 507323 |
| 电子产业、电脑维修业 | 5657 | 7212 | 284736 | 575455 |

资料来源：法国全国统计和经济研究所。

据统计，2014 年法国各行业中，固定宽带的最大下载速度为 2~10 兆比特/秒的企业所占比例最高，而在信息通信产业、电子和电脑维修业也有相当一部分企业的网速高于 100 兆比特/秒。另外，员工数量为 10 人到 249 人之间的中小型企业在低网速企业中所占比例较高（见表 2-6）。

**表 2-6　2014 年法国各行业中企业固定宽最大下载速度**

| 行业 | 企业总数 | 低于 2Mbits/s | 2~10Mbits/s | 10~30 Mbits/s | 30~100 Mbits/s | 高于 100Mbits/s |
|---|---|---|---|---|---|---|
| 信息通信产业 | 6806 | 339 | 2086 | 1477 | 1217 | 1549 |
| 制造、能源和污染治理业 | 36992 | 4440 | 16608 | 7505 | 3406 | 2620 |
| 建筑业 | 30577 | 3967 | 12707 | 6576 | 3330 | 2332 |
| 批发、机动车维修业 | 305375 | 3965 | 12707 | 6576 | 3330 | 2332 |
| 零售业 | 20485 | 2204 | 7970 | 4584 | 2568 | 1799 |
| 运输和仓储业 | 11670 | 1500 | 4384 | 2288 | 1719 | 845 |

续表

| 行业 | 企业总数 | 低于2Mbits/s | 2～10Mbits/s | 10～30 Mbits/s | 30～100 Mbits/s | 高于100Mbits/s |
|---|---|---|---|---|---|---|
| 餐饮和住宿业 | 18815 | 2073 | 7750 | 3306 | 2227 | 1291 |
| 高科技产业 | 17867 | 1476 | 6907 | 3922 | 2656 | 2681 |
| 不动产、服务业 | 16039 | 1383 | 6114 | 4222 | 2068 | 1617 |
| 电子产业、电脑维修业 | 7359 | 394 | 1971 | 1657 | 1316 | 1874 |

资料来源：法国全国统计和经济研究所。

## 二、法国企业云计算使用情况

如图 2-38 所示，相较其他欧洲国家，云计算这一新兴技术在法国起步较晚。2014 年，仅有 12%的法国企业购买了云计算服务，远远落后于同期英国（24%）、意大利（40%）和芬兰（51%）等国家的水平，也低于同期欧洲的平均水平（19%）。①

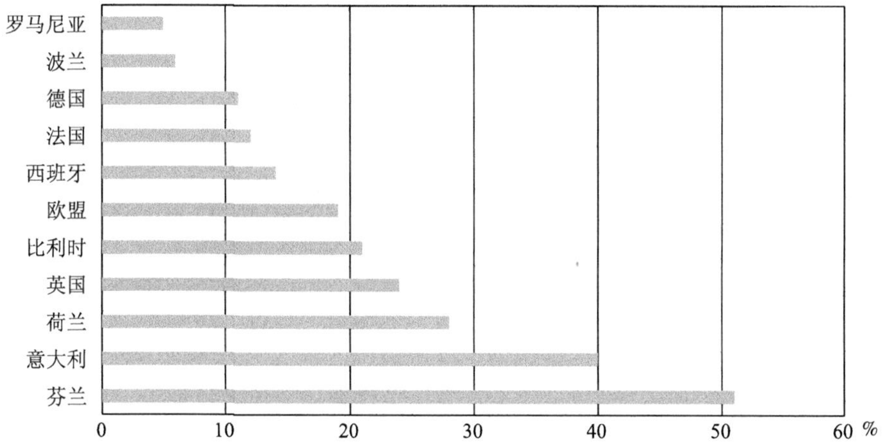


**图 2-38 2014 年欧洲主要国家企业中云计算技术使用率**

① 所有数据来源于法国国家统计局（Insee）2015 年关于法国云技术产业发展的报告（网址：https://www.insee.fr/fr/statistiques/1287956）。

在法国，相比中小企业，云计算技术的应用在大企业中更为普遍：36%的大型企业（员工人数在250人以上）使用该技术，中小型企业（员工人数在20~249人之间）中这一数字为14%，在仅有9%的微型企业（员工人数在10~19人之间）使用云计算服务（见图2-39）。

使用云计算技术的法国企业中，有相当大一部分是IT和通信业的公司。在这两个行业中，39%的企业都购买了云计算服务，而在传统的服务业（如住宿和餐饮）中，普及率仅为5%。

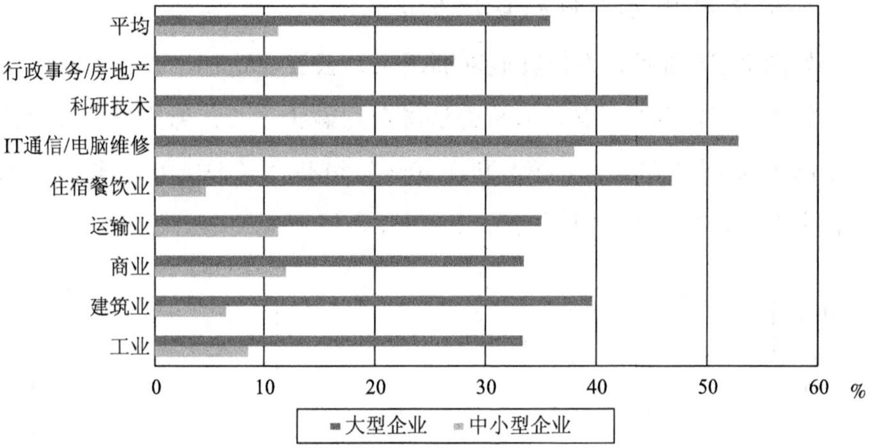


**图2-39　2014年法国各行业中企业云计算使用率**

那么，法国企业购买的云计算服务是为了实现哪些功能呢？62%的云计算用户购买了公司内部的电子邮件服务，61%的云计算用户购买了文件存储服务。而能够实现较高级功能的服务则少人问津，例如会计软件和客户关系管理系统，仅被1/4的云计算用户使用。

云计算的不同部署模型在法国市场中也有分野。2014年，63%使用云计算的法国企业使用的是公用云服务，55%使用私有云服务，另有18%同时使用两种服务（即混合云）。数据显示，不同规模的企业会倾向于使用不用的部署模型。另外，在 IT 和通信业中，71%的法国公司会选择私有云服务，但在运输、住宿和餐饮等行业，私有云的使用率则较低，仅为 40%（见表 2-7）。

**表 2-7　2014 年法国各行业云计算部署模型使用情况**

| 行业 | 公有云(%) | 私有云(%) |
|---|---|---|
| 工业 | 48 | 65 |
| 建筑业 | 58 | 55 |
| 商业 | 59 | 55 |
| 运输业 | 40 | 73 |
| 住宿餐饮业 | 40 | 78 |
| IT 通信/电脑维修业 | 71 | 61 |
| 科研技术业 | 56 | 62 |
| 行政事务/房地产业 | 47 | 75 |
| 法国平均业 | 55 | 63 |
| 欧盟平均业 | 38 | 67 |

由于云计算技术在法国市场刚刚起步不久，市场还未发育成熟，前期投资较大是其在法国企业中普及率不高的原因：37%使用云计算技术的法国公司认为较高的成本是其较少使用其服务的原因。此外，云计算技术本身和相关的法律还存在不少不足。例如，出于信息安全的考虑，30%使用云计算技术的法国企业减少了它们的使用频率，还有同等比例的企业或出于对信息定位的担忧，或因为相关立法上的空白而对使用云计算服务有所顾虑（见图 2-40）。

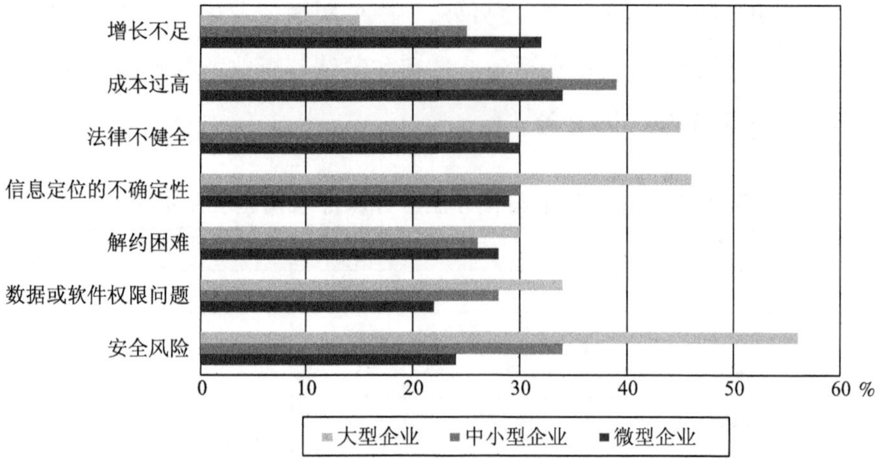


图 2-40　2014 年限制法国企业使用云计算服务的原因

## 三、企业在线交易情况

企业在线交易情况主要通过企业在线销售和在线采购数据进行分析，截至 2016 年企业间电子商务销售额已达企业间总交易额的 18%，从事在线交易的企业主要集中在交通、耗材和信息领域。

### （一）企业在线销售比例

根据 Fevad[①]2016 年发布的法国电子商务数据报告显示，企业间电子商务销售额已达到其销售总额的 18%，其中 7%的销售额通过电商平台实现，11%的销售额通过其他电子采购方式实现。除去商务旅行之外，电子商务销售额已占销售总额的 11%。

根据图 2-41[②]，旅行交通行业中企业在线销售额占总销售额的比例最高，达到一半以上；办公用品及设备类企业次之，其在线销售额占总销售额的 33%；信息设备及硬件类企业的在线销售额占比达到 30%。

① Fédération du e-commerce et de la vente à distance，法国电子商务和远程销售联合会。

② 数据来源于 Fevad2016 年发布的法国电子商务数据报告。

不同行业间的在线销售比例差异较大，食品类企业（咖啡厅、餐馆及酒店）的在线销售占比仅为2%。

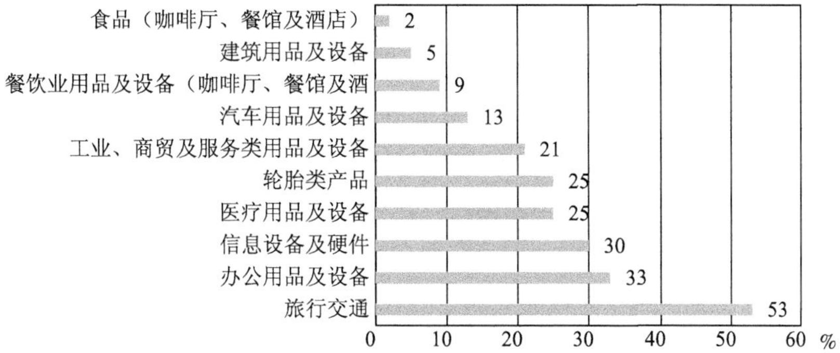


**图 2-41 不同行业间 B2B 电子商务销售额占总销售额的比例**

英、法、德三国的企业在线销售都主要通过EDI的方式实现，其次才是通过网站的方式进行线上销售。其中法国在2013年通过EDI方式实现的线上销售额达到3300亿欧元，通过网站实现的线上销售额达到550亿欧元，通过EDI实现的销售额是通过网站实现的销售额的6倍（见图2-42）。

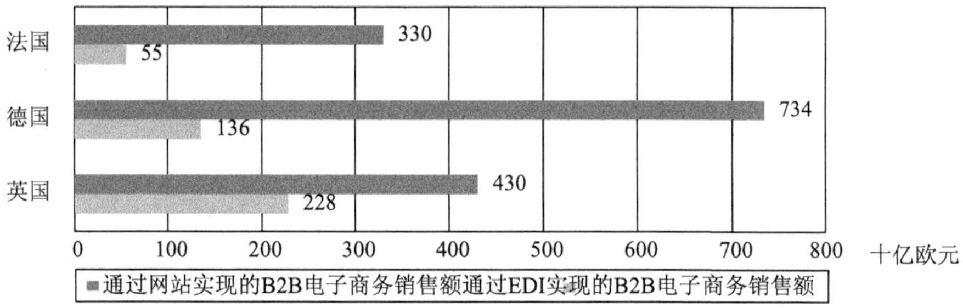


**图 2-42　欧洲主要国家的 B2B 电子商务营业额**[①]

① 数据来源于Fevad2016年发布的法国电子商务数据报告，其中英国和法国的是2013年的数据，德国的是2012年的数据。

Fevad2016 年发布的电子商务报告还对法国的 B2B 电子商务发展做出了预测，预计到 2020 年，企业间的线上交易额（通过电商网站或者个人网络客户端实现）将达到企业间交易总额的近 1/4（24%），增长率达到 32%，除去商务旅行，线上销售额占总销售额比例为 16%（见图 2-43）。

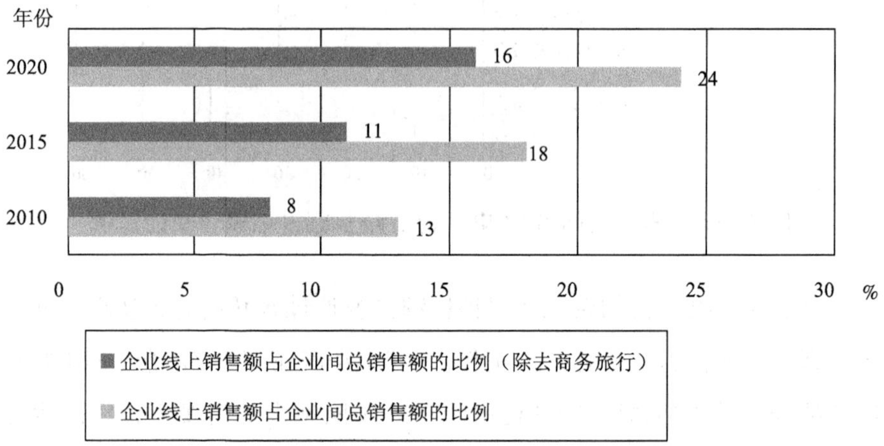


**图 2-43　企业线上销售额占企业间总销售额的比例**[①]

## (二)企业在线采购比例

根据法国国家统计与经济研究所 Insee 的数据显示，有超过 20%的法国企业会进行在线采购（通过网站或者通过 EDI），其中尤为显著的是法国的大型公司，因为它们一般都会采用 EDI。

根据 Fevad 的数据，在法国，有 21%的小于 10 人的企业会进行在线采购，大于 10 人的法国企业中有 25%会进行线上采购，其中公司的规模越大，选择线上采购的可能性越大，在拥有 500 人及以上员工的大

① 数据来源于 Fevad2016 年发布的法国电子商务数据报告，研究对象（旅行交通，办公用品及设备，信息设备及硬件，医疗用品及设备，轮胎类产品，工业、商贸及服务类用品及设备，汽车用品及设备，餐饮业用品及设备，建筑用品及设备，食品业）不包括电信行业和制药业。

型企业中，有将近一半（47%）会选择线上采购（见图 2-44）。

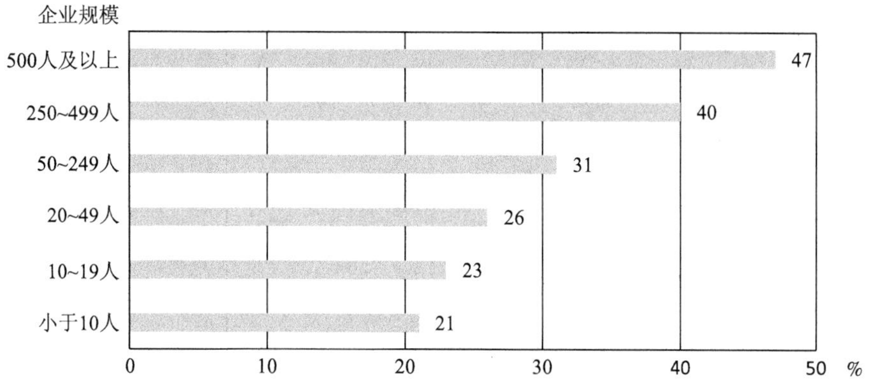


**图 2-44 线上采购的企业所占比例①**

## 四、企业线上宣传情况

法国企业线上宣传主要通过社交媒体和建立官方网站，其中20%的法国企业会采用社交媒体进行宣传工作，官方网站的设立情况也不容乐观，线上宣传渠道呈现出覆盖面窄、使用率低的特点。

### （一）社交媒体

2016 年，Hootsuite 与 Adetem、Visionary Marketing 等机构②合作进行了调查。研究结果表明，大部分市场部的雇员都在使用社交网络。以下为主要社交网络使用人数比重：LinkedIn（81 %）、Twitter（79 %）、Facebook（60 %）以及 YouTube（58 %）。然而，法国的企业却缺乏内部有效且充足的团队来运营新媒体。仅仅 52%拥有专门的团

---

① 数据来源于 Fevad2016 年发布的法国电子商务数据报告，其中少于 10 人的企业数据为 2012 年数据，其他企业数据为 2013 年数据。

② Adetem 是法国市场类职业人士国家联合会，成立于 1954 年，旨在为会员提供与行业专家、资深人士交流机会以提高职业竞争力。Hootsuite 是全球用户最多的社交媒体管理公司，有超过 1200 万用户。Visionary Marketing 是专门针对数字化沟通、网络营销的机构，为 B2B、B2C 提供数字化战略服务。

队来运营新媒体，而在北美这一比例为 72%。 如何把社交媒体融入公司发展的整体策略中来是法国面临的问题。 20%的法国企业会把社交媒体作为营销手段之一（北美为 40%）。

以 Facebook 为例，2015 年 Firmapi[①] 抽取了 78000 家拥有官网的样本企业作为研究对象。 其中 20. 3%的企业同时注册了 Facebook。 企业在 Facebook 上的活跃程度与其产业类型有关，其中 B2C 和地方性企业（尤其是地方性的生意，如饭馆、酒店）在 Facebook 尤其活跃。 同时注意到，大部分企业的粉丝活跃程度不高：69. 9%企业的“赞”少于 500，只有 5. 2%的企业得赞数多于 10000（见图 2-45）。

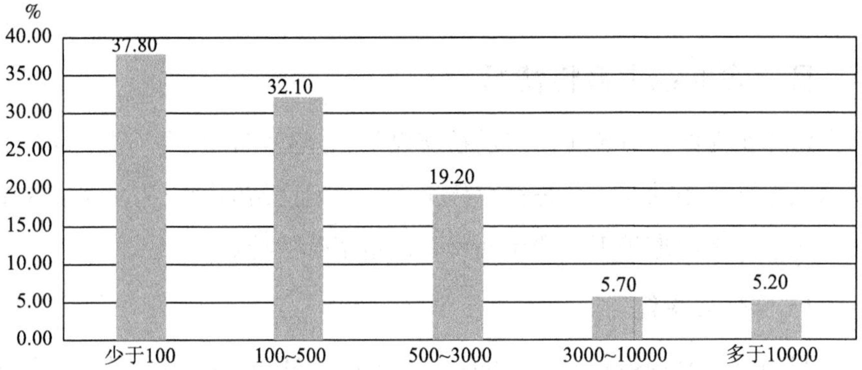


**图 2-45　样本企业 Facebook 得赞数量统计**

## （二）官方网站

Salesforces 公司（美国客户关系管理软件服务提供商）2015 年抽取了 102 家法国中小企业进行线上调查，27%的该类企业没有设立官网，造成这一现状的原因并不是企业领导层的疏忽，而是缺乏必要的信息来引导它们进行具体操作，同时企业在这一领域也缺乏相关的人才、资

① Firmapi 是专门为 B2B 提供数字化解决方案的机构，成立于 2014 年。

源等。

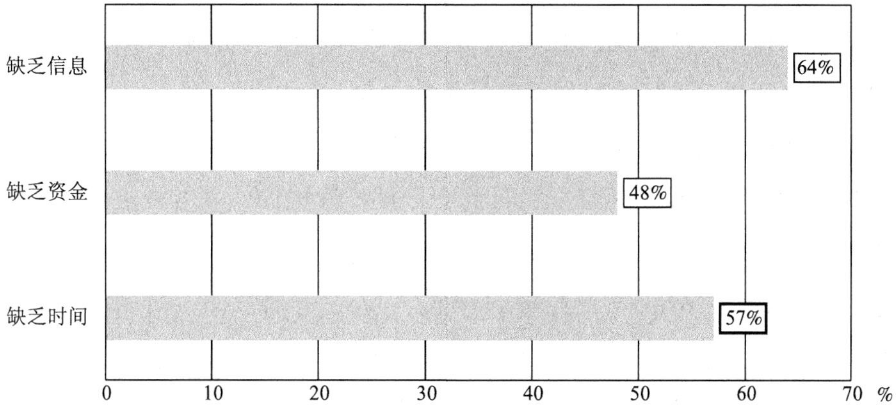


**图 2-46　设立网站进行宣传的难题占样本企业百分比状况**

首先，中小企业面临诸多难题。57%的中小企业领导认为他们缺少时间来进行信息技术方面的改造升级；48%的人认为他们缺乏所需的资金支持来攻克相关难题，不过该研究并没有指出他们对于相关方面投资的具体设想；高达64%的人认为信息不畅通导致他们目前极其缺乏有效的解决方案，而且他们也不太清楚通过网络到底能给他们带来怎样的机遇（见图 2-46）。

其次，中小企业认为设立网站有诸多益处。对于中小企业的领导而言，官网除了可以增加他们的知名度外，还有其他益处。78%的人认为官网是展示公司活动或业务的窗口，一半的人认为官网同时有利于与客户保持联系，仅仅有16%的人用官网来售卖产品。不过这一数据是相对而言的，因为该研究并没有指出样本中电商的数量。

最后，中小企业与IT服务供应商的直接合作十分缺乏。46%的受访企业会关注信息技术转型方面的媒体信息，33%的受访表示它们会定期咨询专业网站来帮助它们进一步了解、应用相关技术。而这些样本企业中与 IT 服务供应商直接取得联系或进行交易得相当少，占比仅仅 1%。尽管这一研究仅有 102 个样本，但也足以说明一定问题。可以就此推断，IT 服务供应商没有针对具体目标市场的产品供应，而且尚未有明确的市场定位导致它们不能满足企业的即时利益。

上述调查结果确实不太乐观，不过 Linkeo（网站设计服务商）曾在 2014 年底抽取了他们的客户进行调查，被抽取的 500 名客户在 24 个月以来建立了专门网站。这些企业家显然逐渐认识到了网络的重要用途。他们中有 67%的人有智能手机，这一比例比上一个年份多了 12%；46%的人有平板电脑，同一时段增加了 18%；30%的人使用社交网络进行企业宣传，增加了 4%；45%的人对于公司在网络上的信誉很关注。这些企业家之所以开通了网站是因为他们觉得这是扩展业务的关键一环。更准确地说，70%的人认为网页的设立可以帮助他们扩展业务，60%的人认为可以有效增加知名度。

## 五、互联网交易情况总览

法国是高度信息化的国家，且互联网起步早，因此互联网普及程度较高。法国每年有 78.3%的网民（大约 355 万人）通过互联网进行购物，这对法国互联网交易与 GDP 的贡献功不可没。据欧洲电子商务协会年度报告显示，法国 2015 年互联网交易额为 649 亿欧元，占 GDP 的 2.97%，位列欧洲第 2，世界第 5，不论从体量和发展质量来看，法国互联网交易都处于高度发展阶段。图 2-47 为 2007—2015 年互联网交易总额：

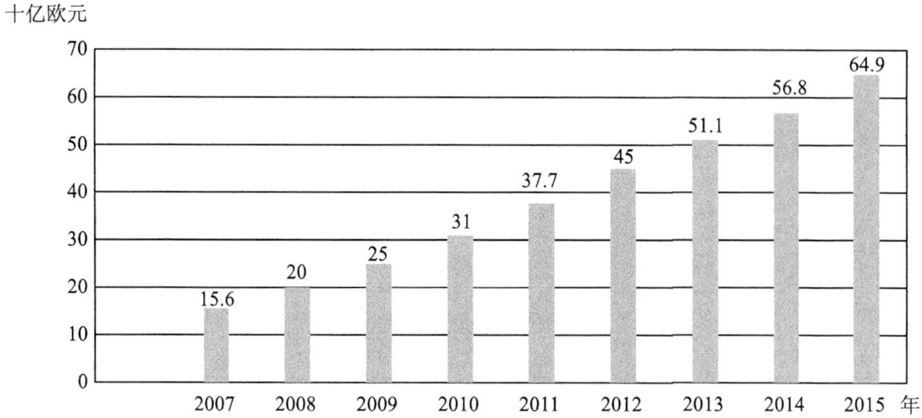


**图 2-47　2007—2015 年互联网交易总额**

资料来源：Statista。

根据 2007—2015 年互联网交易的数据表，我们不难看出其递增趋势，与此同时，法国网民的互联网人均消费也在不断上涨，截至 2015 年，网购者数量达到 3600 万人，网购者的人均消费已经达到 1780 欧元。

作为文化大国，法国互联网交易在各行业的占比也极具特色：通过法国电子商务协会的预测可以看到，在文化产品和旅游产品的选择上，法国互联网交易分别占了上述两个行业近四成的销售额。根据电子商务协会 2014 年的数据，线上购买机票的销售额占机票总销售额的 80%，酒店住宿线上交易额占 73%，这一数据显现出的特征也与假期长且热衷于度假的法国民众相吻合。在文化产品中，法国人通过线上购买音乐产品的消费占该行业总销售额的 61%。因此，我们可以说，法国网购者的消费偏好反映出法国互联网交易的结构更趋向文化娱乐产业，而这一趋势恰恰反映出法国文娱产业的发达，总而言之，国家产业的优势在互联网贸易与网购者的消费选择方面起着无形的导向作用（见图 2-48）。

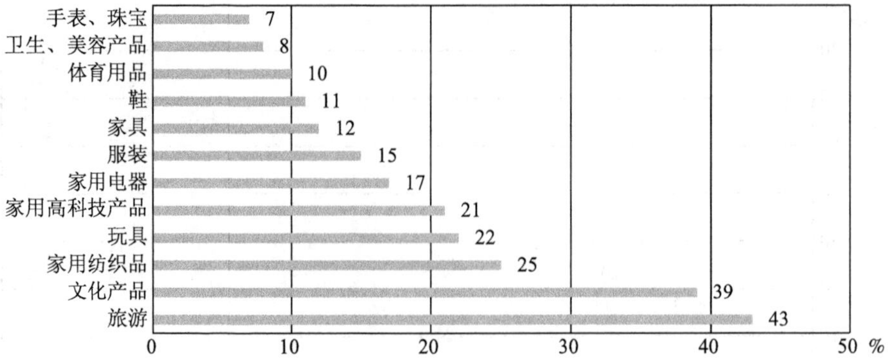


**图 2-48　2015 年各行业线上交易市场份额(预测数据)**

资料来源:法国电子商务协会。

图 2-49 为法国网购者的年龄分布。欧洲电子商务协会数据显示,2015 年,法国总人口为 664 万,其中网民数量 470 万,网购者数量为 360 万,超过总人口的一半。根据网购者年龄分布图,我们可以看到,各年龄段网购者数量都在逐年攀升,且网购者数量分布由年龄段自然分化为 4 类,2015 年这一年中,15~44 岁的人群中有 76.5%的人通过互联网进行过交易,45~49 岁的人群中 64.2%,60~74 岁的人群中有 38.1%,75 岁以上则为 8.6%。

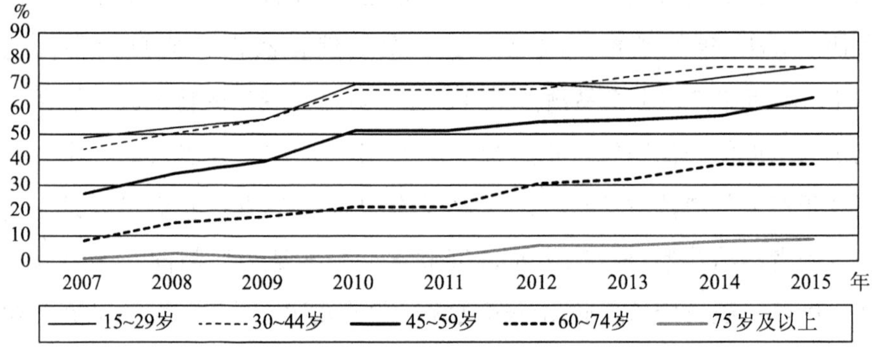


**图 2-49　2007—2015 年互联网购物者年龄分布**

资料来源:法国国家统计局和经济研究中心。

## 六、案例分析

法国 B2B 交易发展相对迟缓，在线上宣传方面，企业也由于资金、信息或时间等因素呈现出使用频率低、渠道少的特点，于是我们选取了上述方面表现良好的企业进行具体分析。

### （一）案例一：法国主要 B2B 电子商务平台

法国主要的 B2B 商务平台有法国黄金贸易网（golden-trade）、法国贸易公司（france-companies）、法国搜索（annu）、法国黄页（admi-net）、stocknet、algomtl 以及 Firmafrance 等。

Firmafrance 是法国官方免费 B2B 电子商务出口贸易平台，由法国育碧公司（Ubifrance）建立，得到了法国经济金融与工业部的认可和大力支持。该网站致力于为外国公司在法国寻找可靠的合作伙伴和供应商方面提供便利，它是在线抓住商机的理想方式。该网站的数据库涵盖了 15000 家处于各行业领先地位的法国出口公司的展示信息，并及时更新行业重大新闻、全球贸易活动和贸易链接，使用户能够在最短时间内搜索出其所需的产品或服务。

**图 2-50　golden-trade 官方网站界面**

法国黄金贸易网(golden-trade)是法国最大的B2B电子商务平台之一,网站汇集了120000多家供货商的信息,可提供工业、教育、旅游、金融等多个领域的服务。

## (二)案例二:积极在社交媒体上进行宣传活动的法国企业

施耐德电气股份有限公司是法国的一家跨国公司,成立于1836年,是世界最大的能源管理公司和优化解决方案供应商之一,主要产品包括断路器、传感器、控制器等,为各国能源设施、工业、数据中心及网络、楼宇提供整体解决方案。其在能源、基础设施、工业过程控制、楼宇自动化等领域均处于世界领先地位。2016年,该公司分别在Youtube、Facebook、Twitter、Google+以及Viadeo等社交网站上展开与客户的互动,以期寻找发展和解决问题的方法,其在Facebook上建立的公众账号获得了超过21.2万粉丝的关注。

法国软件公司达索系统致力于3D体验,希望为企业和人类的可持续发展创新提供一个虚拟世界,是世界领先的3D设计软件、3D数字化实体模型和生命周期管理解决方案提供商。该公司近年所推出的“冰山梦”项目成功模拟了用拖船借助洋流将南极的冰山移至非洲的办法,以此破解干旱地区的水匮乏问题,甚至还为这个项目找到了真实的投资方,引起了社交媒体的广泛关注。

# 第四节　移动互联网行业分析

法国移动互联网行业发展迅速，用户数量不断增加，用户结构多元发展。虽然随着近年来虚拟运营商的出现，传统基础运营商的市场份额有所减少，但法国四大通信运营商（Orange、SFR、Bouygues 和 Free）不论是从基建水平、服务质量还是运营情况看，发展前景都很乐观。同时，智能手机和平板电脑普及程度的提高促进了移动互联网的发展，不论对个人还是企业用户都提供了极大的方便，其中智能手机已然成为法国移动互联网终端设备市场重要发展引擎。

## 一、移动互联网行业发展概况

日益成熟的移动互联网技术和云计算技术，为移动互联网行业应用提供了先进可靠的基础技术保障。移动互联网行业应用在法国方兴未艾。本部分主要从互联网用户规模、互联网发展水平与市场发展情况三方面进行阐释。

### （一）法国移动互联网用户规模

近年来，法国移动互联网发展迅速，用户数量快速增加。市场调研机构 Mé diamé trie 发表的 2016 年度互联网报告显示，手机上网超越传统电脑，成为法国人最主流的上网方式：平均每天有 2430 万法国人通过手机上网，2380 万人通过电脑上网①。根据法国移动市场协会

① http://www.mediametrie.fr/internet/communiques/l-annee-internet-2016-le-mobile-l-experience-enrichie.php? id=1623.

（Mobile Market Association）的统计数据显示，截至 2016 年 6 月，法国的移动互联网用户数量达到 3410 万，比 2015 年同期增长约 8%（见图 2-51）。

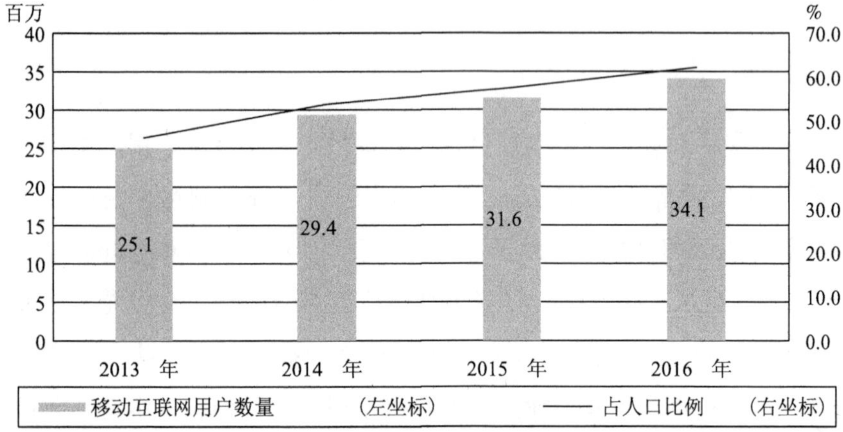


**图 2-51　2013—2016 年法国移动互联网用户数量统计图**

资料来源：Mobile Market Association。

但是，仅凭移动互联网用户的数量，并不足以代表一个国家或地区的移动互联网发展水平。下文会介绍法国的主要移动网络运营商。

## （二）法国移动互联网的发展水平

目前，法国移动网络运营商主要有 Orange、SFR、Bouygues 和 Free 四家企业，其基建水平、服务质量和运营情况代表了法国目前移动互联网产业发展的状况。法国电子通信与邮政监管局（ARCEP）在一份发布于 2016 年 7 月的报告中，详细分析了这四家运营商的发展现状（见图 2-52）。

从基建水平上来看，Orange 和 Free 在高速移动网络建设上明显要比 SFR 和 Bouygues 要快，3G 信号和 4G 信号的覆盖率远超后两家运营商。但是从总体上看，目前法国总体的 4G 覆盖率还不足 40%，信号覆盖率最高的 Orange 也仅仅覆盖了法国国土面积的 35%。不过，得益于近年来 4G 技术的发展，法国平均的移动网络速度总体来看还是呈快速上升趋势，下载速度目前达到了 18Mb/s（见图 2-53）。

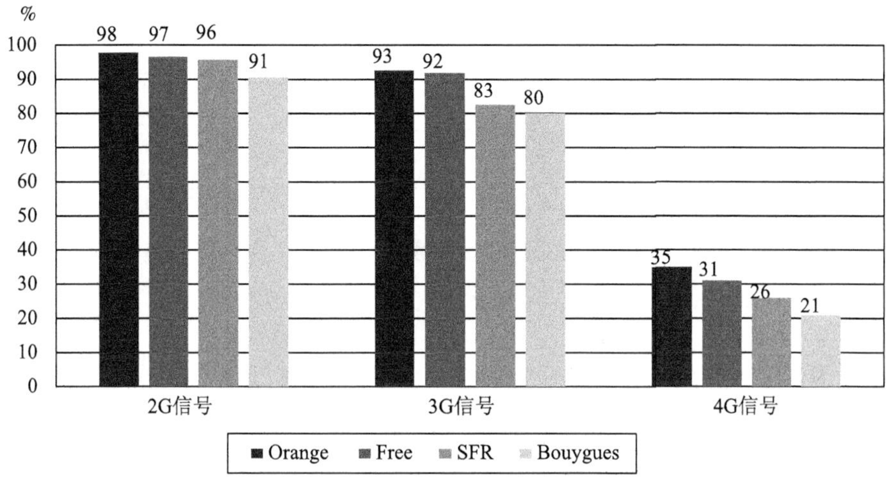


**图 2-52　2016 年法国四大移动通信运营商信号覆盖率**

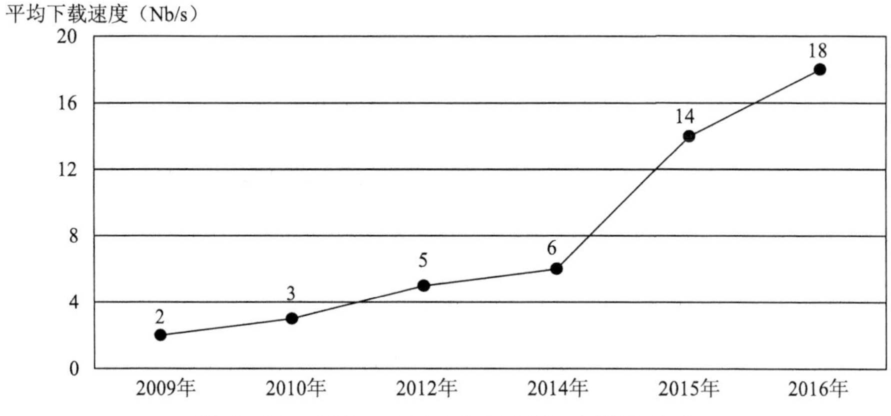


**图 2-53　2009—2016 年法国移动网络速度**

资料来源：ARCEP。

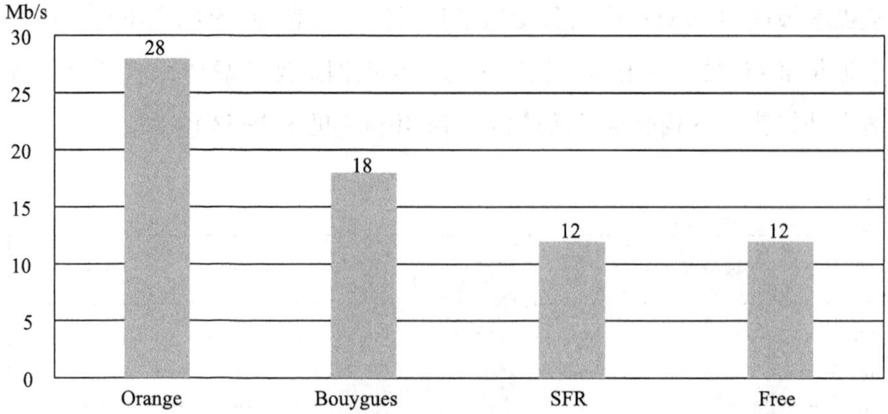


**图 2-54　2016 年法国四大移动通信运营商平均下载速度**

资料来源:ARCEP。

从四家运营商的服务质量来看，Orange 在移动网络速度上远超其他三家运营商，以 28Mb/s 的平均下载速度高居榜首（见图 2-54）。

## (三)法国移动互联网市场概况

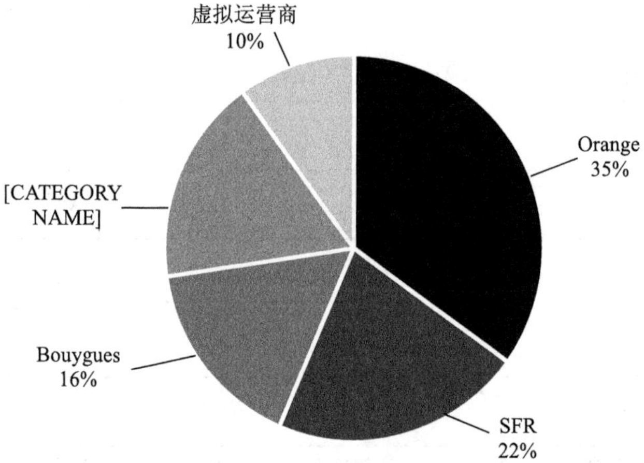


**图 2-55　2016 年第一季度法国各大移动通信运营商市场份额**

资料来源:JDN。

随着近年来虚拟运营商的出现，传统基础运营商的市场份额有所减少。2012才开始进入市场的Free电信一开始也是虚拟运营商，后来转型为基础运营商，目前已经占据了17%的市场份额，并且凭借其较高的信号覆盖率争取到了许多新用户，在短短几年间超过了Bouygues和SFR两家公司①（见图2-55）。

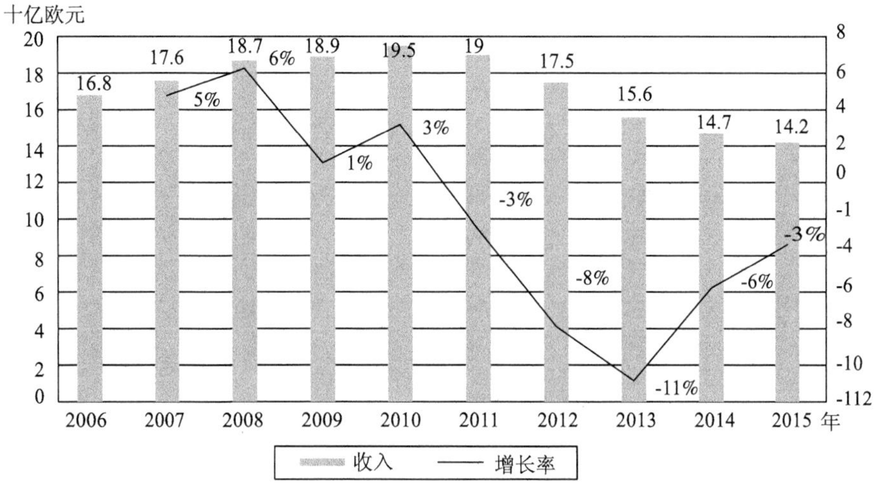


**图2-56　2006—2015年法国移动通信运营商移动业务年收入**

资料来源：ARCEP。

2006—2015年这十年间，法国移动通信运营商的移动业务年收入呈现"先增后减"的趋势。2006年后，各大运营商的移动业务年收入逐年增长，达到2010年的195亿欧元（税前）。但是从2011年年中开始，由于移动业务的价格下调，其年收入开始逐渐收缩，但随着3G和4G网络的发展，用户对网络的使用量开始攀升，因此移动业务的年收入下降的趋势有所放缓（见图2-56）。

① http://www.journaldunet.com/ebusiness/telecoms-fai/1124341-parts-de-marche-des-operateurs-mobile-en-france/.

## 二、移动互联网用户结构

法国移动互联网用户在其年龄结构分布、使用终端差异与职业结构也呈现鲜明的特点。

### （一）移动互联网用户年龄结构

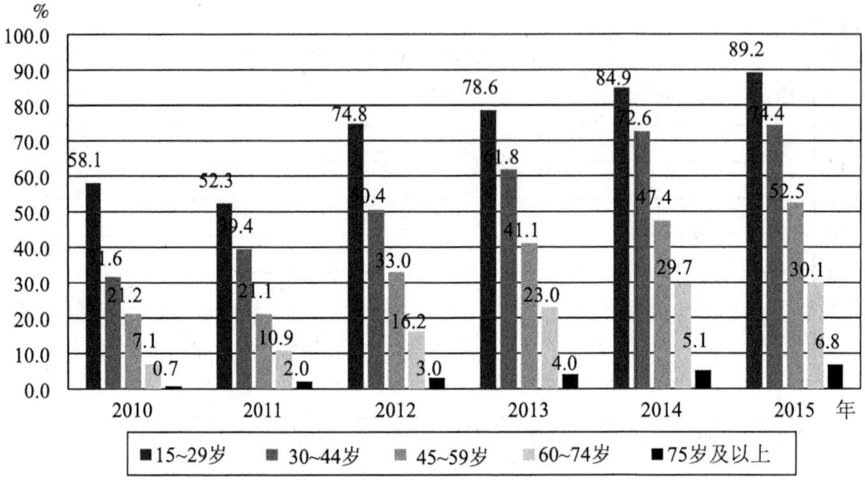


**图 2-57　2010—2015 年法国移动互联网使用者在不同年龄层的占比**

根据图 2-57，2010—2015 年，各年龄层的移动互联网使用者的比例都在上升。移动互联网使用者比例上升幅度最高的是 30～44 岁人群，由 31.6%上升至 74.4%，上升了 42.8 个百分点。45～59 岁人群的移动互联网使用者比例上升幅度次之，位居第二，由 2010 年的 21.2%上升至 2015 年的 52.5%，上升了 31.3 个百分点。紧随其后的是 15～29 岁年龄段的人群，移动互联网使用者所占比例由 58.1%上升至 89.2%，上升了 31.1 个百分点。60～70 岁人群中，2010 年移动互联网用户所占比例为 7.1%，5 年来，该比例上升了 23 个百分点，达到 30.1%。2010—2015 年间，相比于较年轻的人群，75 岁及以上人群中的移动互联网用户比例增长相对较小，仅增长了 6. 1 个百分点。

综合各个年龄段来看，年龄段越低的人群，移动互联网用户的比例越高，移动互联网用户比例随着年龄段的增长而降低。 2015 年，15 岁至 29 岁的人群中移动互联网用户比例达到 89. 2%，领先其他各年龄段人群。

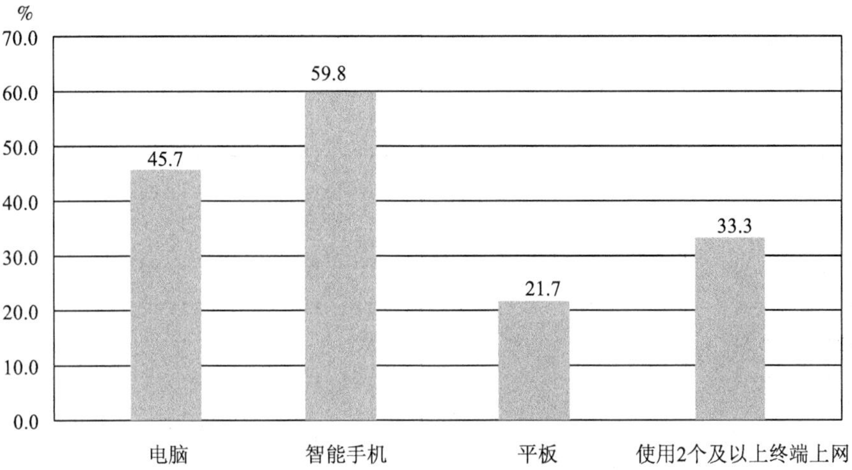


**图 2-58　使用各终端上网的 15~24 岁网民所占比例**

15~24 岁的法国年轻人是移动互联网消费的主力军之一。Mé diamé trie2017 年 1 月发布的一份报告①特别关注了 15~24 岁互联网用户的数据。 在 15~24 岁人群中，每天都有 530 万年轻人通过各种终端上网，其中 440 万年轻人（占该年龄段人群的 59. 8%）通过他们的智能手机使用移动互联网，220 万人（占该年龄段人群的 29. 7%）通过电脑端上网（见图 2-58）。

① http://www. mediametrie. fr/internet/communiques/audience-internet-global-en-france-en-octobre-2016. php? id=1599.

## (二) 移动互联网用户使用的终端的区别

同一份报告显示，在 2016 年 10 月，4500 万法国人至少有过一次使用互联网的经历（通过电脑、智能手机或者平板），占了法国人口的 86.4%。其中，3650 万法国人每天都会通过各种终端上网，占了法国人口的 70.1%，也就是说，10 个法国人中有 7 人有每日上网的习惯。

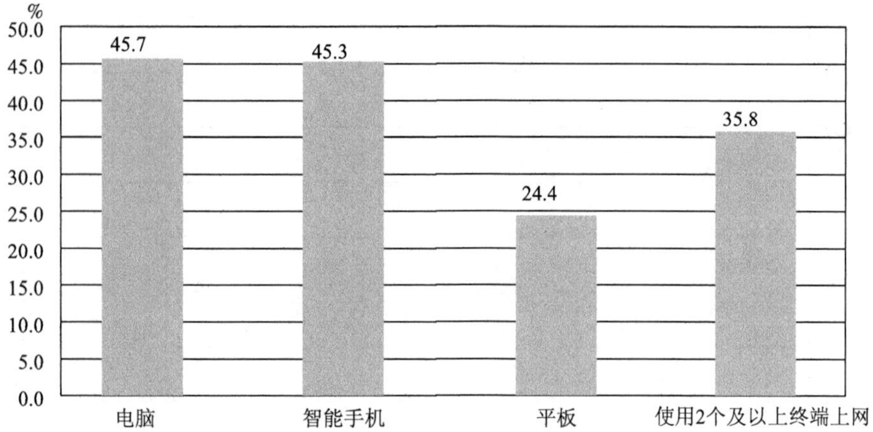


**图 2-59　使用各终端上网的网民所占比例**

根据这项 2016 年 10 月开展的调查的结果显示，在该月中，每天平均分别有 2380 万（45.7%）法国人和 2360 万（45.3%）法国人的用户通过电脑或者手机端上网，这两类人群数据非常相近，而平均每天通过平板来使用移动互联网的法国人仅达到 1270 万（24.4%）。但许多法国人不仅仅通过一个终端来使用互联网，1870 万法国网民每天会通过两个或以上终端来上网，即超过 1/3（35.8%）的法国人会使用不止一个的终端使用互联网（见图 2-59）。

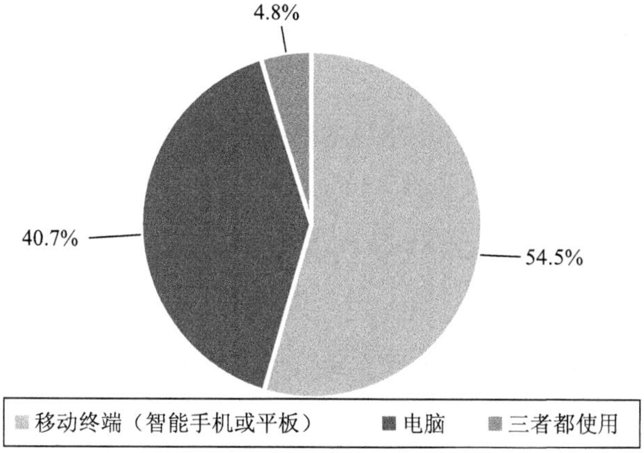


**图 2-60 仅使用某终端上网的互联网用户所占比例**

Mé diamé trie 统计的法国排名前 50 的品牌的数据显示，平均每天有 54. 5%的互联网用户仅通过移动端（智能手机或平板）来登录这些网站，40. 7%的用户仅通过电脑端登录，剩下的 4. 8%用户则三种终端都会使用。 数据表明，法国人越来越青睐于使用移动互联网来实现自己的生活和工作需求（见图 2-60）。

## （三）移动互联网用户职业结构

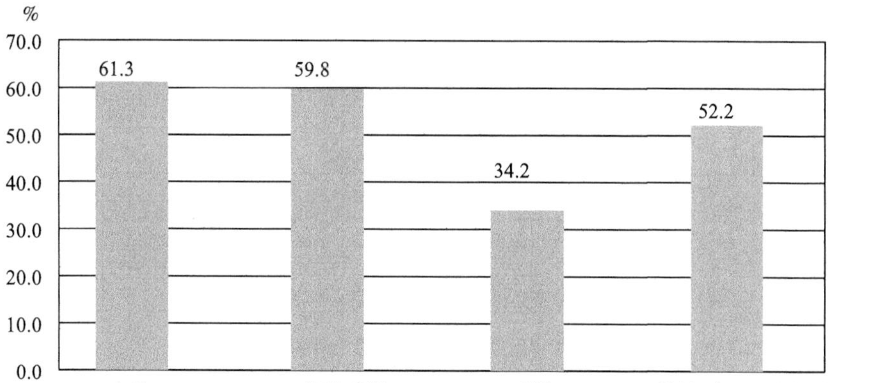


**图 2-61 使用各终端上网的 CSP 人群所占比例**

这份报告同时还特别关注了法国的 CSP① 人群通过各移动终端上网的情况，和 15~24 岁的法国年轻人一样，这类用户也是法国移动互联网消费的主力。在 2016 年 10 月，86.6%的 CSP 人群每天都会通过各终端使用互联网，总人数达到 1160 万，这一比例比法国其他各人群使用互联网的比例都要高，在这将近 9/10 的 CSP 人群中，超过一半（52.2%）的人通过多种设备上网（见图 2-61）。

## 三、个人用户及企业用户移动互联网使用情况

随着智能手机和平板电脑普及程度的提高，移动互联网发展也日新月异，一方面，对于个人用户而言，移动互联网的发展拓宽信息了解面，使信息的传播与互联网体验更为灵活，另一方面，对于企业用户而言，使企业的运营更为多元化，增强了企业活力。

### (一)个人用户互联网使用情况

#### 1. 个人移动设备持有情况

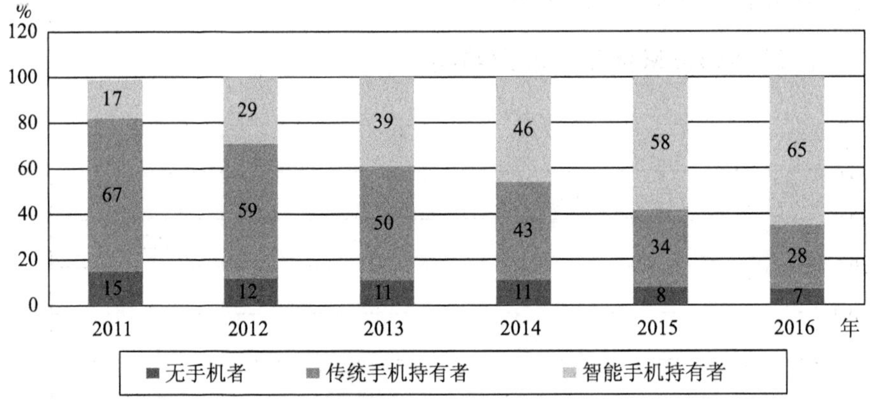


**图 2-62　12 岁及以上人群持有手机类型分布**

资料来源:法国电子通信与邮政监管局 2016 年数字化报告。

① 又称 PCS,即 professions et catégories socioprofessionnelles,在职人群。区别于退休人员、失业人员和无业人员。

截至 2016 年，法国有 65%的居民持有智能手机，使用传统手机或无手机的人群仅占 35%，智能手机普及率高；从 2011 年到 2016 年，传统手机持有者占比不断降低，无手机人群数量处于低水平并呈下降趋势，智能手机持有率逐年上升，2014 年，智能手机持有比例超过传统手机，2016 年达到峰值（见图 2-62）。

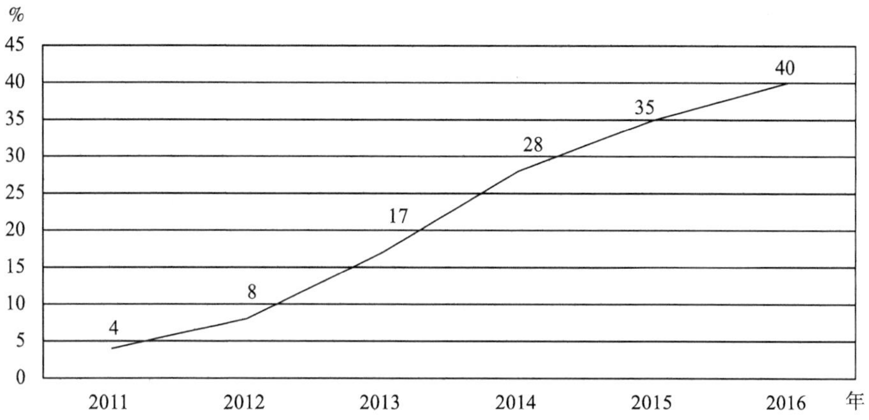


**图 2-63　12 岁及以上人群平板电脑持有率**

资料来源：法国电子通信与邮政监管局 2016 年数字化报告。

2011 年，法国 12 岁及以上人群平板持有率仅为 4%，而到了 2016 年，该比重已达 40%。 而据美国 Forrester 调研机构估计，美国 2016 年平板电脑持有人数占总人口的 34%，可见法国平板电脑普及程度处于世界领先水平。 2011 年至 2016 年，法国平板电脑持有率呈线性上升趋势，大致以每年 7.77%的速度增长（见图 2-63）。

**2. 个人移动互联网用户使用领域**

2016 年，法国个人移动互联网用户中，55%的用户进行网上冲浪，48%的用户下载各类应用，42%的用户通过定位服务查找餐厅酒吧等，34%的用户通过移动网络看视频，32%的用户用于传递信息，23%进行网络通话。 2011—2016 年，各领域使用比率不断升高，这一趋势也同智能手机与平板电脑使用率相符（见图 2-64）。

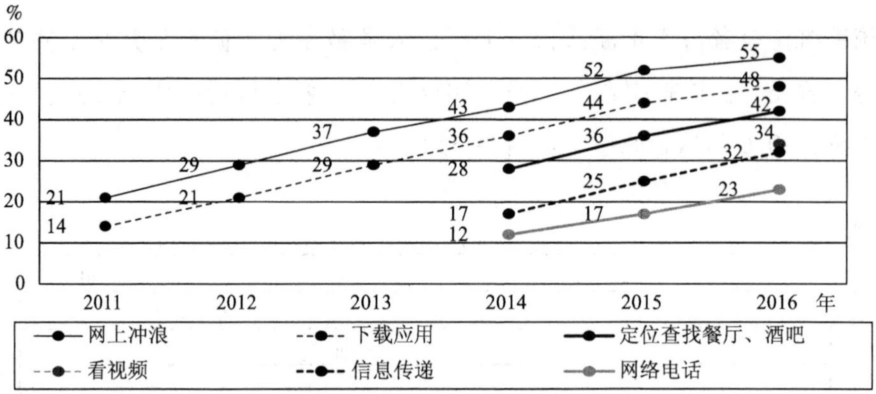


**图 2-64　个人移动互联网用户使用领域**

资料来源：法国电子通信与邮政监管局 2016 年数字化报告。

### 3. 个人移动互联网用户最常访问的网站及 App

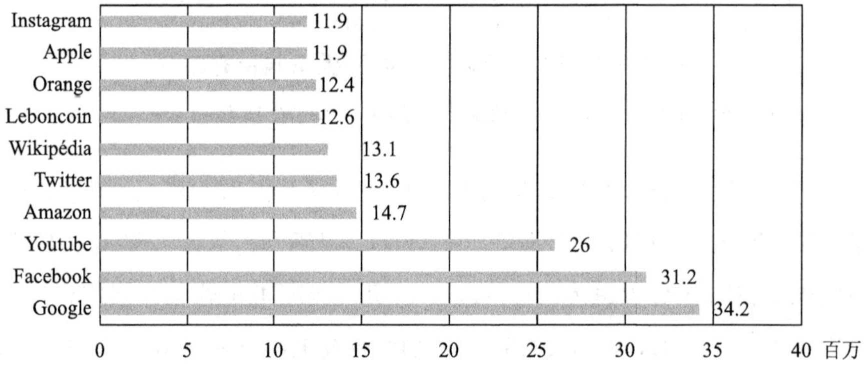


**图 2-65　个人移动互联网用户最常访问的网站及 APP**

资料来源：Médiamétrie。

法国个人移动互联网用户访问频率最高的三个网站或手机应用为 Google、Facebook 和 Youtube，月均访问量分别达到了 3420 万、3120 万、2600 万，其中社交网络 Facebook 与视频网站 Youtube 主要为娱乐功能。访问量排名前十的移动互联网品牌中，信息获取类有 3 项，分别是 Google、Wikipé dia 和 Leboncoin，娱乐消费类有 6 项，分别是 Facebook、Youtube、Amazon、Twitter、Apple 和 Instagram，其余 1 项为电信运营商（见图 2-65）。

## （二）企业移动互联网用户使用情况

### 1. 企业员工移动互联网使用情况

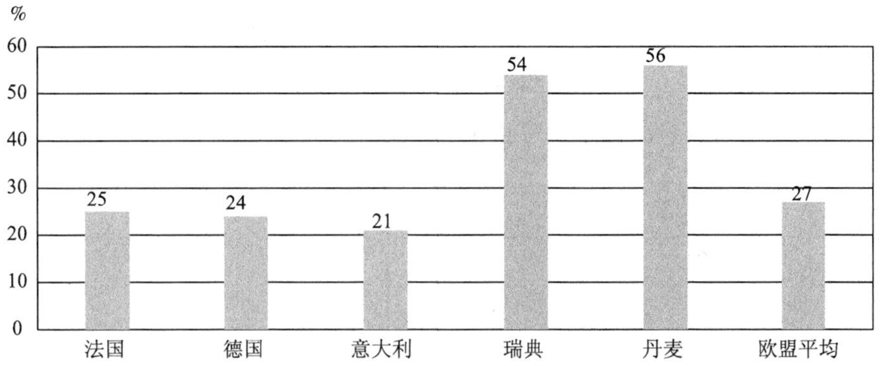


**图 2-66　企业为员工配备移动设备比例**

资料来源：Google 数字化研究报告。

2015 年，法国企业为员工配备移动设备比例为 25%，德国、意大利分别为 24%和 21%，均低于欧盟平均水平（见图 2-66）。

2015 年，法国企业员工在工作中使用移动互联网的比例为 54%，德国、意大利分别为 52%和 41%，欧盟平均水平为 49%（见图 2-67）。相较个人移动互联网的使用情况，法国 86%的劳动人口使用移动互联网，远高于企业员工在工作中的使用比例。而企业员工移动互联网使用的比例与企业为员工配备移动设备比例呈正相关，说明法国企业在移动设备中的投入对员工移动互联网使用产生了直接影响。

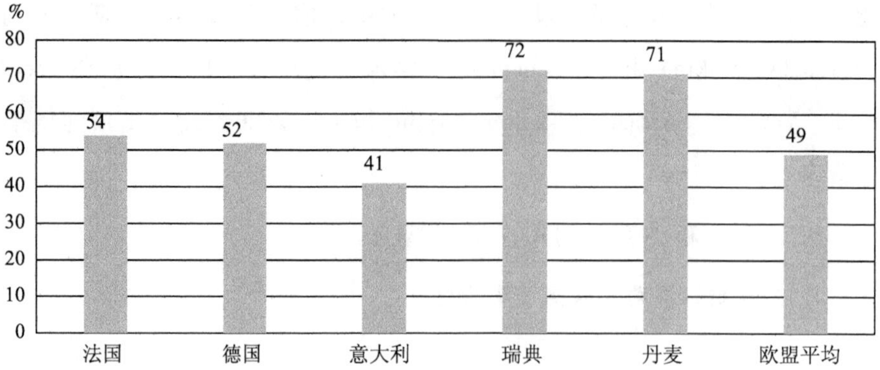


**图 2-67　企业员工移动互联网使用情况**

资料来源:Google 数字化研究报告。

## 2. 企业与客户联系中移动互联网的使用

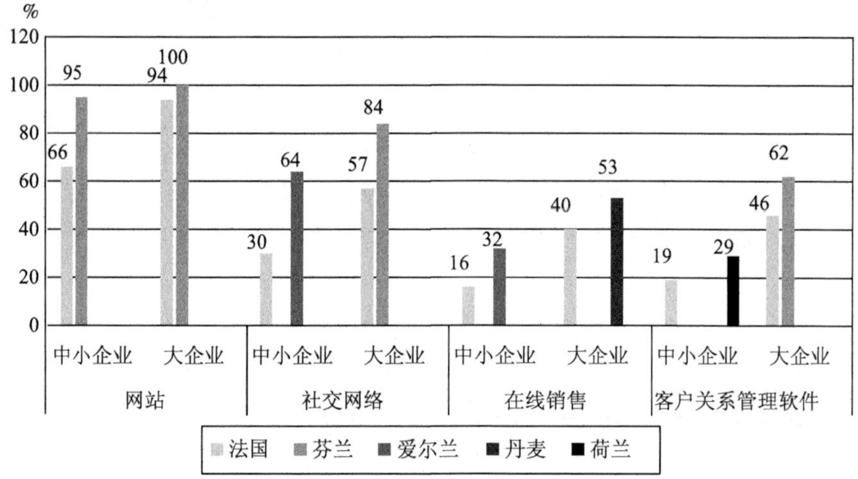


**图 2-68　企业联系客户中移动互联网使用情况**

资料来源:Google 数字化研究报告。

如图 2-68，2015 年，法国企业在联系客户、维护客户关系的活动中均有使用移动互联网，主要方式为网站、社交网络、在线销售与客户关系管理软件。

通过网站与客户联系的中小企业占66%，大企业占比94%；而中小企业使用网站比例最高的国家为芬兰，高达95%，法国位于德国、西班牙、意大利之后；大企业使用网站比例最高的国家也是芬兰，占比100%，法国居德国、西班牙之后。

通过社交网络维持客户关系的中小企业占30%，大企业占57%；对应占比最高的国家分别是爱尔兰和芬兰。法国中小企业使用该方式占比位于西班牙、意大利、德国之后，大企业也落后于西班牙、德国、意大利。

通过在线销售平台的中小企业占16%，大企业占40%；峰值对应国分别为爱尔兰（32%）和丹麦（53%）。使用在线销售平台的中小企业比例居德国、西班牙之后，大企业居德国之后。

使用客户关系管理软件的中小企业占29%，大企业占46%；荷兰的中小企业占比最高，达29%，芬兰大企业占比最甚，占62%。法国大中小企业通过软件维持客户关系的比例均落后于西班牙和德国。

因此，法国企业，尤其是中小企业在移动互联网的使用方面在欧盟内仍处于较低水平。

## 四、智能手机在移动互联网发展中的作用

法国移动互联网的发展很大程度上得益于智能手机的普及，截至2016年底，法国智能手机持有用户达3350万，但其增长率逐年放缓，说明法国智能手机市场趋近饱和，进入成熟发展阶段。

### （一）智能手机用户规模的发展

如图2-69，据Statista估算，2016年法国智能手机用户约在3350万人左右。预计在之后几年中，智能手机在法国的普及率还会进一步增长，在2019年可达到4100万人。但是其用户人数的年增长速度也

将持续放缓，表明智能手机市场正逐渐趋近饱和①。

如图 2-70，智能手机用户占法国人口比例呈现快速增长趋势，2014—2015 年期间，这一数字刚刚突破 50%的大关，2016 年就已经高达 65%。但目前仍有 28%的法国人使用非智能手机，另有 7%左右的法国人在日常生活中不使用手机②。

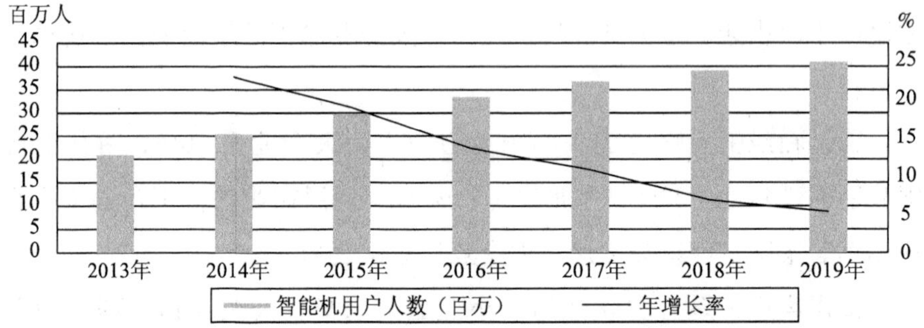


**图 2-69　2013—2019 年法国智能手机用户规模变化(预测)**

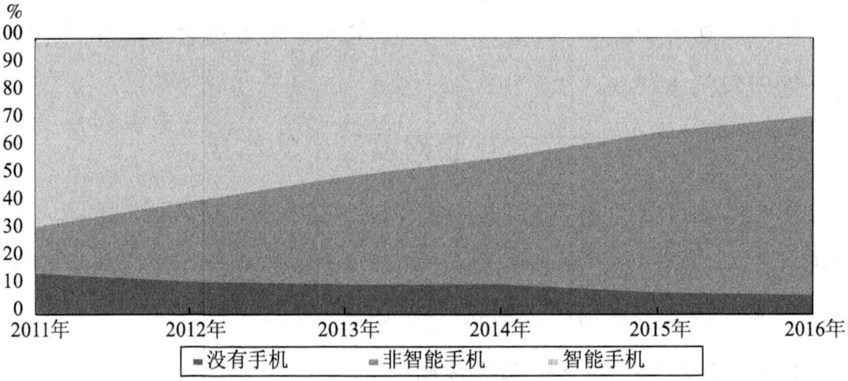


**图 2-70　2011—2016 年法国不同类型手机用户比例变化**

资料来源:Statista。

① https://fr.statista.com/statistiques/503231/nombre-utilisateurs-smartphones-france/.

② https://fr.statista.com/statistiques/505125/types-de-telephones-mobiles-utilises-france/.

### (二)智能手机在移动互联网终端市场中的重要性

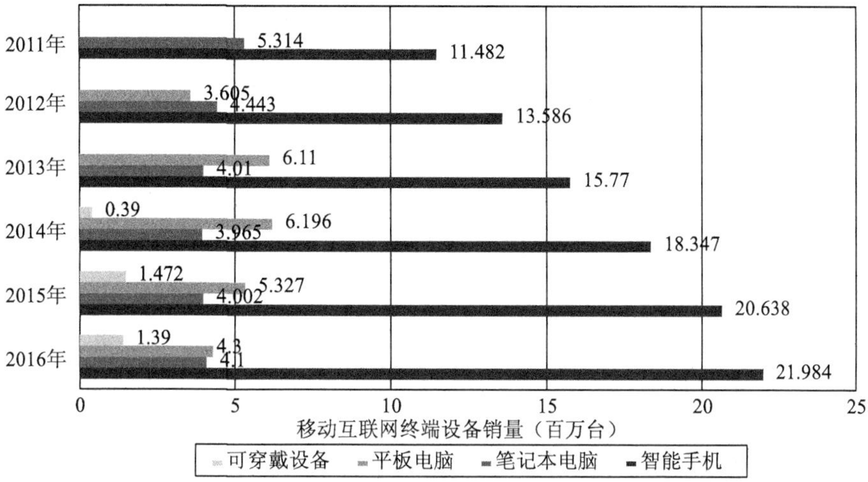


**图 2-71　2011—2016 年法国移动互联网终端设备销量变化情况**

资料来源：Statista。

如图 2-71，2011—2016 年，法国移动互联网终端设备市场发生了很大的变化。笔记本电脑作为传统的移动上网设备，销量逐年缓慢下降。而智能手机销量则呈现井喷式增长，在 2016 年达到了近 2200 万台，远远超过其他类型设备销量的总和。与此同时，平板电脑的销量在经过最初几年的增长之后，也在 2015 年开始进入下行期；以 Apple Watch 为代表的可穿戴设备销量目前也增长乏力。智能手机已然成为法国移动互联网终端设备市场发展的重要发展引擎①。

① https://fr.statista.com/statistiques/542202/ventes-smartphones-tablettes-wearables-pc-portables-france/.

# 第五节 法国社交网络行业分析

近年来，法国社交网络行业发展迅速，截至 2015 年，有超过一半的法国人都在使用社交网络，并且社交网络功能日益多样化。本章对法国社交网络行业进行宏观分析，并且通过 Facebook、Youtube、Google+等受大众欢迎的社交网络来分析该行业对社会生活产生的影响。

## 一、法国社交网络基本情况调查

近年来，法国的社交网络使用群体不断扩大，其中在年轻群体中的体现尤甚。同时，法国网民通过社交网络可以实现的功能也不断丰富增多，在社交网络投放的广告所产生的收入也稳步上升。据预测，在未来的几年，社交网络在法国将保持良好的势头继续发展。

### (一)法国社交网络发展情况

法国 ARCEP2015 年发布的年报显示，2009 年法国社交网络使用者占法国人口比例的 23%，2015 年该比例攀升到 52%，该数据在 6 年内上升了约 30 个百分点，也就是说，截至 2015 年，超过一半的法国人口使用社交网络。和法国社交网络使用者在法国国民中的比例相比，该群体在法国网民中的同期占比明显较高，2009 年该比例为 33%，至 2015 年，该比例已平稳上升至 62%，也就是说，约有 3/5 的法国网民会使用社交网络①。总的来说，社交网络在法国的发展势头良好，但

① http://www.arcep.fr/uploads/tx_gspublication/CREDOC-Rapport-enquete-diffusion-TIC-France_CGE-ARCEP_nov2015.pdf.

仍有进步空间（见图 2-72）。

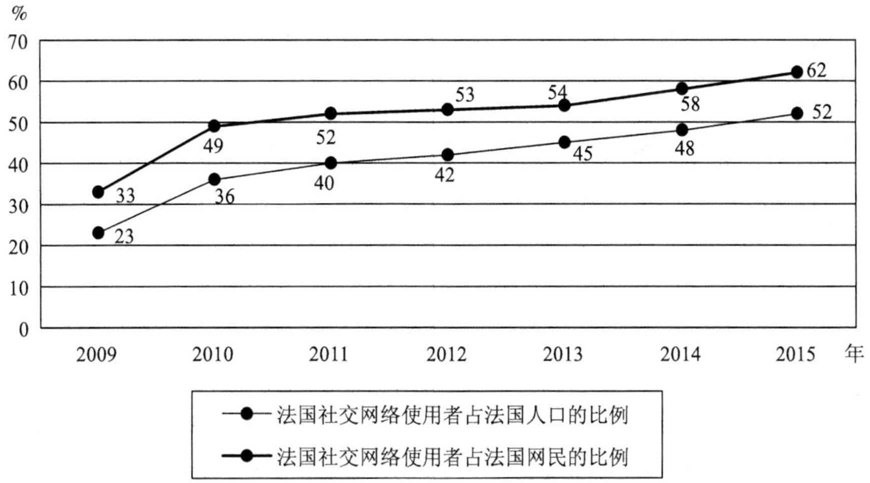


**图 2-72　2015 年法国社交网络使用者占比**

资料来源：Arcep。

此外，社交网络在法国不同年龄段人群中影响力不一。2016 年，94%的 18~24 岁法国年轻人表示会使用至少 1 种社交网络，社交网络使用者在 25~39 岁人群中的比例是 82%，79%的 12~17 岁法国青少年是社交网络使用者，而 70 岁及以上的人群中仅有 12%会使用社交网络[①]。数据显示，越年轻的法国网民越倾向于使用社交网络，而年纪越大的网民受社交网络的影响越小（见图 2-73）。

从社交网络使用频率来分析法国社交网络的发展情况，我们可以发现一些有趣的现象。在法国，10 个网民中有将近 6 个人（57.1%）每天都会使用社交网络，86.3%的法国网民每个月至少使用 1 次社交网络。其中 15~24 岁的法国年轻人是最活跃的群体，75.4%的法国年轻人每天或几乎每天都会使用社交网络，92.0%的法国年轻人每月至少使

① https://fr.statista.com/statistiques/480837/utilisation-reseaux-sociaux-france-age/.

用 1 次社交网络。同时，老年人使用社交网络的活跃度也在上升，将近一半（46.0%）的 50 岁及以上人群每天或者几乎每天都会使用社交网络，该群体的 82.2%每月至少使用 1 次社交网络①（见图 2-74）。

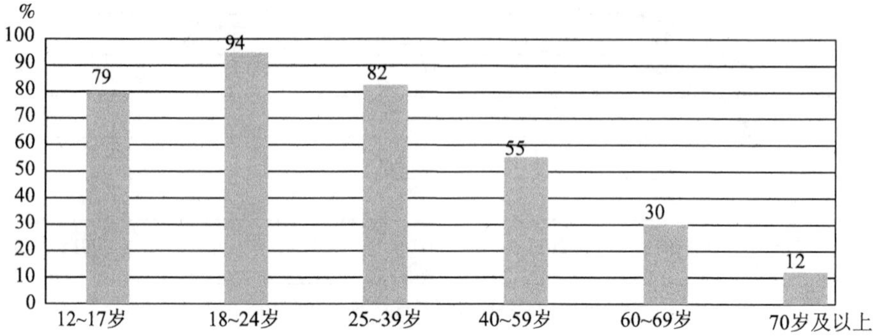


**图 2-73　2016 年法国各年龄段网民使用社交网络的比例**

资料来源:Statista。

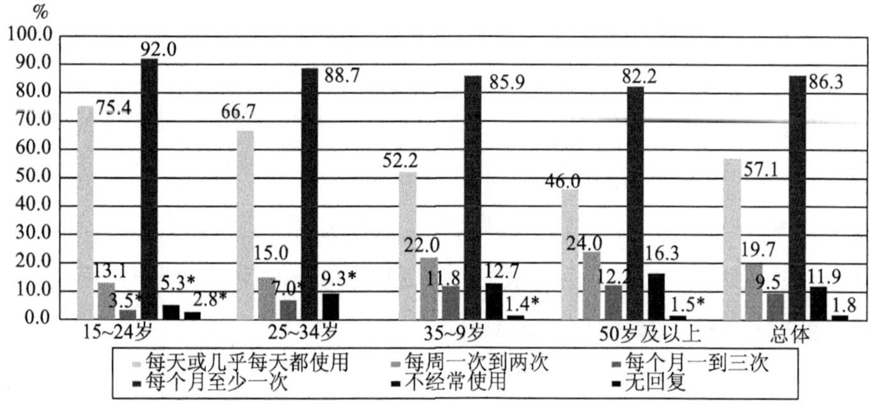


**图 2-74　2015 年第四季度法国各年龄段网民使用社交网络频率**

资料来源:Emarketer,其中 * 表示数据样本较小,仅有 15 到 60 个;* * 表示数据样本小于 15 个,该数据无代表意义。

法国男女网民的社交网络使用频率有轻微差别。每天或几乎每天

① Ibid。

使用社交网络的女性网民的占比（60.7%）比男性网民的占比（53.5%）高出 7.2 个百分点，每月至少使用 1 次社交网络的女性网民占比（88.3%）比男性网民的占比（84.2%）高出 4.1 个百分点[①]。总的来说，法国女性网民使用社交网络的频率比男性网民要略高（见图 2-75）。

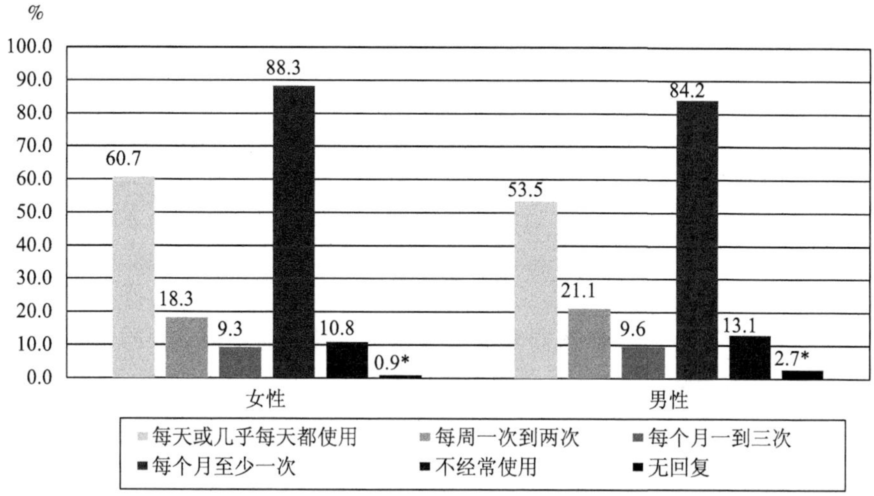


**图 2-75　2015 年第四季度法国各年龄段网民使用社交网络频率**

资料来源：Emarketer，其中 * 表示数据样本较小，仅有 15~60 个。

### （二）法国近年主要社交网络排名

法国网民最常使用的社交网络的前 5 名分别是 Facebook、Google+、Copains d' avant[②]、Twitter 以及 LinkedIn。其中 62.9%的法国网民是 Facebook 的使用者，这使得 Facebook 远远超越其他社交网络媒体成为最受法国人欢迎的社交网络。排名第二的社交网络是

① Ibid。

② 法国的一个社交网站，法国人利用该网站来找寻其学校的同学及公司或者部门的同僚。

Google+，但仅有 21.6%的法国网民是 Google+使用者，和排名第一的 Facebook 相差了将近 42 个百分点。排名第五的 LinkedIn 的使用者占法国网民的 14.6%[①]。总的来说，除了 Facebook 之外，其他四种社交网络在法国的使用者比例相差不大（见图 2-76）。

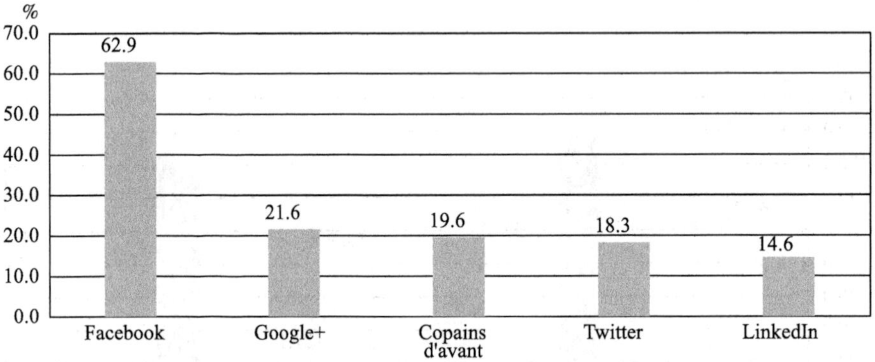


**图 2-76　2015 年第四季度法国网民最常用的五种社交网络**

资料来源：Emarketer。

和总体情况相比，法国各年龄段网民最常使用的社交网络表现出新特点。这一特点尤其明显地反映在 15~24 岁法国年轻人群体中，该人群最常使用的社交媒体的前 5 名分别是 Facebook、Snapchat、Twitter、Google+和 Instagram，其中 Snapchat 和 Instagram 取代 Copains d’avant 和 LinkedIn 进入前五名。不同于 15~24 岁法国年轻人群的社交网络选择，25 岁以上的法国人最常使用的社交网络的前 5 名和全体法国网民的选择保持一致，只是具体排名有所不同。但无论在哪个群体，Facebook 依然是使用人数最多的社交网络，而且其占比远远超过后 4 名社交网络[②]（见图 2-77）。

① http://www.blogdumoderateur.com/reseaux-sociaux-france-2015/.

② Ibid。

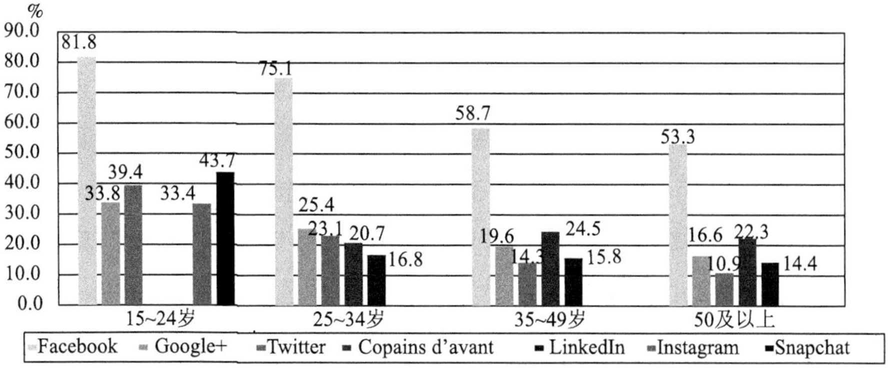


**图 2-77　2015 年第四季度法国各年龄段网民最常使用的社交网络**

资料来源：Emarketer。

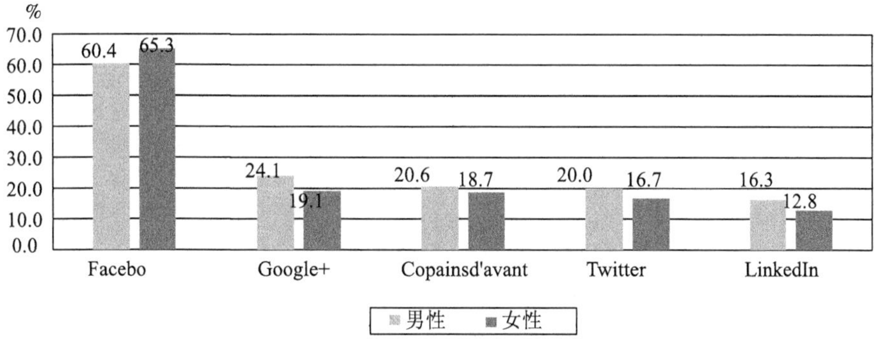


**图 2-78　2015 年第四季度法国男女网民最常用的五种社交网络**

资料来源：Emarketer。

从性别角度来看，和法国男性相比，法国女性更青睐 Facebook，65.3%的法国女性网民使用 Facebook，比法国男性网民要高出约 5 个百分点。但法国男性比法国女性更多地使用 Google+、Copains d' avant、Twitter 以及 LinkedIn①。总体来看，法国网民最常使用的社交网络的在男女性别上体现的差异不大（见图 2-78）。

① Ibid。

## (三)法国网民使用社交网络的动因

法国网民使用社交网络的动因有以下几个方面：和亲友保持联系、娱乐消遣、和亲友分享图片或视频、关注时事、认识新朋友以及职业需要。其中绝大部分网民使用社交网络和亲友保持联系，其次是娱乐消遣，近1/5的法国网民使用社交网络是由于职业需要。2015年和2012年相比，比较突出的转变在于：2012年，仅有54%的法国网民通过社交网络来关注时事，到2015年，该比例达到71%，上升了17个百分点，越来越多的法国网民通过社交网络来关注跟踪时事热点。同时利用社交网络来进行娱乐消遣以及和亲友分享图片视频的比例也明显上升[①]（见图2-79）。

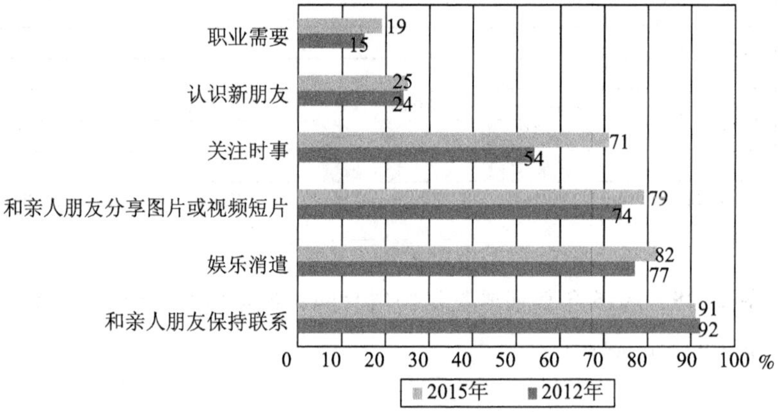


**图2-79　2012年及2015年法国网民使用社交网络的原因比例对比**

资料来源：Arcep。

① http://www.arcep.fr/index.php?id=8571&tx_gsactualite_pi1%5Buid%5D=1808&tx_gsactualite_pi1%5Bannee%5D=&tx_gsactualite_pi1%5Btheme%5D=&tx_gsactualite_pi1%5Bmotscle%5D=&tx_gsactualite_pi1%5BbackID%5D=26&cHash=ea652bf4a3697c3c38db207fbb70f301.

### (四)法国社交网络广告收入情况及预测

广告商在社交网络投放广告的优点在于根据社交网络的用户信息，广告商可以面向目标人群更有针对性地投放广告，从而提升广告效益。最先发展起来的是台式机端的社交网络广告，随着人们越来越多地使用移动终端来登录社交网络，移动端的社交网络广告发展迅猛。

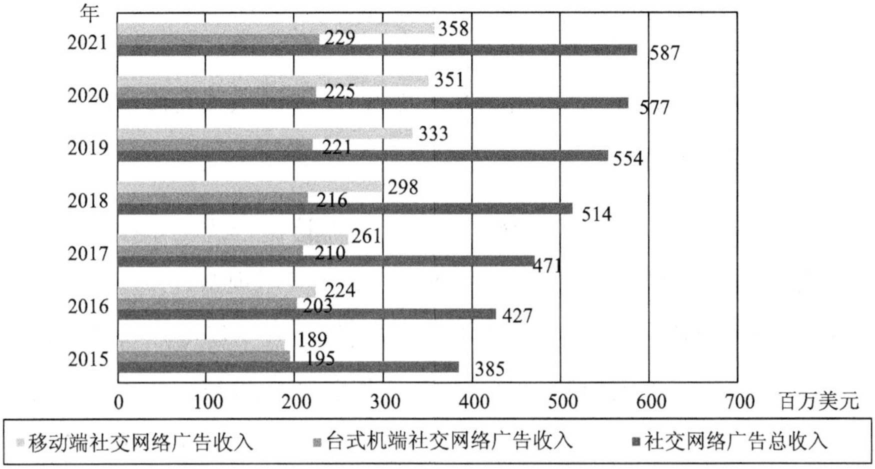


**图 2-80　2015—2021 年法国社交网络广告收入情况**

资料来源:Statista。

根据图 2-80，2015 年，台式机端社交网络广告收入达到 1.95 亿美元，移动端的广告收入略低于台式机终端，为 1.8 亿美元，总收入达到 3.85 亿美元。 据预计，到 2021 年，移动端社交网络广告收入（3.58 亿美元）将大大超过台式机端社交网络的广告收入（2.29 亿美元），总收入将达到 5.87 亿百万美元。

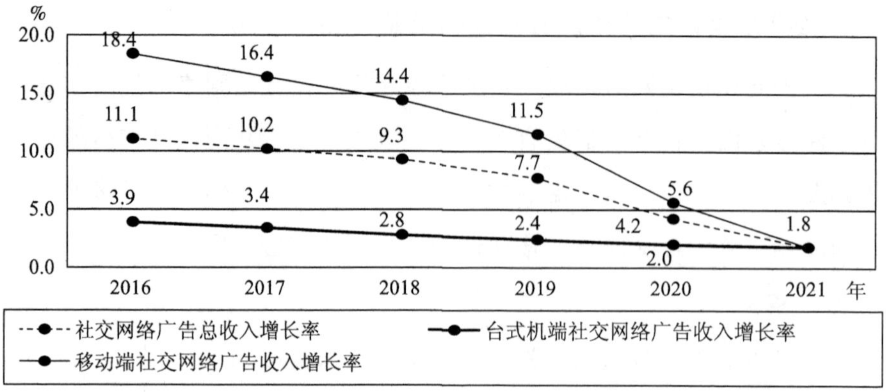


**图 2-81　2016—2021 年法国社交网络广告收入增长率预测**

资料来源:Statista。

从 2-81 图可以看出,2016—2021 年,无论是台式机端社交网络广告收入、移动端社交网络广告收入还是总收入都呈现增长趋势,但是增长的速度有所不同。据预测,2017 年台式机端社交网络广告收入增长率将达到 3.4%,同期的移动端广告收入增长率将达到 16.4%,比台式机端高出 13 个百分点,总收入增长率将达到 10.2%。2016—2021 年,台式机端社交网络广告收入的增长率平稳中呈现下降趋势,据预测,到 2021 年,该增长率仅为 1.8%。同期的移动端社交网络广告收入和总收入的增长速度放缓的趋势更加明显,最终都达到 1.8%的增长率。①

## 二、法国主要社交网络发展现状及用户群体特点分析

如前文所述,近年来社交网络在法国网民中的普及率迅速攀升,其中 Facebook、Youtube、Google+等凭借出色的实用性和优良的用户体验成为最受法国人喜爱的社交网络,而这些社交网络的普及也为法国人社会生活中某些领域带来了改变。

① https://www.statista.com/outlook/220/136/social-media-advertising/france#market-revenue.

## (一)主要社交网络发展现状

### 1. Facebook

由上文的调查数据可知，Facebook 在法国的普及率非常高，是法国人最常用的社交平台。如图 2-82 所示，2016 年，法国 13 岁及以上 Facebook 用户总量为 3110 万人，其中女性用户数量达 1590 万人，占用户总量的比重为 51.13%，略高于男性（48.87%）。

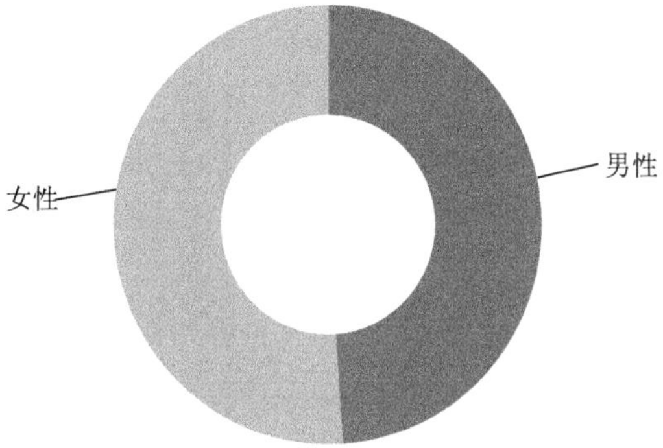


**图 2-82　2016 年法国 13 岁及以上 Facebook 用户比例**

资料来源：Statista。

数据显示，20~29 岁的 Facebook 用户数量约为 930 万人，是最大用户群，也是唯一一个男性用户数量多于女性用户的群体。60 岁及以上用户群数量达 270 万人，为各个年龄段中最低。从 20~29 岁年龄段开始，Facebook 用户数量随着年龄增长而减少。

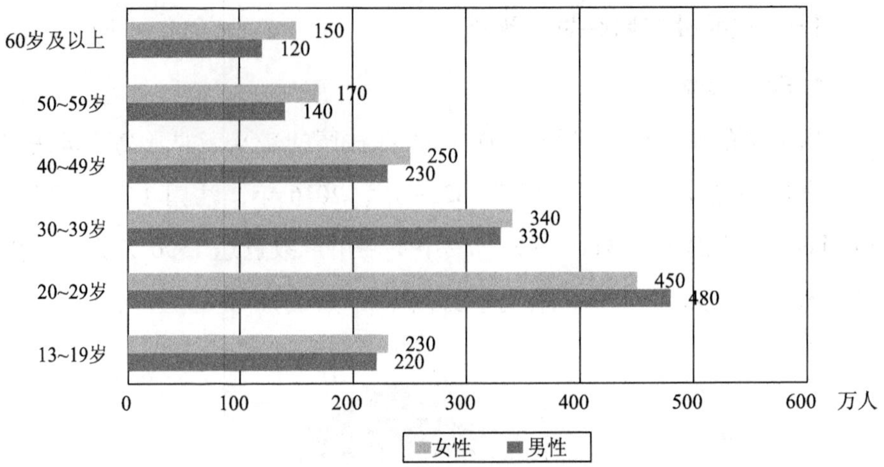


**图 2-83　2016 年法国各年龄段 Facebook 用户分布**

资料来源:Statista。

在法国，90%的注册用户通过 Facebook 与朋友保持联络，80%的注册用户通过该平台与家人互动，Facebook 成为朋友圈和家庭联络的主要方式（见图 2-83）。

2. Youtube

Youtube 是法国人最常用的视频分享网络。据法国 Mé diamé trie 的调查结果显示，2016 年法国 Youtube 活跃用户数量为 2620 万人，约半数法国人每天都会登录 Youtube，其中 2/3 的用户每天多次登录 。25～49岁的用户所占比重为 48%，为最大用户群，相比之下，15～24 岁用户所占比重仅为 17%，这与人们的传统印象有所出入（见图 2-84）。

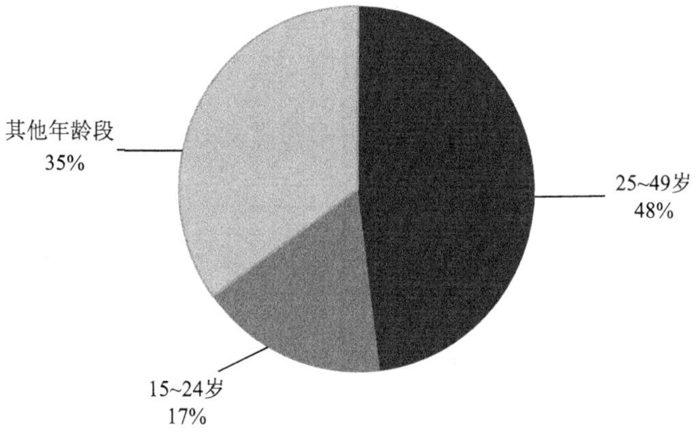


**图 2-84 2016 年法国各年龄段 Youtube 活跃用户比例**

资料来源：Médiamétrie。

随着智能手机的普及，使用手机登录社交网络成为潮流。数据显示，2015 年法国 25 岁以下的年轻人中手机 Youtube 用户所占比重高达 92%，为各年龄段之最。手机用户比重随着用户年龄增长呈递减趋势，55 岁及以上法国人中手机 Youtube 用户比例仅为 31%，远远低于其他年龄段水平（见图 2-85）。

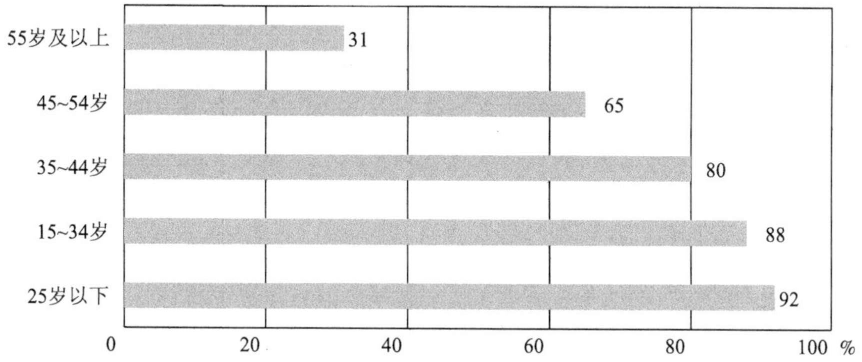


**图 2-85 2015 年法国各年龄段 Youtube 手机用户比例**

资料来源：Statista。

Mé diamé trie 的统计数据显示，用户登录 Youtube 观看视频的主要目的是休闲娱乐（64%）和学习知识（52%），另有少部分用户希望通过视频来获取商品信息，为购物提供参考（见图 2-86）。

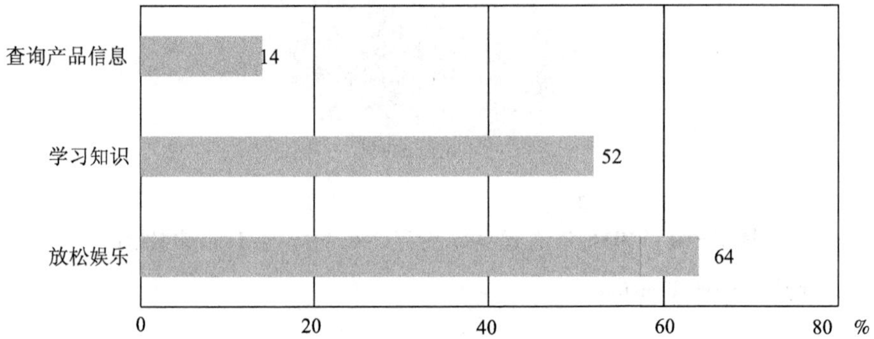


**图 2-86　法国 Youtube 用户观看视频的目的**

资料来源 Médiamétrie。

3. Google+

Google+是最受法国人欢迎的社交网络之一，它集合了 Facebook 的社交联络功能与 Twitter 的信息发布和分享功能。

与 Youtube 视频网站不同的是，年轻人在该网站用户中所占比重更高。数据显示，2015 年第四季度，15 ~ 24 岁的用户比例达33.8%，为各年龄段之最，25 ~ 34 岁以及 35 ~ 49 岁用户比重分别为 25.4% 和 19.6%，50 岁及以上用户比例最低（见图 2-87）。

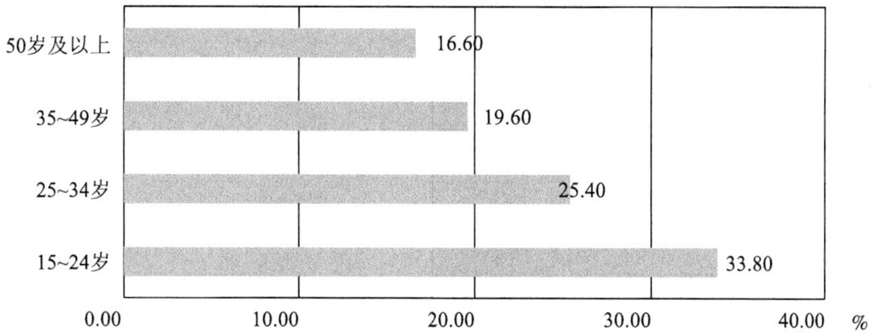


**图 2-87　2015 年第四季度法国各年龄段 Google+用户比例**

资料来源：Statista。

4. LinkedIn 与 Viadeo

目前职场上采用社交网络进行会谈、面试的趋势是一种必然，这也是 LinkedIn 与 Viadeo 两大职业网络社交平台的首要目标。

## （二）用户群体特征

本书将从个人用户和企业用户两个层面进行阐释说明。

### 1. 个人用户群体特征

（1）社交网络购物

从社交网络潜在购物人群分布图可以看到，1~3 个社交网站的注册者中，仅有 2%的用户一定会在社交网站上进行购物，而一定不购买的人群占 54%；4 个及以上的网站注册用户中，9%的用户会通过社交网站购物，一定不购买的占 33%（见图 2-88）。根据年龄分布图的数据，一定会通过社交网络购物的用户在 18~24 岁的人群中占 5%，在 25~34 岁的人群中占 2%，在 35~49 岁的人群中比例为 3%，50~64 岁人群中比例为 1%，且一定不会购物的用户在各年龄层的占比均不低于 50%（见图 2-89）。由此可见，在通过社交网络进行购物方面，法国民众持谨慎态度。

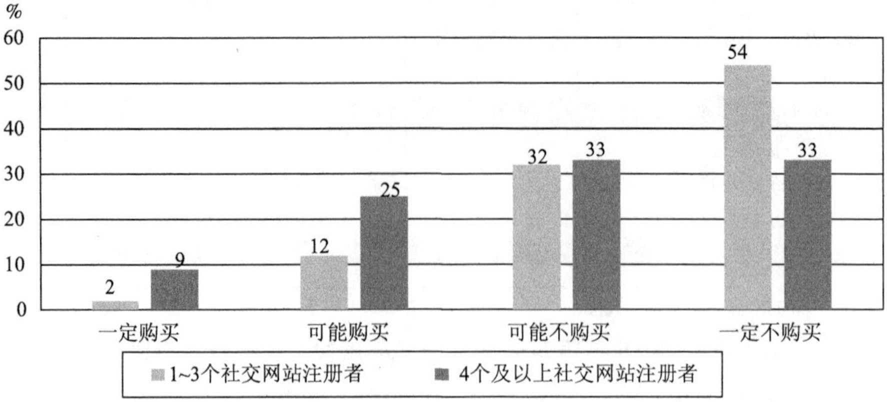


**图 2-88　社交网络潜在购物人群分布(社交网站注册数目划分)**

资料来源:Statista。

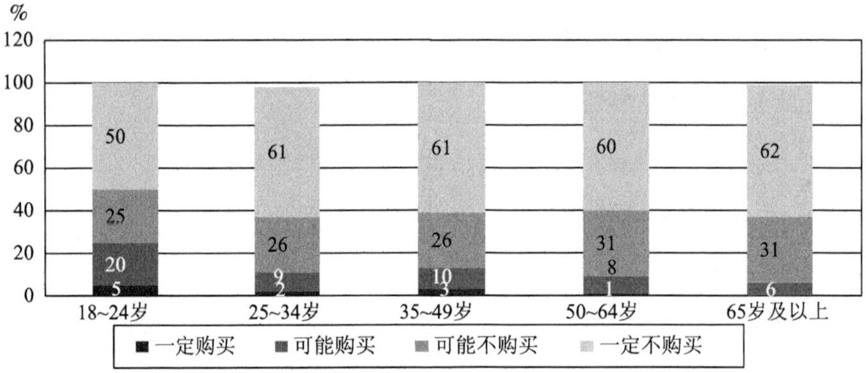


**图 2-89　社交网络潜在购物人群分布(年龄划分)**

资料来源:Statista。

(2) 社交网络求职

在法国,通过社交网络求职是较为普遍的方式。 图 2-90 为 2015 年法国社交网络使用者使用社交网络进行求职的情况,其中 55.9%的求职者把 Facebook 作为求职渠道,通过 LinkedIn、Viadeo、Twitter 进行求职的比例分别为 41.5%、34.5%和 16.4%。

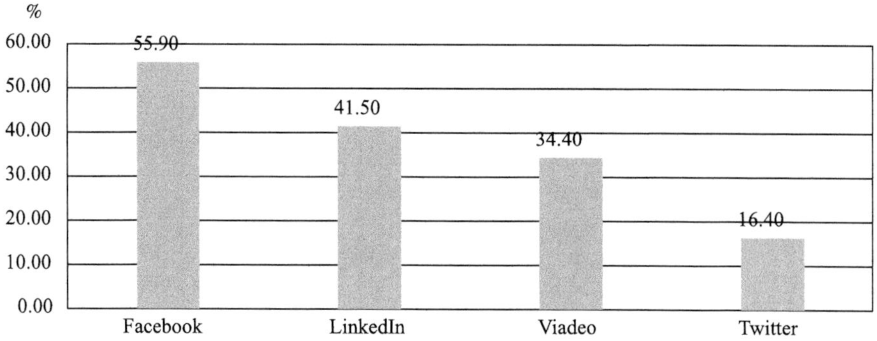


**图 2-90　社交网络求职者分布**

资料来源：Statista。

### 2. 企业用户群体特征

依据社交网络对企业内部管理的影响，从领导的角度，81%的领导认为社交网络有利于信息的传达，57%的领导认为其对职业发展会产生积极影响，而认为社交网络会在工作的效率、时间、同事关系以及职场与家庭平衡方面有利的领导占比均低于50%；从员工的角度，51%的员工认为社交网络利于信息的传达，认为社交网络在其余方面产生积极影响的员工均低于50%。对于社交网络对企业内部产生的积极影响，领导与员工的意见趋于一致（见图 2-91）。

在企业与客户关系的维系方面，社交网络起到重要作用。70%的企业通过社交网络与客户联系；58%的企业能在社交网络上拓展新业务，提升销售业绩；46%的企业通过社交网络针对客户的疑问与投诉进行反馈。社交网络已成为目前企业联系客户、拓展市场的重要平台。（见图 2-92）。

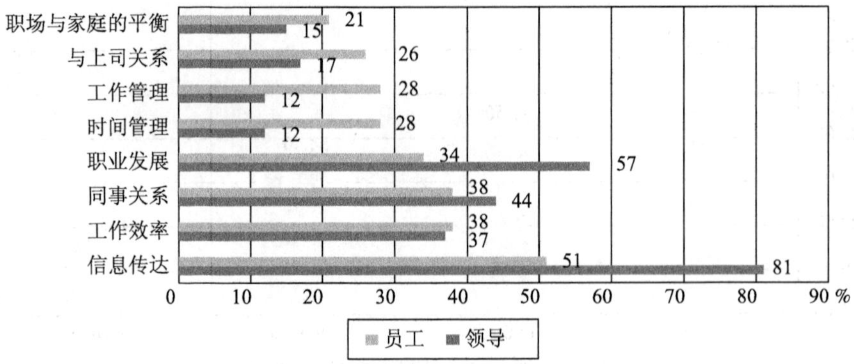


图 2-91　社交网络对企业内部的积极影响

资料来源:Statista。

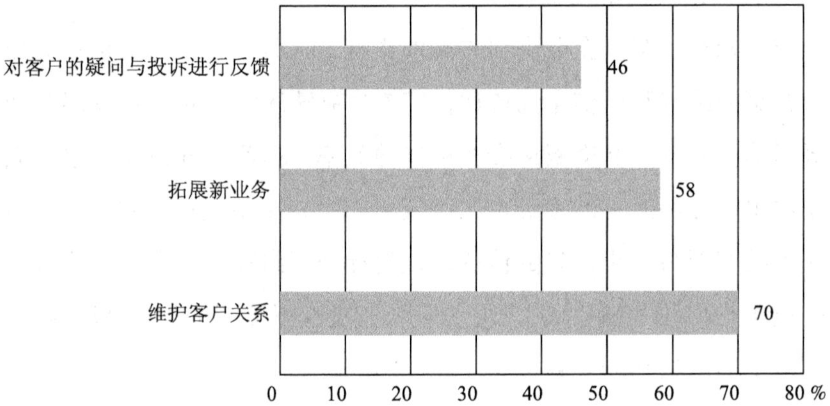


图 2-92　社交网络对企业与客户关系的影响

资料来源:Statista。

# 第六节　法国在线支付与移动支付行业分析

## 一、法国电子支付手段的发展概况

尽管法国电子商务的发展带动了在线支付行业的起步，但是相比中国来说，其产业规模仍较小，在日常生活中的实际应用不够广泛，整体发展滞后。根据 2015 年 FEVAD 发布的电子商务年度总结报告显示，2015 年，法国人线上消费达到 649 亿欧元，比上一年度增长了 14.3%。交易额从 2014 年的 7 亿欧元上升了 19%达到 8.35 亿欧元[①]。

法国人在线支付方式多样，其中最受法国人喜爱的是银行卡支付，据调查显示，80%的法国网购者会使用银行卡进行线上支付，不到一半的法国网购者会使用线上钱包进行支付，将近 1/3 的法国网购者采用礼品券支付，而选用虚拟信用卡（VISA 虚拟卡、paypal 激活卡等）的法国网购者仅占 16%[②]（见图 2-93）。

---

① http://www.fbf.fr/Web/Internet2010/Content.nsf/DocumentsByIDWeb/AC3CBC/$File/Les%20Moyens%20de%20Paiement.pdf.

② https://fr.statista.com/statistiques/504994/modes-de-paiement-les-plus-utilises-ecommerce-france/.

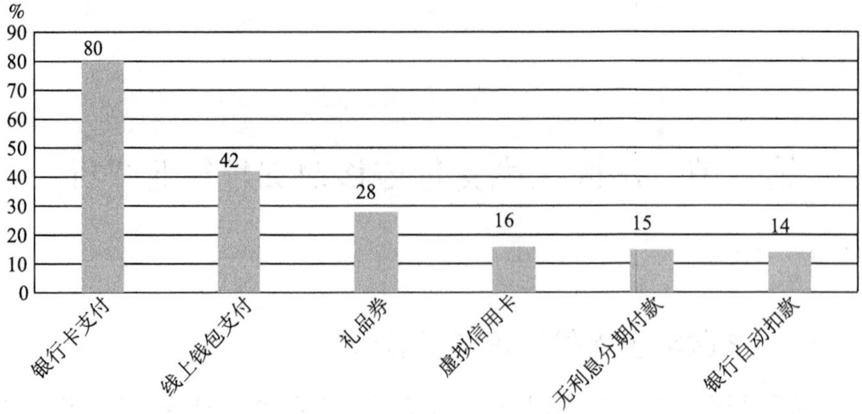


**图 2-93　2016 年第一季度法国人线上支付方式及其占比**

资料来源：Statista。

综合线上支付和线下支付的总体情况，法国 CSA 机构[①]在 2015 年 4 月为法国经济财政部开展了一项调查，该调查的对象是 1004 位具有代表性的 18 岁以上的法国人，调查的方式是电话采访。调查结果显示，在不考虑支付金额的大小的情况下，71%的法国人青睐于银行卡支付。排位第二的是现金支付，但占比仅为 15%，远远低于首位的银行卡支付。紧随其后的是支票支付，占比 9%。paypal、paylib 等第三方支付方式排位最后，仅有 1%的法国人选择使用该方式支付。该调查还显示，64%的银行卡使用者表示越来越常用刷卡支付[②]（见图 2-94）。总的来说，相比于新兴的支付方式（比如第三方支付方式），法国人更青睐于传统的银行卡支付。值得一提的是，近年来，小额消费的免密银行卡支付得到推广。paypal、paylib 等支付方式的发展受到局限部分原因在于对法国人来说，银行卡支付拥有方便和安全的优点。

① Institut CSA，法国一家专门从事市场研究和调研的机构。

② http://www.economie.gouv.fr/files/sondagecsa_synthese.pdf.

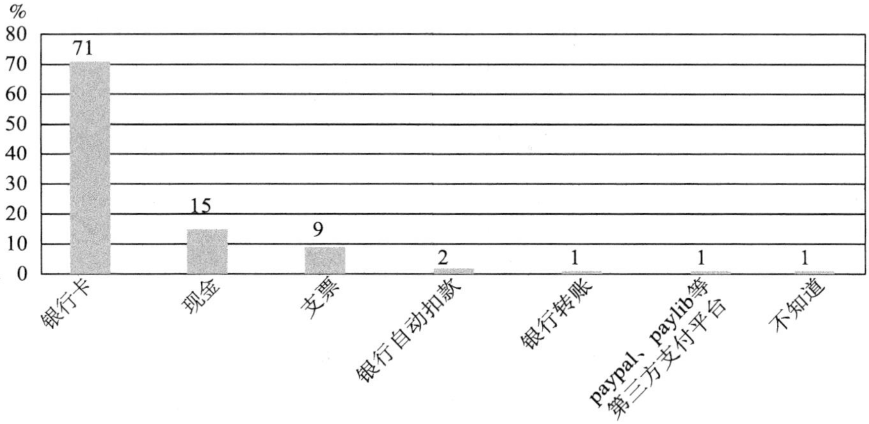


**图 2-94　2015 年法国人喜爱的支付方式及其占比**

资料来源：法国经济财政部数据。

刷卡支付的用户人数在不断增长（用于日常线下支付或者在线消费支付），而越来越多的法国人也使用新型的在线支付方式。同一项调查显示，72%的法国人表示越来越常使用手机应用直接支付（包括使用频率略有增加和大幅增加人群），64%的法国人表示越来越常使用银行卡支付，59%的法国人表示越来越常使用 paypal、paylib 等线上支付方式，39%的法国人表示越来越常使用银行转账，19%的法国人表示使用现金的频率比之前高，仅有 11%的法国人表示使用支票来支付的频率上升①。造成这一现象的原因可能有：一方面支票支付和现金支付等传统支付方式的发展空间有限，趋向饱和；另一方面，移动支付、银行卡支付和在线支付拥有方便快捷的特点；而且，新生一代更倾向于使用新兴的支付方式（见图 2-95）。

① Ibid。

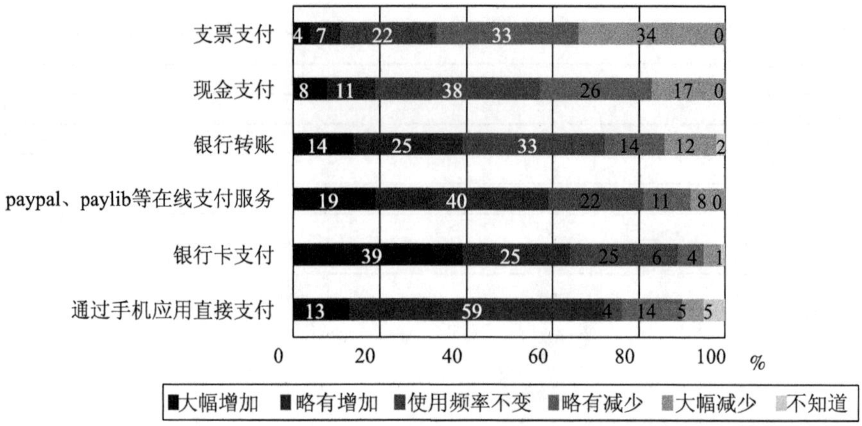


**图 2-95　与前几年相比,2015 年以下支付方式的使用频率变化**

资料来源:法国经济财政部数据。

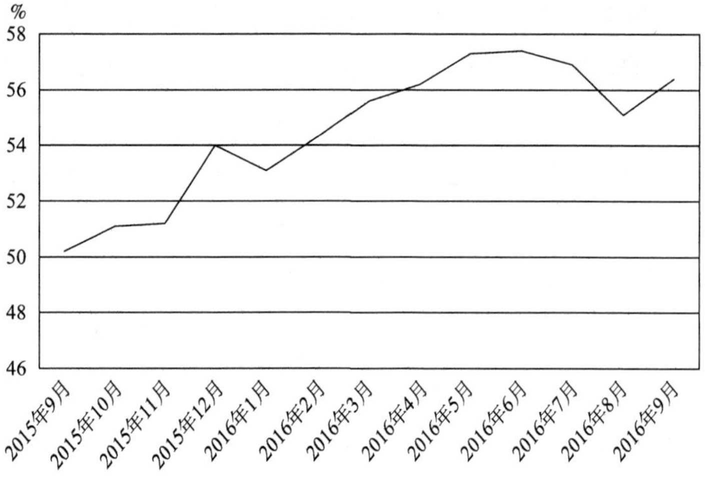


**图 2-96　2015—2016 年配备非接触式银行卡支付设备的法国商店比例**

资料来源:MMA France。

根据统计，2016 年法国已经有超过 45 万家商店支持使用非接触式银行卡（CB sans contact）进行支付，覆盖率达到 56%，较 2015 年的 50%有所增长。随着银行卡技术的更新换代，预计越来越多的法国消费者会选择使用非接触式银行卡进行消费①（见图 2-96）。

## 二、法国移动支付行业的现状

根据法国移动营销协会的统计数据，2016 年使用过移动支付的法国人数量达到 172.3 万人，仅占法国智能手机用户的 4.5%，但与 2015 年相比已有明显增长（增长了 20%），且增速在欧洲范围内相对较快②（见图 2-97）。

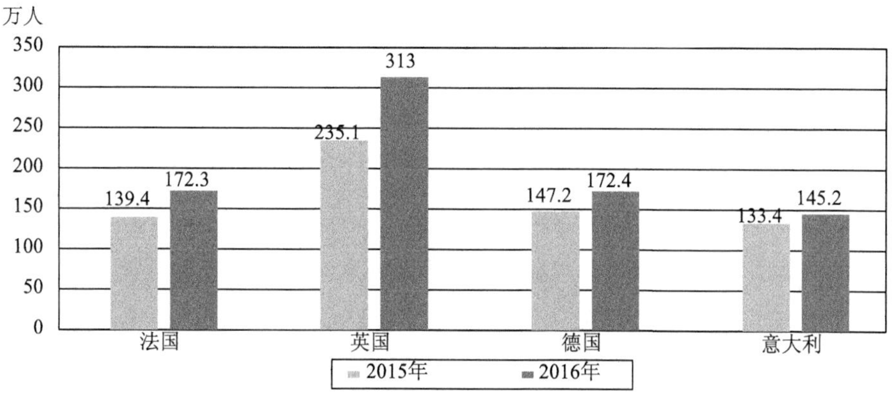


**图 2-97　2015 年至 2016 年欧洲四国移动支付用户规模**

资料来源：MMA France。

在法国，移动支付主要通过两种手段实现：NFC 技术和第三方支付软件。 相关数据显示，法国 18~34 岁的年轻人更青睐使用智能手机的 NFC 功能实现移动支付，而 55 岁以上的法国智能手机用户则更习惯使用第三方支付软件③（见图 2-98）。

① http://www.mmaf.fr/wp-content/uploads/2016/11/Observatoire-commerce-mobile.pdf.

② http://www.mmaf.fr/wp-content/uploads/2016/11/Observatoire-commerce-mobile.pdf.

③ http://www.mmaf.fr/wp-content/uploads/2016/11/Observatoire-commerce-mobile.pdf.

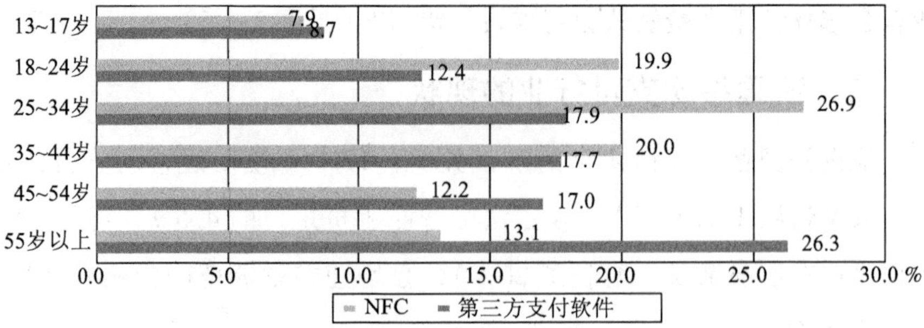


**图 2-98　2016 年法国智能手机用户使用不同移动支付手段的比例**

资料来源:MMA France。

## 三、新型支付方式前景预估

哈里斯民意调查[①]在 2016 年 11 月对 1018 名法国人的调查研究显示,未来法国将有越来越多的人选择移动支付,尽管从目前来看,绝大部分法国人依旧青睐信用卡支付。根据该项研究,20%的法国消费者倾向于更常使用移动支付来购物,而 60%的受访者表示目前暂无使用移动支付的打算(见图 2-99)。但随着法国消费者,尤其是年轻一代越来越多地使用手机来付款,移动支付无疑将成为未来重要的支付方式之一[②]。

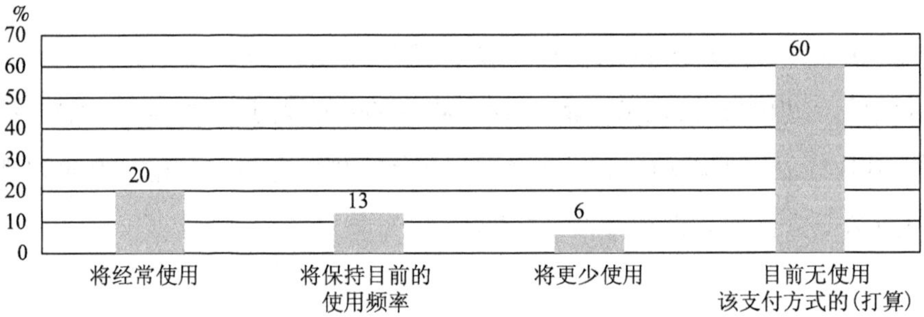


**图 2-99　2016 年法国人使用智能手机无接触支付的意愿调查**

资料来源:Statista。

① Harris Interactive,使用电话和网上调查,专门从事舆论研究。

② https://fr.statista.com/infographie/8544/le-smartphone-le-moyen-de-paiement-du-futur/.

那么法国人对其他新型支付方式的态度如何呢？调查显示，作为新型支付方式之一的非接触式信用卡支付在所有的新型支付方式中是被接受度最高的，29%的受访者表示会或可能会使用非接触式信用卡支付，但超出一半的受访者表示不会考虑使用该方式支付。在所有的新型支付方式中，民众接受度最低的是通过提供手机号进行付款，仅有4%的法国人明确表示会使用该方式付款，70%法国人明确表示不会采用该支付方式①（见图 2-100）。

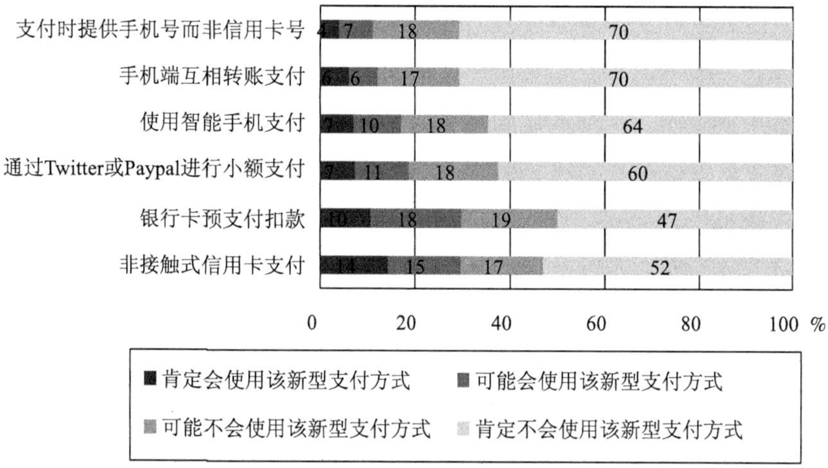


**图 2-100　2015 年法国民众对各新型支付方式的态度调查**

资料来源：Statista。

总体来看，法国人对新型支付方式大多表现出保守态度，超过半数的法国人表示没有使用新型支付方式的意愿。与中国消费者相比，法国消费者更固守其原有的支付方式。新型支付方式要拓展法国市场，要做的不仅仅简化操作程序，更重要的是保障支付安全。

---

① https://fr. statista. com/statistiques/498992/souhait-utilisation-nouveaux-modes-de-paiement-france/.

# 第七节　在线娱乐行业

作为国家软实力的一部分，文化产业一直是法国经济发展的重要推动力，法国也一直是文娱产品的消费大国。随着互联网产业的迅速发展，以快速便捷为主要特点的在线娱乐产业在法国迅速兴起，法国人在电子阅读、视听娱乐、电子游戏等方面投入的时间和金钱都越来越多。在全面娱乐时代，互联网内容的生产和消费正在逐渐形成一个新的经济增长点，同时也改变着人们娱乐休闲的方式。

## 一、电子书

法国人是十分爱读书的民族。近年来，随着电子产品的普及，电子书逐渐走进千家万户，极大地改变了法国人的阅读方式。据统计，2014 年有 15%的法国人阅读过电子书，行业销售额达 1.6 亿欧元，较 2010 年（约 5300 欧元）翻了 3 倍，增长势头迅猛（见图 2-101）。

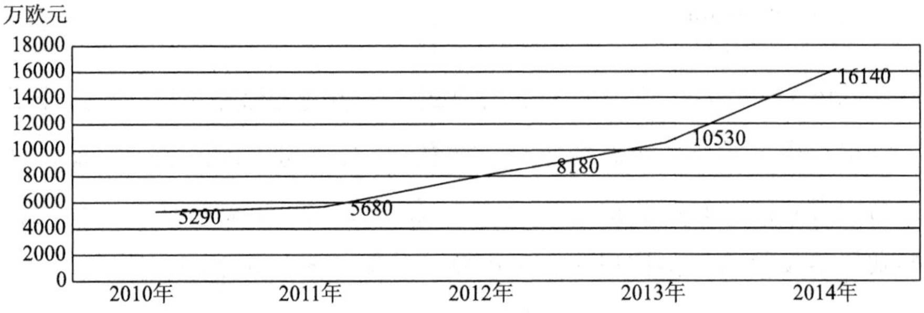


**图 2-101　2010—2014 年法国电子销售额**

资料来源：Statista。

统计数据显示，2014 年，法国 32%的电子书读者为 15～24 岁青少年，为最大用户群体。50 岁以上电子书读者所占的比重最小，为 18%，35～49 岁与 25～34 岁电子书读者所占比重相差不大，分别为 26%和 24%（见图 2-102）。

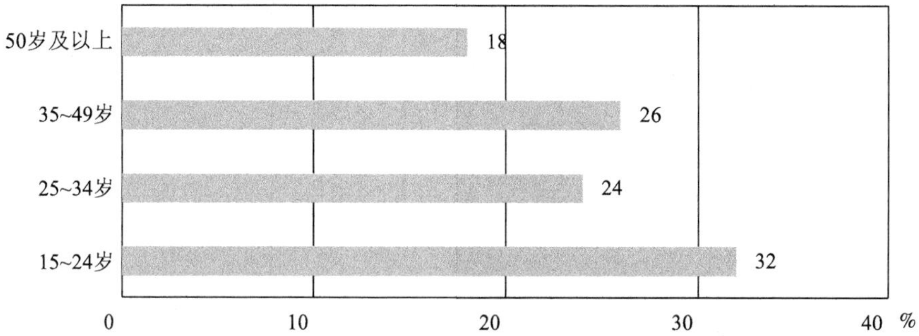


**图 2-102　2014 年法国电子书读者分布**

资料来源：Statista。

调查数据显示，2014 年，电子书阅读量为 1～2 本的读者所占比重最高，达 43%。总体上来说，仅有 20%的读者阅读量为 10 本以上，而绝大多数电子书读者（80%）的阅读量为 1～10 本（见图 2-103）。

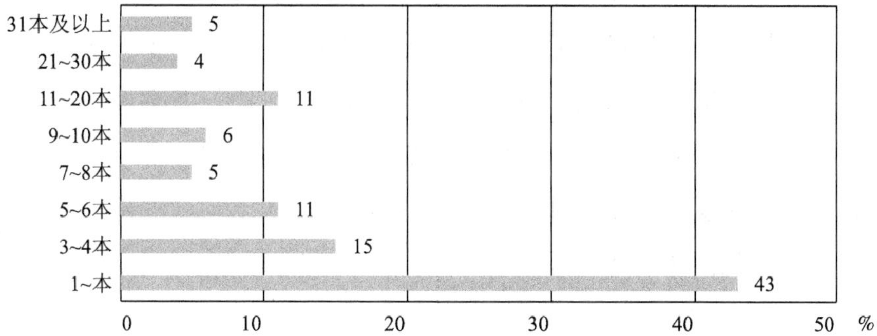


**图 2-103　2014 年法国电子书读者阅读量**

资料来源：Statista。

从各类电子书受欢迎程度来看，2014年，普通文学类电子书的阅读量最高，所占比重为54%，远超其他类型。除普通文学外，科技、专业类和漫画、日本动漫最受欢迎，两者所占比重分别为30%、27%。儿童电子读物阅读量最低，仅占5%（见图2-104）。

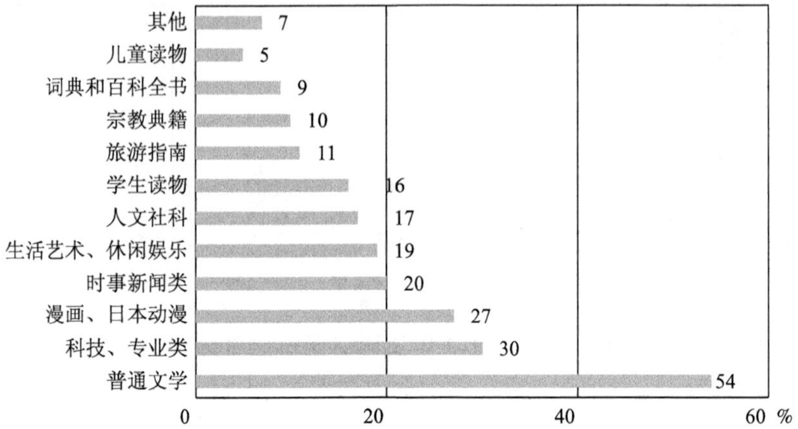


**图2-104　2014年法国各类型电子书阅读量所占比重**

资料来源：Statista。

总体上，法国的电子书有免费与付费之分。根据Statista的调查数据显示，2014年，法国免费电子书占比重最高的两个图书类型是人文社科、宗教（54%）和动画、日本动漫（43%），而仅有26%的生活娱乐类电子书可供免费阅读，为各类型中最低。付费图书方面，动漫和生活娱乐类中价格为10欧元以下的电子书比例超过50%，动漫类、科学技术、学术或专业类相对较昂贵，价格为10欧元及以上的电子书比例达31%（见图2-105）。

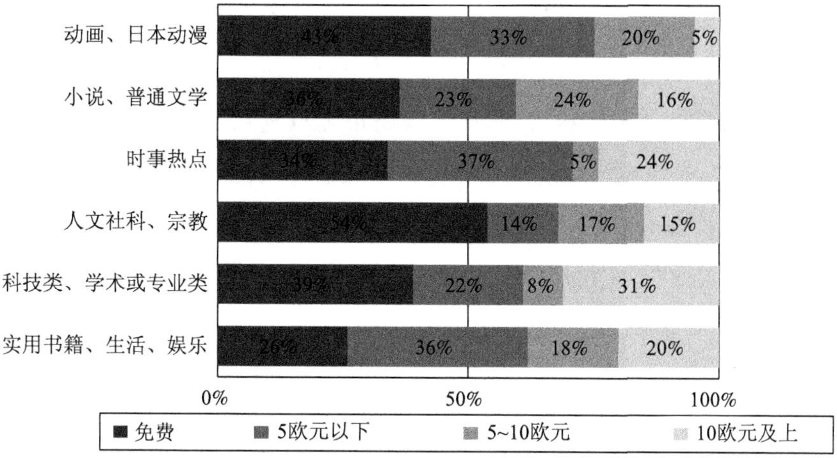


**图 2-105　2014 年法国各类电子书平均花费**

资料来源：Statista。

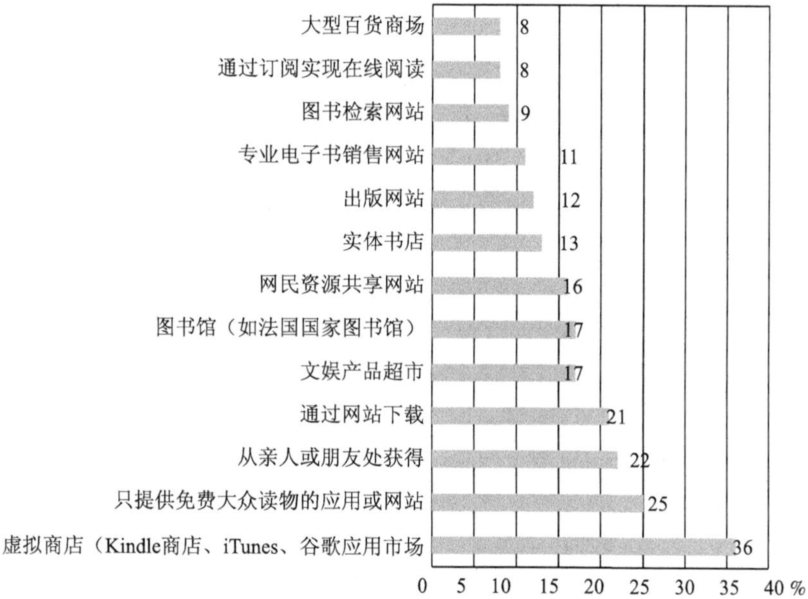


**图 2-106　2014 年法国读者获取电子书的途径**

资料来源：Statista。

数据显示，2014 年，法国读者主要通过网站、应用以及电子商店获得电子书，其中谷歌应用市场、亚马逊 Kindle 商店和 Apple iTunes 等虚拟市场为最主要途径（36%），而在文娱超市（17%）、图书馆（17%）、实体书店（13%）等线下场所获取占比相对较低（见图 2-106）。

至于选择阅读电子书的原因，读者的意愿（30%）和平板电脑、智能手机的普及（32%）为主客观两大因素（见图 2-107）。

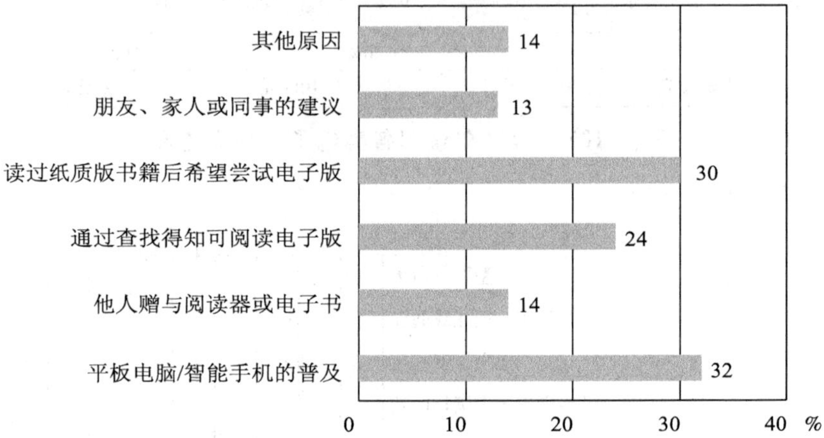


**图 2-107　2014 年法国人首次阅读电子书的原因**

资料来源：Statista。

## 二、网络视频产业

随着博客时代走向衰落，网民越来越倾向于选择“短平快”的信息获取模式，从此互联网进入“读图时代”。 网络视频的发展流行恰恰是这一新趋势的重要体现，成为互联网中不可小觑的重要文化产业。而在法国，网络视频也正在逐渐成长为一个重要的新兴产业。

## (一)法国网络视频市场的发展概况

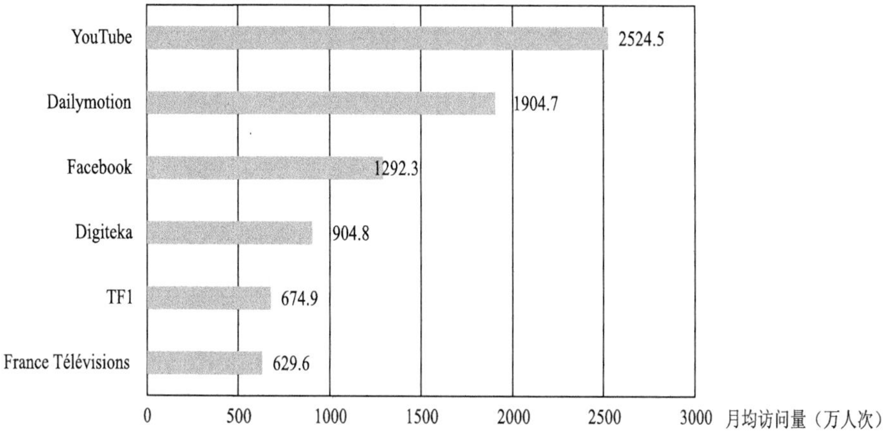


**图 2-108　2015 年法国访问量最高的视频网站**

资料来源:Statista。

在网络视频方面，法国市场的大部分被美国的互联网公司控制。截至 2015 年 11 月，谷歌旗下的 YouTube 占据了法国在线视频市场的半壁江山，以平均每月超过 2500 万人次的访问量高居榜首。法国本土的 Dailymotion 和美国社交网站 Facebook 也是主流的视频分享平台，分别以月均 1904. 7 万和 1292. 3 万人次的访问量位居第二和第三。值得注意的是，法国的两大电视集团 TF1 和 France Té lé visions 的网站也吸引了大量传统电视观众转向互联网，每月平均的访问量都超过 600 万人次[①]（见图 2-108）。

① https://fr. statista. com/statistiques/499827/brand-players-les-plus-consultes-video-internet-france/.

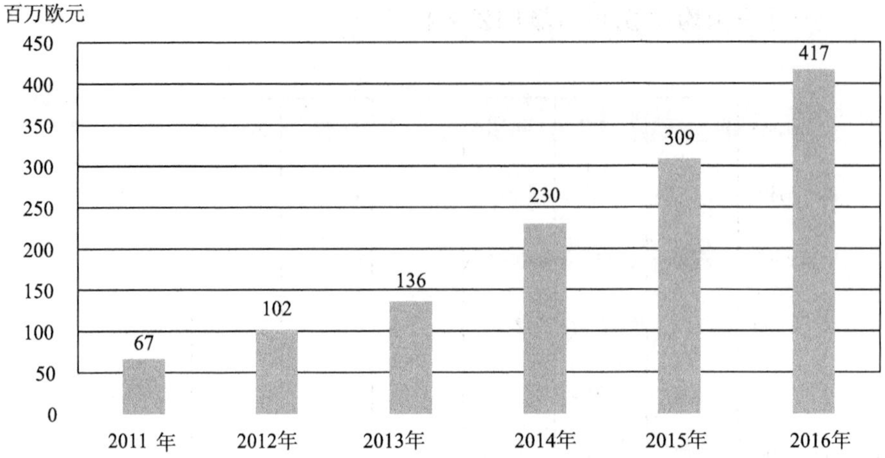


**图 2-109　2010—2016 年法国在线视频广告投资额**

资料来源：Statista。

由于网络视频用户规模逐年增加，广告商越来越注重在网络视频中投放贴片广告。2011—2016 年，法国在线视频广告的投资额从 6700 万欧元增长到 4.17 亿欧元，涨幅高达 522%①。对互联网投资者来说，网络视频火爆的背后隐含的是巨大的商机（见图 2-109）。

## （二）法国的网络视频用户分析

截至 2015 年，法国网络视频观众中大部分是 35～49 岁的中年人（26.7%），其次是 50～64 岁的中老年人（24%），而 25～34 岁的青年人以及 15～24 岁的青少年分别只占 14.3%和 10.6%（见图 2-110）。

① https://fr.statista.com/statistiques/509094/investissements-dans-la-video-publicitaire-sur-internet-france/.

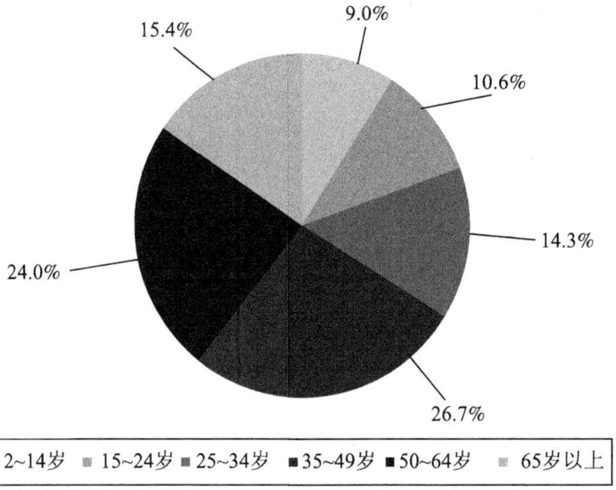


**图 2-110　2015 年法国在电脑上观看视频的观众年龄结构**

资料来源:Statista。

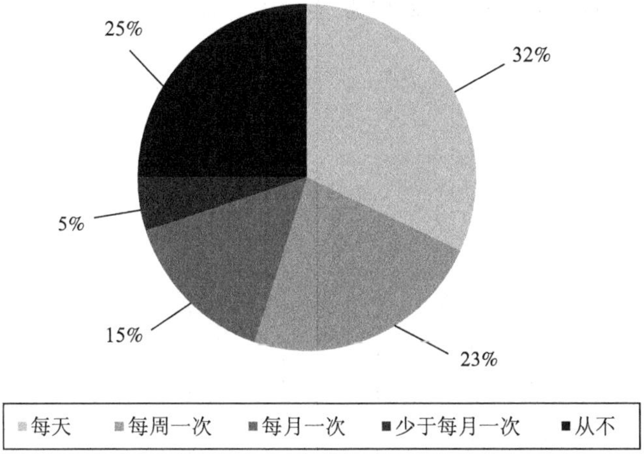


**图 2-111　2016 年法国网民观看在线视频的频率**

资料来源:Statista。

法国网民中有 32%的人每天都会观看在线视频，23%的人至少每周观看一次，15%的人至少每个月观看一次，另外 5%的人观看视频的频率低于每月一次，但仍有 25%的法国网民从未观看过在线视频①（见图 2-111）。

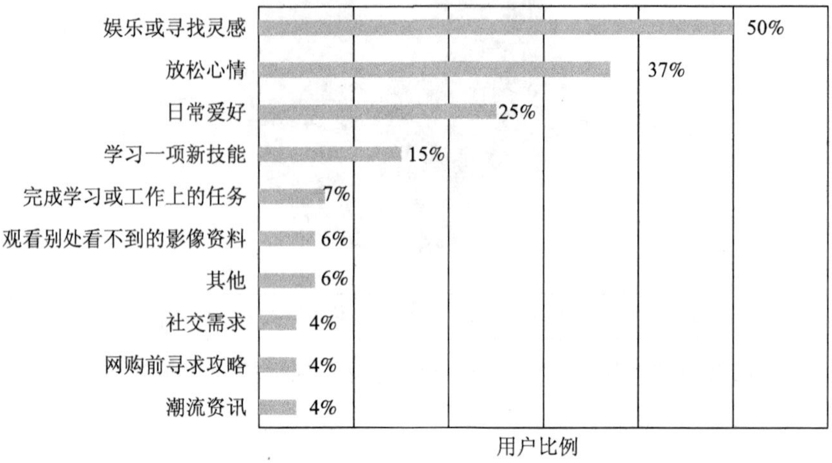


**图 2-112　2014—2015 年法国人观看在线视频的目的**

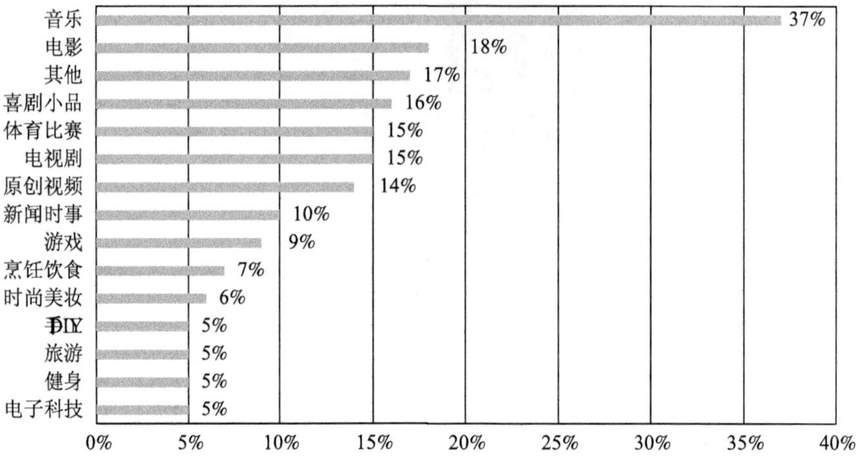


**图 2-113　2014—2015 年法国人观看最多的网络视频内容**

资料来源：Statista。

① https://fr.statista.com/statistiques/508785/taux-de-consommation-de-videos-en-ligne-france/.

根据 2015 年的统计数据显示，大部分法国网民观看在线视频是为了娱乐、放松心情或者寻求灵感，还有 25%的网民已经将其当作一个日常爱好，另有 15%的法国网民通过观看在线视频学习新技能（如外语等）（见图 2-112）。从视频具体的内容上看，音乐和影视类的视频占据了主流；此外体育比赛和原创类视频也在法国的网络视频观众中占有一席之地（见图 2-113）。

### （三）法国的 Youtuber 文化

视频分享平台 YouTube、Dailymotion 和 Vimeo 的发展和流行，催生了一大批“视频博主”的产生。在法国，Youtube 是最流行的在线视频平台，根据谷歌公司公布的数据，截至 2016 年，有一半的法国人每天都会观看 YouTube 视频，其中超过 2/3 的用户一天中会观看多次[①]。

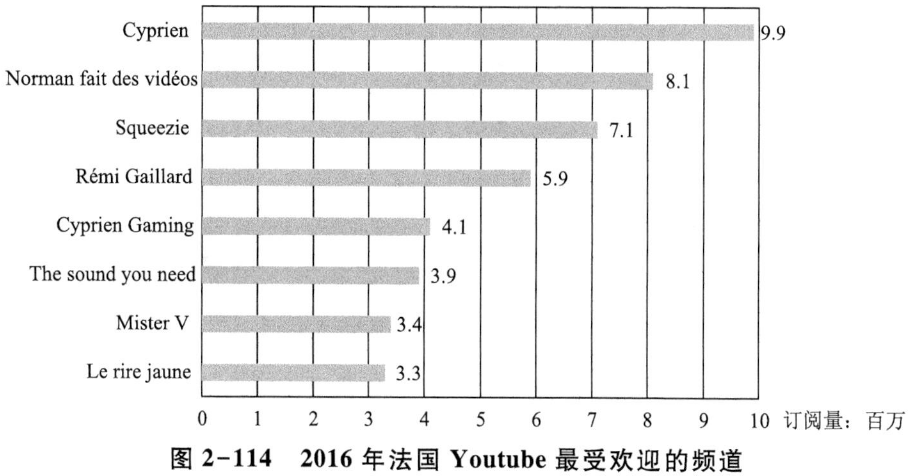


**图 2-114　2016 年法国 Youtube 最受欢迎的频道**

资料来源：Statista。

① https://storage.googleapis.com/think-v2-emea/v2/fc434_Audience_YouTube_France_2016.pdf.

近几年来，许多法国年轻人通过在 Youtube 上传自己制作的原创视频，获得巨大的成功。 在法国，幽默搞笑类型的单人脱口秀是最受欢迎的种类，其中以 Cyprien 和 Norman 两位视频博主的作品最具代表性。他们的视频作品继承了法国传统单口相声（sketch）的表演形式，加入新鲜活泼的视觉效果，同时又常以年轻人关心的社会话题为主题，吸引了大量忠实观众。 他们两人的 YouTube 频道订阅量分别达到 990 万和 810 万[①]，前者占法国 6699 万常住人口的近 15%，其受欢迎的程度可想而知（见图 2-114）。

## (四)移动视频的发展

随着智能手机等移动设备的普及以及移动网络的发展升级，越来越多的法国网民通过移动设备观看在线视频。

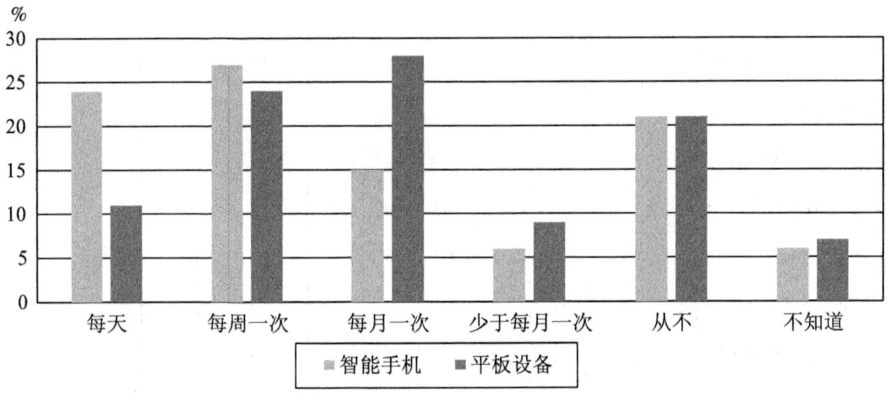


**图 2-115　2015 年法国网民在移动设备上观看视频的频率**

资料来源：Statista。

按目前的数据来看，法国人主要还是依靠智能手机来观看移动视频，每天都通过手机观看视频的法国网民占受访人群的 24%，而每天都

① https://fr. statista. com/statistiques/630926/chaines-youtube-divertissement-abonnes-france/

通过平板设备观看视频的网民仅占 11%（见图 2-115）。

## 三、游戏

法国游戏的起步可追溯到 20 世纪 70 年代，经历了 40 多年的发展，游戏已形成产业式发展，消费群体也不断壮大。如今，游戏产业仅次于图书出版业，成为文化产业的第二大支柱。

### （一）游戏产业销售额

2015 年，法国游戏产业销售额达 28.7 亿欧元，较 2014 年增长 6%，位列欧洲第三。其中软件销售额达 15.93 亿欧元，占 55.5%，游戏主机次之，销售额达 7.12 亿欧元，移动设备和游戏配件销售额则分别为 2.6 亿欧元和 3.05 亿欧元（见图 2-116）。

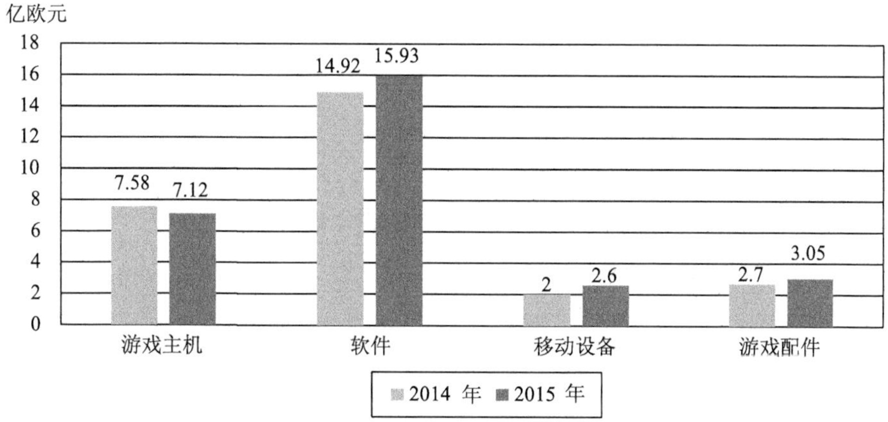


**图 2-116　各类产品销售额单位**

资料来源：法国娱乐软件发行工会。

### （二）网络游戏用户情况

#### 1. 用户年龄性别分布

2015 年，法国网络游戏用户呈多年龄段分布，其中 95% 的 10 ~ 14 岁的儿童在过去一年中都玩过游戏，15 ~ 18 岁的青少年网络游戏用户占比 91%，除 55 岁以上人群，其余各年龄段人群均高于 50%。网络游戏用户中，男性占 56%，女性 44%，其平均年龄 34 岁，男性平均年龄 35 岁，女性 32 岁（见图 2-117）。

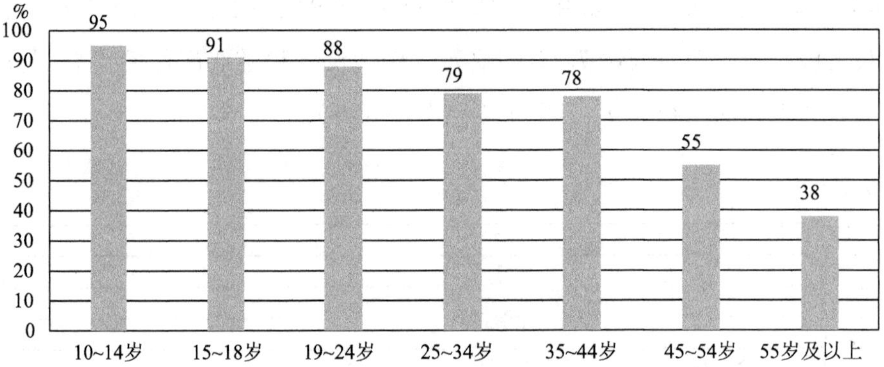


**图 2-117　网络游戏用户年龄分布**

资料来源：法国娱乐软件发行工会。

#### 2. 网络游戏用户偏好

2015 年，法国网络游戏用户偏好呈现多样化，且用户分布相对均衡，最高值为平台类游戏[①]，占比 39%，儿童游戏占比最低，占 16%（见图 2-118）。

① 平台游戏是指如《超级马里奥》一样在 2D 水平面上使用各种方式或者跳跃（甚至滑翔）穿过障碍的游戏方式。在进入 3D 时代之前，动作游戏通常为此类。著名的平台动作游戏还有《冒险岛》《索尼克》。

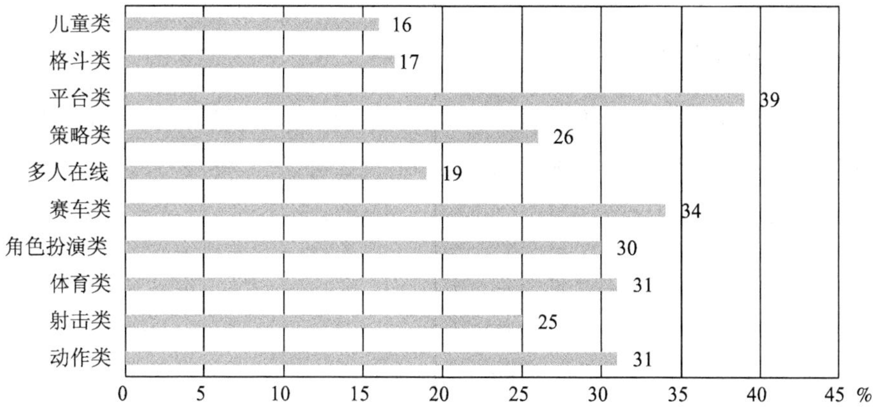


**图 2-118　各类游戏用户占比**

资料来源：法国娱乐软件发行工会。

### 3. 网络游戏使用媒介

随着移动设备的普及以及移动 App 应用的开发完善，传统家用游戏和电脑游戏的市场受到一定的冲击。2015 年，61%的用户使用过传统游戏机玩游戏，使用过电脑的用户占 59%。智能手机、平板电脑及便携式游戏机在用户占比上均有较好的表现，占比分别为 50%、34%和 27%（见图 2-119）。

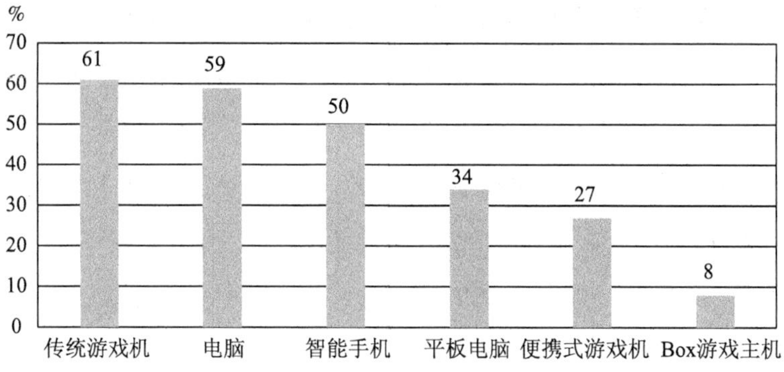


**图 2-119　游戏用户使用媒介**

资料来源：法国娱乐软件发行工会。

## （三）游戏硬件

据《费加罗报》公布的数据显示，2015 年法国销售排名前四的游戏机分别为索尼 PS4（100 万台）、任天堂 3DS（68.6 万台）、微软 Xbox One（29.8 万台）及任天堂 Wii U（22.8 万台）（见图 2-120）。

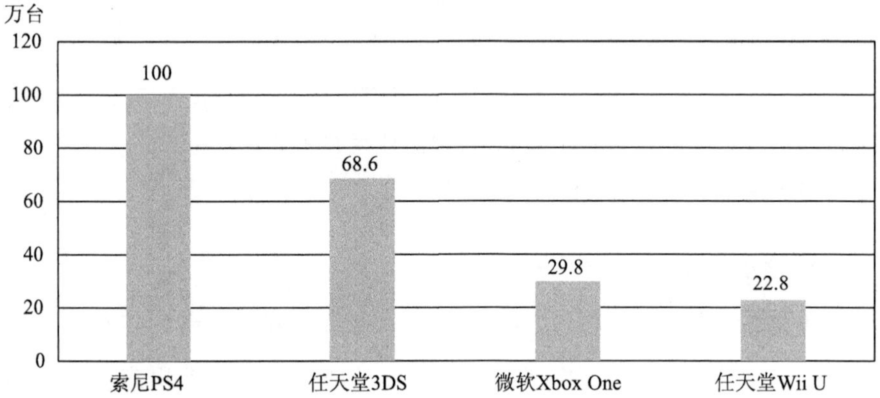


图 2-120　游戏机销售情况

资料来源：《费加罗报》。

## （四）移动游戏

平板电脑、智能手机等可视化、可触碰平台的高速发展刺激了虚拟游戏的消费，逐渐颠覆传统游戏领域，在同传统的实体游戏或离线游戏的竞争中占据优势地位。欧洲视听与电信研究所（IDATE）的数据显示，法国虚拟游戏产业营业额逐年递增，2014 年营业额达 11.5 亿欧元，预计到 2017 年将突破 20 亿欧元。截至 2015 年，虚拟游戏市场占整个游戏市场的 63.8%，预计到 2017 年其市场占有率将达到 78.3%（见图 2-121）。

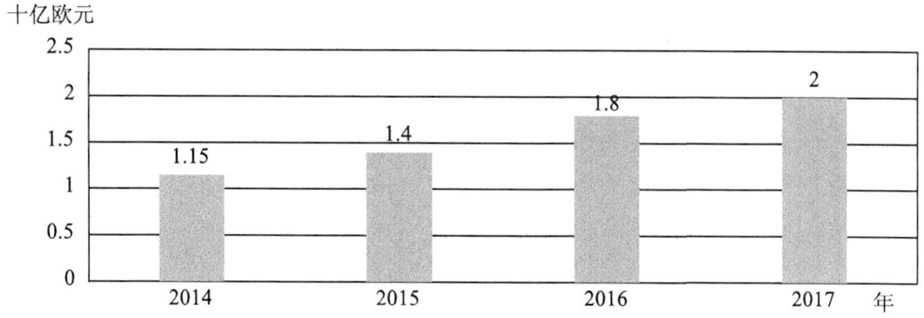


**图 2-121　虚拟游戏产业营业额**

资料来源：欧洲视听与电信研究所。

### 1. 移动游戏下载情况

在具体的游戏选择上，法国用户群出现了较大差异，其中 FIFA 16（足球游戏）与 Call of Duty：Black OPS 3 遥遥领先，用户数量均超过百万，而其余游戏数量相对均衡。从游戏类型来看，法国用户偏爱运动游戏与射击类游戏；从游戏版本看，法国用户非常青睐新版本，排名前十的游戏中，同时出现了新旧版本的 FIFA 与 Call of Duty，但其用户数量相差甚大（见图 2-122）。

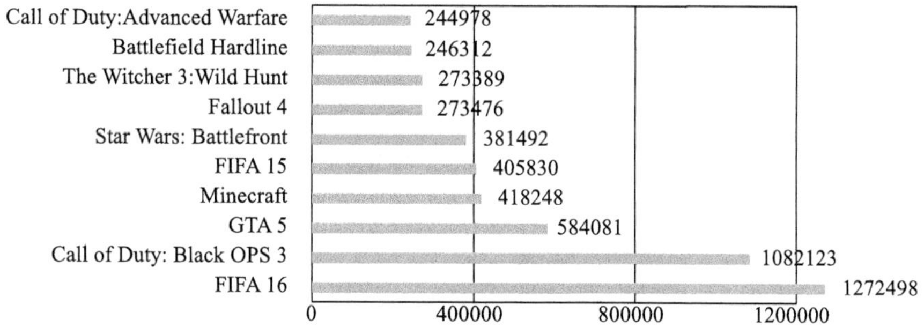


**图 2-122　游戏下载情况**

资料来源：Statista。

### 2. 电子竞技

电子竞技运动作为一项借助电子设备作为器械的人与人之间的智力对抗运动，近年来备受关注。2015 年，法国电子竞技市场创造了 1100 万欧元的产值，较 2014 年增长了 43%。同时，职业玩家也成为新兴的群体，法国共有 156 名职业玩家供职于公司或俱乐部①。同时法国政府也于 2016 年 9 月通过《数字化法案》对电子竞技行业进行规范和保护，支持开展电子竞技运动，并鼓励职业玩家参与②。

### 3. 虚拟现实技术前景

近年来，虚拟现实（VR）逐步进入人们的视野中，法国也不例外。据法国娱乐软件发行工会（SELL）的调查数据显示，70%的法国人听说过 VR，9%的法国人已经体验过该技术，49%的人表示渴望尝试。与此同时，法国人对 VR 技术在生活中扮演的角色也有着不同的期待。比如，33%的法国人期待 VR 技术带来颠覆性、流畅的体验，47%的法国人希望 VR 在不同的娱乐版块中提供全新的视觉体验和场景现实化。因此，VR 市场在法国具有较好的发展前景（见图 2-123）。

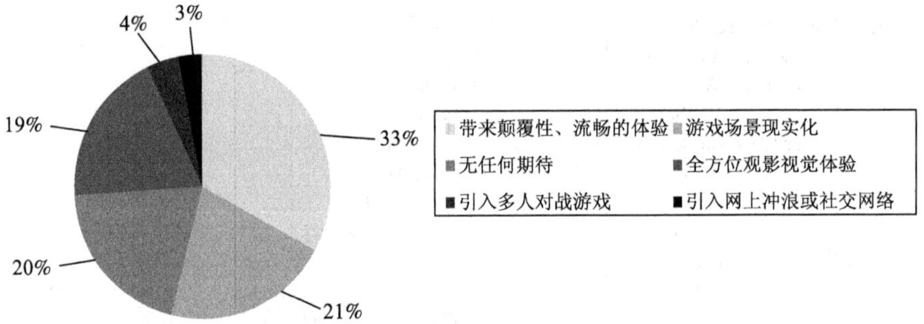


**图 2-123 法国人对 VR 技术的期待**

资料来源:法国娱乐软件发行工会。

---

① http://www.smartcast.ninja/2016/06/28/sport-francais-marche-de-12-millions-deuros/.

② http://www.gouvernement.fr/partage/6761-esport-en-france-on-avance.

## 四、数字音乐

除上述的电子书、视频、游戏外，音乐也是法国人在线休闲娱乐的重要方式。2016 年 6 月，近 2600 万 15 岁及以上的法国网民使用电脑、手机或平板电脑登录音乐网站或使用音乐应用，占法国网民总数的 49.7%。平均每天有 530 万用户收听数字音乐，其中 280 万为智能手机用户，超过了电脑用户数量（210 万）。而 Youtube 为法国乃至欧洲最常用的音乐网站，86%的法国用户通过该网站收听音乐。

据 Statista 的统计数据显示，2015 年法国数字音乐收入达 2.4 亿美元，排在美国（约 6.3 亿美元）和德国（6.1 亿美元）之后，成为世界第三大数字音乐市场（见图 2-124）。

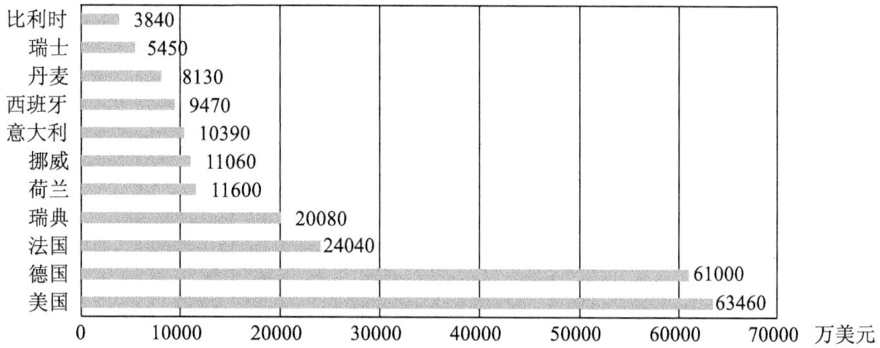


**图 2-124　2015 年世界数字音乐收入**

资料来源：Statista。

数据显示，2007—2014 年，法国录制音乐产业中数字音乐批发收入逐年增长，但因占据主体地位的实体音乐收入大幅下滑，录制音乐批发收入总体上呈逐年下降的趋势（见图 2-125）。2015 年，在实体音乐持续低迷的情况下，法国数字音乐批发收入实现大幅增长，在总收入中所占比重首次超过 50%，由此带动录制音乐批发收入实现反弹（见图 2-126）。

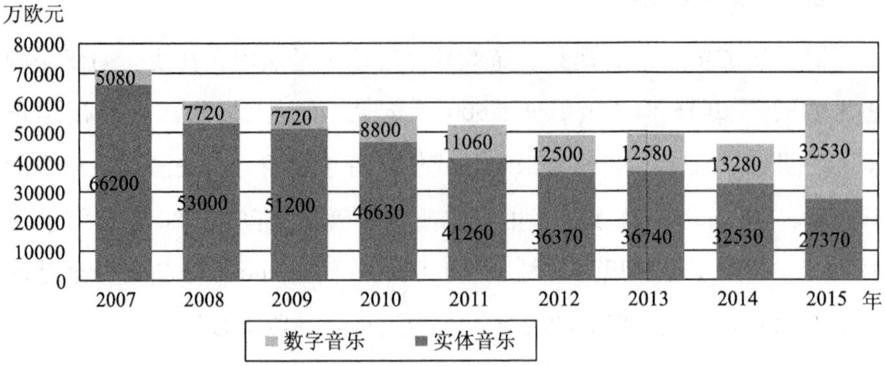


**图 2-125　2007—2015 年法国录制音乐批发收入**

资料来源:SNEP。①

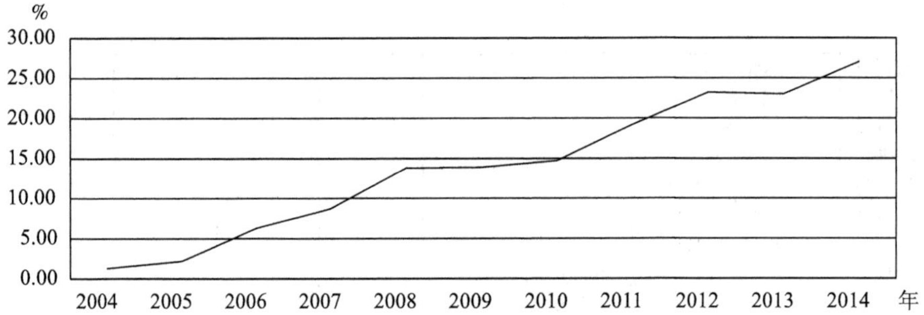


**图 2-126　2004—2014 年法国数字音乐销售额所占比重**

资料来源:Statista。

调查数据显示,2013—2016 年,法国各年龄段数字音乐用户所占比重总体上均呈增长趋势,12~17 岁以及 18~24 岁的青少年中数字音乐用户比重相差不大,为普及率最高的两个群体,70 岁及以上人群中数字音乐用户比例最低。可以说,随着年龄增长,数字音乐用户所占比重递减(见图 2-127)。

① 法国唱片出版业工会,是一间于 1922 年创立的机构,以保护法国的音乐产业,旗下拥有 48 家子公司。其职责包括从电视广播及演出收取特许使用金,防止旗下艺人的音乐作品被侵权。

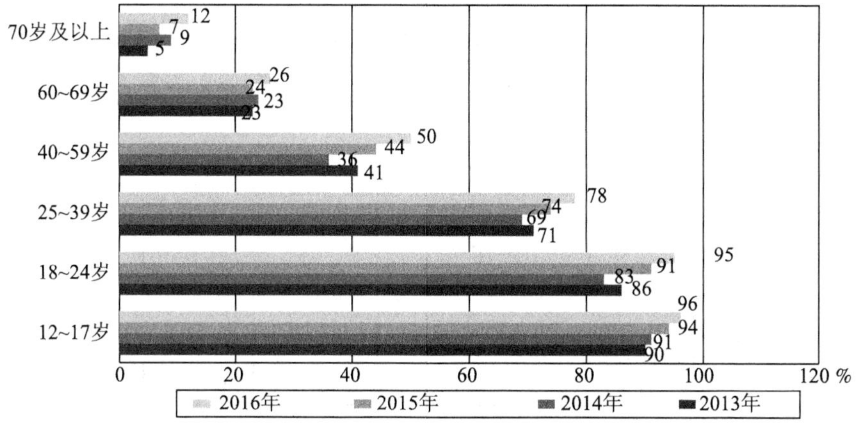


**图 2-127　2013—2016 年法国各年龄段数字音乐用户比重**

资料来源：CRÉDOC。

从用户收听音乐的途径来看，传统的数字音乐下载受到了流媒体音乐服务的巨大冲击。数据显示，2016 年，视频流媒体（62%）与音频流媒体（43%）已经成为法国网民收听音乐的最主要方式。另外，还有相当一部分网民通过非法音乐网站收听音乐（见图 2-128）。

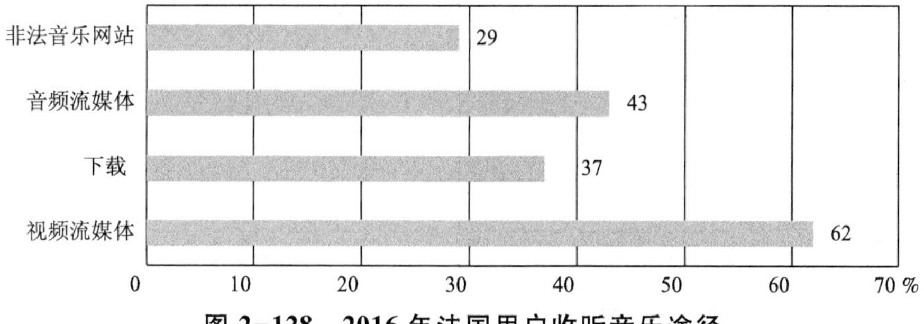


**图 2-128　2016 年法国用户收听音乐途径**

资料来源：IFPI。①

① 国际唱片业协会，是一个由唱片业者所组成的国际组织，总部位于瑞士苏黎世，秘书处位于英国伦敦，主要任务包括保护歌曲的版权。

统计数据显示，法国用户付费订阅流媒体服务，最主要的考虑因素是电子设备的兼容性，其次是操作的便捷性，而能够创建播放列表且没有广告同样是流媒体服务不可忽视的优点（见图 2-129）。

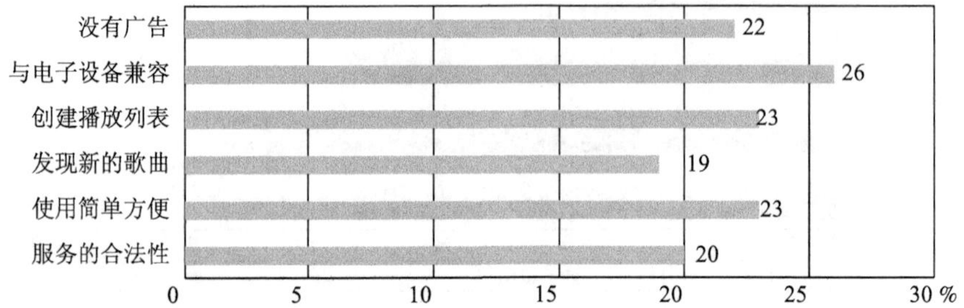


**图 2-129　2016 年法国用户付费订阅流媒体服务的原因**

资料来源：IFPI。

## 五、电视电影

根据欧洲联盟委员会 2016 年 3 月的一份调查显示，2016 年有将近一半（46%）的法国网民经常使用互联网观看电视或者电影（大于 1 周 1 次），将近 1/3（32%）的法国网民保持 1 周 1 次或者将近 1 次的频率，1/5 的法国网民表示从不使用互联网观看电影电视（见图 2-130）。

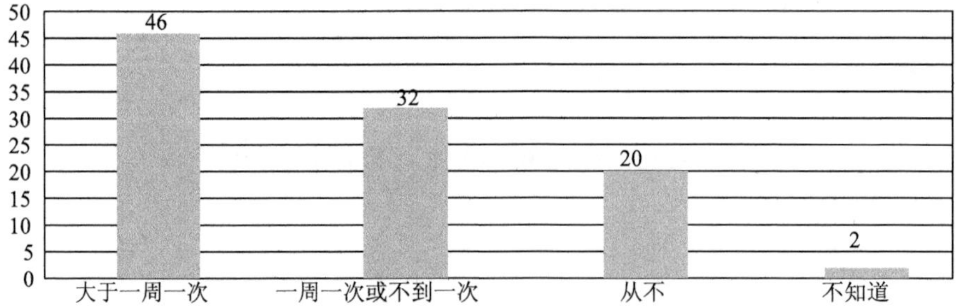


**图 2-130　2016 年法国网民使用互联网观看电视或电影的频率**

资料来源：欧洲联盟委员会。

欧洲联盟委员会对上述使用的互联网观看电影电视的法国网民进一步调查发现，专门的在线播放服务、线上电视广播和视频分享网站是网民们最常用的线上观看电影电视的 3 种途径，分别都有超过 1/5 的网民使用。 线上平台以 14%的百分比排名第 4 位，仅有 9%网民使用社交网络平台来观看电影电视，略高于数码商店（6%）（见图 2-131）。

同一份调查还显示了 2016 年法国网民选择观影方式时的标准。 其中 67%的网民认为该方式是否免费最重要，48%网民认为视频音频的高质量最重要，排位第 3 的标准是在线观看视频时无广告骚扰，13%网民认为网站的智能推荐最重要，其中包括相关内容推荐、最新发行和观看最多的内容等。

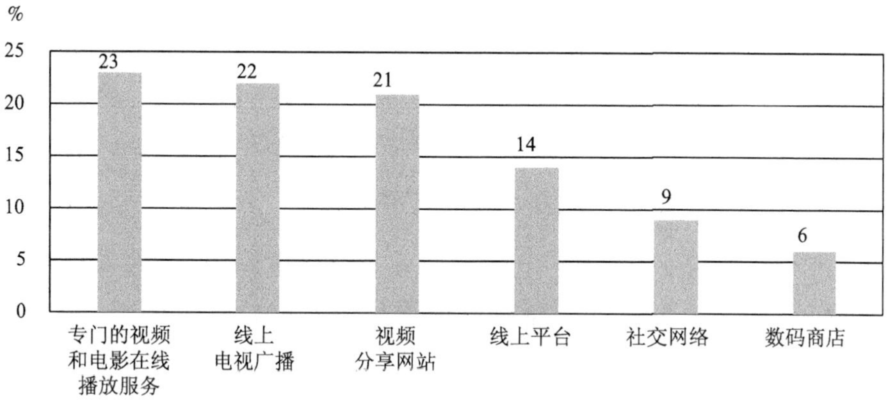


**图 2-131　2016 年法国网民线上观看电视或电影使用的手段方式**

资料来源：欧洲联盟委员会。

# 第八节　法国的电子商务物流发展

物流业是将运输、储存、装卸、搬运、包装、流通加工、配送、信息处理等基本功能根据实际需要实施有机结合的活动的集合。随着经济全球化步伐的加快，科学技术尤其是信息技术、通信技术的发展，物流业的信息化水平越来越高，全球供应链协同管理逐渐兴起。近年来，电子商务的兴起给物流业的发展又注入了新的活力。

## 一、法国物流业概况

物流业是法国经济的支柱产业。法国物流业的发展水平相对较高，但是和世界一流的“物流强国”相比仍有一定的距离。

### （一）法国物流业的发展水平和发展战略

根据世界银行公布的2016年全球物流绩效指数，法国全球排名第16位，落后于排名第1位的德国，但领先于排名27位的中国。在边检效率、基础设施水平、服务质量等方面，法国的表现都和德国存在不小的差距（见图2-132）。

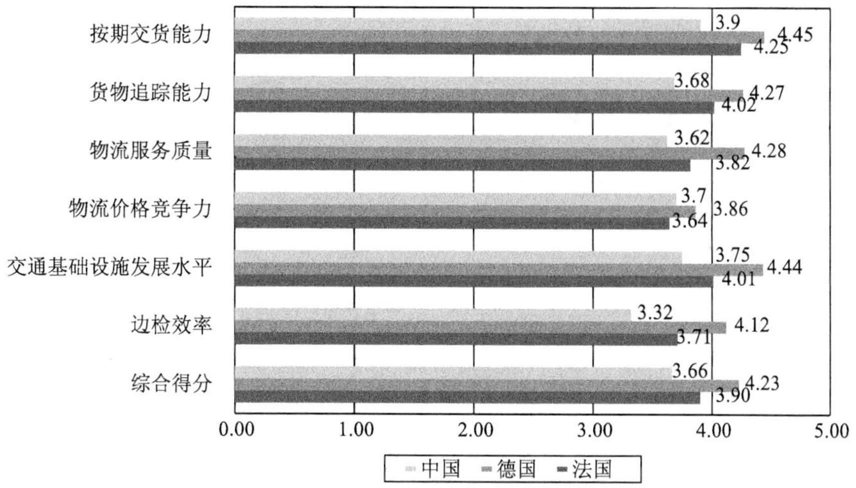


**图 2-132　2016 年中、法、德三国物流绩效指数**

资料来源：世界银行。

2016 年 3 月，法国政府发布了《法国物流业 2025》战略规划，提出要将法国打造成为全球物流业前 5 强的目标，并宣布要将物流业的转型升级与新能源产业、高新技术产业结合起来，成为国际物流业可持续发展的样板，以促进国际商业贸易的持续繁荣。该规划纲要指出，物流业占法国国内生产总值 10%，年平均营业额超过 2000 亿欧元，创造了 180 万个工作岗位，是法国经济的重要支柱产业①。由此可见，法国政府十分重视物流业的发展升级，甚至将其作为促进国民经济发展的重要的战略目标。

① 法国政府部长会议报告．法国物流业 2025，2016-3-24，http://www.gouve rnement.fr/conseil-des-ministres/2016-03-24/france-logistique-2025.

### （二）法国的物流业市场

表 2-8　2013 年法国十大物流供应商营业额

| 排名 | 企业 | 营业额（百万欧元） |
|---|---|---|
| 1 | Geodis | 670 |
| 2 | Kuehne+Nagel | 625 |
| 3 | Viapost | 500 |
| 4 | Norbert Dentressangle | 486 |
| 5 | Stef | 465 |
| 6 | ID Logstics | 417.6 |
| 7 | FM Logistics | 312 |
| 8 | Gefco | 未知 |
| 9 | DHL Supply Chain | 273.8 |
| 10 | Groupement Astre | 250 |

资料来源：法国环境、能源与海洋部。

从国内市场上看，法国本土物流供应商保持着一定的竞争力。2013 年，法国十大物流供应商（按营业额排名）仅有两家是外资企业：德国的德迅（Kuehne+Nagel）和美国的敦豪 DHL。但是，相比成功打入法国市场的德迅，没有任何 1 家法国物流商进入德国物流商排行榜的前 10 位。此外，在德国排名第 1 的 DHL 营业额超过 8000 亿欧元，几乎是在法国排名第 1 的 Geodis 营业额的 10 倍[①]。这表明，法国本土的物流供应商在国际市场上的表现并不令人满意。

## 二、电子商务的发展与物流业

### （一）物流链的优化

近年来，电子商务的迅速发展掀起了一场物流业革命。不断增长

① 参见法国环境、能源与海洋部关于法国物流业发展的报告。（http://www.developpement-durable.gouv.fr/sites/default/files/logistique%20%C3%A9tat%20des%20lieux.pdf）

的网购消费者数量和日益多样化的商品及服务，给物流公司的管理水平、技术手段和服务质量提出了新的挑战。随着专业分工程度的加深，越来越多的物流供应商成为专业的供应链管理服务提供商。截至2014年，法国80%的电子商务企业将物流运输环节外包给专业物流供应商，大约有30%的物流费用用于支付承包商①。为了提高消费者的满意度，各大电子商务平台不断优化自己的物流供应链。

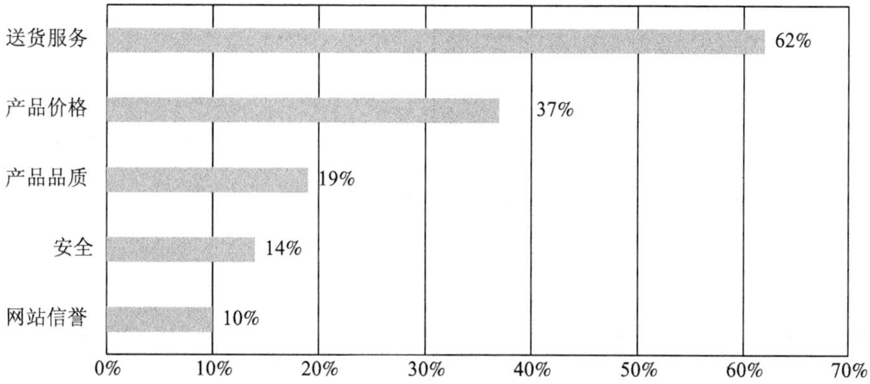


**图 2-133　2016 年法国人选择网购商品时最看重的标准**

资料来源：IFOP。

根据法国 Ifop 调查机构的发布的数据显示，高达 62%的法国消费者认为，送货服务的质量是网络购物中最重要的一个环节，甚至比产品价格和品质更能影响他们的决策②（见图 2-133）。为了满足消费者的要求，物流行业经历了不断优化升级的过程，货物配送的速度不断加快。根据法国电子商务协会（Fevad）一项为期 1 年（2015 年 1 月—2016 年 2 月）的调查显示，在法国从下单到消费者收到商品（Click-to-possession）的平均时间是 5.3 天，95%的订单会在下单后两天内发货，94%的货物在发货后两天

① http://www.journaldunet.com/ebusiness/commerce/e-logistique-selon-xerfi.shtml.

② http://www.ifop.com/media/poll/3352-1-study_file.pdf.

内会开始送货，而其中79%的包裹在第一次派送时就会到达顾客手中。(见图2-134，图2-135)①

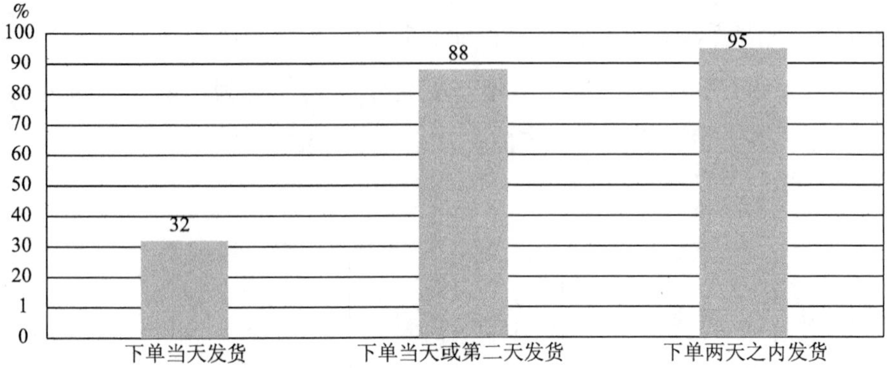


**图2-134　2016年法国网络购物发货速度(工作日)**

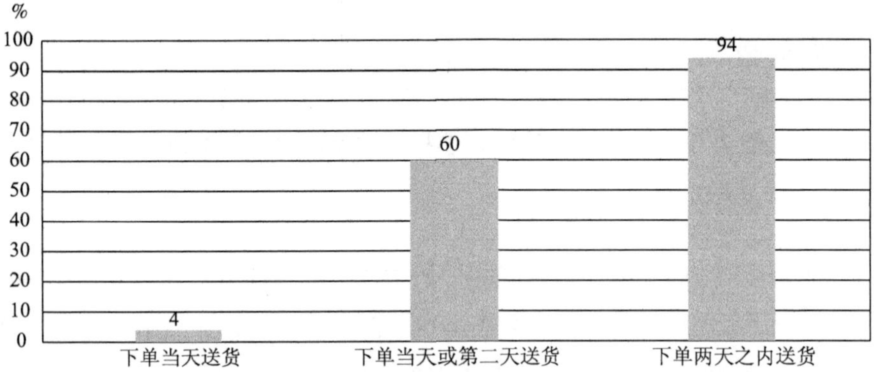


**图2-135　2016年法国网络购物送货速度(工作日)**

资料来源:法国电子商务协会。

根据该协会2016年6月发布的另外一项调查数据显示，2015年全法国的网购包裹数量达到4.5亿个。而Ifop的调查结果显示，大部分

① http://www.fevad.com/lobservatoire-de-la-logistique-e-commerce-poursuit-sa-mission-doptimisation-des-livraisons-e-commerce/.

的消费者（62%）都选择送货上门服务，但在家门口的代收点取货因为方便灵活，也成为许多法国网民（25%）优选考虑的选择①。12%的法国网购消费者已经注册了无门槛免运费服务，另有35%的消费者表示愿意成为亚马逊 Prime 这类服务的会员②（见图 2-136）。

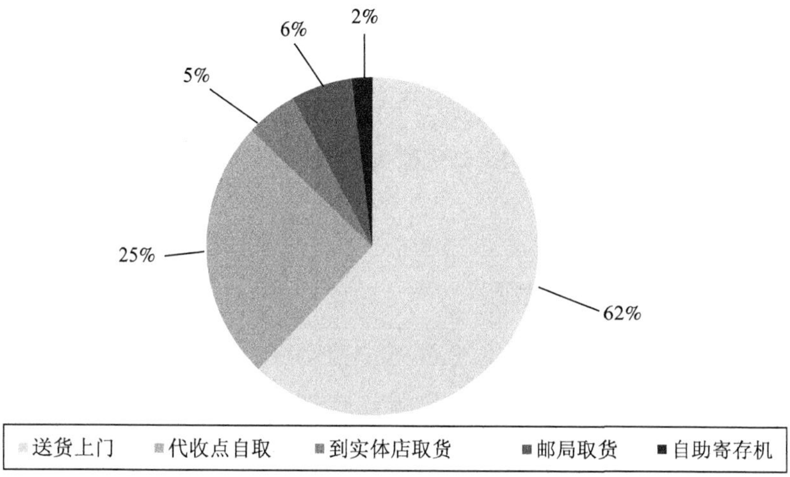


**图 2-136　2016 年法国网民使用最多的送货方式**

资料来源：Ifop。

而当收到的商品令人不满意的时候，退货也是物流环节上一个急需解决的问题。目前，31%的法国消费者会选择预约上门取件，26%会选择将商品放到商店的退货点，18%会放到邮局的退货点，另有 10%的人选择直接通过邮政包裹将商品寄回③（见图 2-137）。

① http://www.ifop.com/media/poll/3352-1-study_file.pdf.

② https://www.thinkwithgoogle.com/intl/fr-fr/article/la-fevad-dresse-un-panorama-chiffre-du-e-commerce-en-france/.

③ http://www.ifop.com/media/poll/3352-1-study_file.pdf.

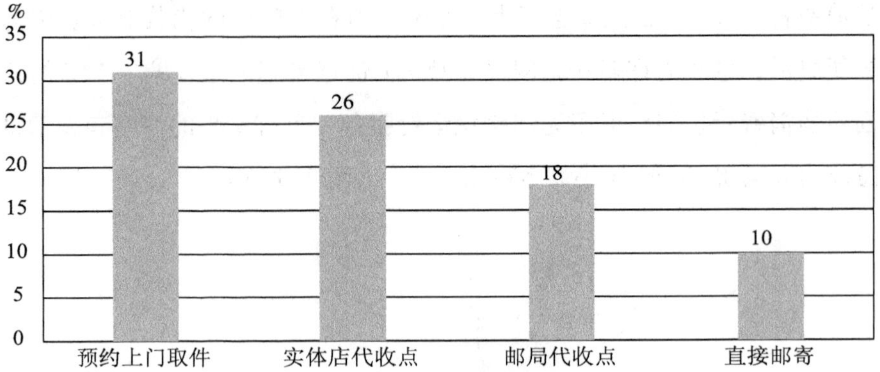


**图 2-137　2016 年法国人网购退货的主要方式**

资料来源:Ifop。

### (二)包裹代收业的发展

包裹代收服务早在网购时代到来之前就在法国普及开来。在 20 世纪 80 年代邮购开始流行的时候，就出现了第一批包裹代收点（points relais）。如今，随着网购人数的不断增长，越来越多的法国人选择通过这一服务收取订购的商品。

截至 2013 年，法国的包裹代收服务市场主要有四家公司：Relais Colis、Mondial Relay、Kiala 和 PickUp Services。

Relais Colis 是最早出现在法国市场上的包裹代收服务商，每年代收的包裹大概在 2500 万个左右，年营业额达到 1.3 亿欧元，占市场份额的 47%，在全法境内拥有 4200 个代收点。

Mondial Relay 代收的包裹数量达到每年 1200 万个，年营业额 1 亿欧元，市场份额约 20%，共有 4300 个代收点遍布法国。

Kiala 在 2012 年被美国物流公司 UPS 收购，目前每年代收包裹 1700 万个，营业额达 4720 万欧元，抢占了 20%的法国市场，代收点达 4300 个。

PickUp Services 是法国邮政集团（La Poste）旗下的子品牌，虽然目前市场份额仅有0.8%左右，每年代收包裹也只有50万个，但是借助遍布全国各地的邮局，代收点的数量可能将高达17000个（目前已有5000个）[①]。

① http://www.ecommercemag.fr/Thematique/strategies-omni-canal-1009/Dossiers/Points-relais-un-mode-de-livraison-en-progression-252/Les-prestataires-de-livraison-en-points-relais-1047.htm.

# 第九节　互联网网络规范

法国作为较早的实现信息化的国家，其互联网立法与司法体系已相对完善，不论是远程购物中对消费者权益的保障和经营者与消费者行为的约束、维护有序的市场竞争方面，还是互联网用户的个人信息保护方面，都结合本国国内法和欧盟框架指令形成了一套严谨、有效的法律系统。

## 一、交易相关

法国于 2008 年和 2014 年分别颁布并实行了《夏代尔法》( la loi Chatel ) 和《阿蒙法》( la loi Hamon )，二者均列入《消费法》框架内。2008 年颁布的《夏代尔法》旨在规范服务业从业人员和消费者行为，主要针对保险及通信行业，但已有部分涉及互联网电子商务的条款。其中对于消费者的知情权、与销售人员的联络沟通权、消费者的退货权以及追偿权等权利进行了保障和约束①。 2014 年颁布的《阿蒙法》第 9 条明确规定了消费者网购时拥有的权利。 根据《阿蒙法》，网购前消费者有权获得完整的产品信息，禁止网购中的“预选格”强购行为，购物后“考虑期”延长，消费者订单解约方式灵活化，明确试用新产品的限度，退货条件、退货运费自行承担等条款，一方面保障了消费者的权益、规定了经营者的义务，另一方面也约束了消费者的行为，以保证互

① http://www.assistant-juridique.fr/obligations_loi_chatel.jsp，2017 年 4 月 6 日 15 时 16 分。

联网交易的合法规范运营[①]。

## 二、运输相关

在货物自由运输的总体原则之下，法国对部分物品的流通实行严格管控。

### （一）欧盟内货物运输

自1993年在欧盟内部实行货物自由流通，各成员国之间的贸易壁垒也逐渐消除。但对于个别敏感物品在进入法国境内时仍须申报或列入管控，例如文化类产品、濒危动植物、动植物制成品、枪支弹药、人用药物、麻醉剂、精神类药品、石油产品等。

### （二）禁运物品

a. 法国禁止以下产品入境：

具有恋童特征的产品，包括带有未成年人色情信息的图片；

含危险物质（如铅盐或镍）的产品；

含双酚A的奶瓶；

含石棉的产品；

赝品（包括玩具、纺织品、药品、家用电器、零件、香烟、香水、化妆品、软件及电子产品等）。

b. 2009年《财政法修正案》明确指出禁止在法国本土、海外省及他国购物网站购买香烟。

### （三）限制性运输物品

一些来自欧盟内部或其他国家和地区的商品受到严格管控，这些商品入境需要申报、授权并获得入境许可，比如：枪支弹药、动植物活

① https://www.service-public.fr/professionnels-entreprises/vosdroits/F23455，2017年4月6日15时36分。

体、濒危动植物、动植物制成品[①]。

### (四)关税[②]

海关总署对入境商品的征税依商品来源地不同分三种情形：

a. 商品来源于欧盟内部成员国时，免征关税；

b. 商品购买于海外省时，价值低于 205 欧元的商品免征税；

c. 商品购买于欧盟成员国之外的国家或地区时，均需对商品征收增值税，对价值低于 150 欧元的商品免征关税。

### (五)包裹运输

依据海关总署的规定，除限制类商品须申报外，其余商品均可收寄。

## 三、道德相关

不正当竞争的概念最早出现在法国，1850 年法国通过适用无正当理由而对他人造成损害必须承担责任的一般民法原则，推出了“不正当竞争”的概念。根据《法国民法典》第 1382 条，对某些侵害工业产权，但在某些商业活动中导致欺诈，或者使人误解，或对此负有责任的行为，可以构成不正当竞争行为，这是反不正当竞争法的雏形，从而拉开了反不当竞争立法的序幕。

法国于 1953 年 8 月 9 日出台了关于“保持与重建工商业自由竞争”的法规，这是以保护充分、有效的竞争为目的的第一部法律文件，其中涉及了治安管理和竞争政策。

到目前为止，有关竞争政策的内容是借助于一项法令来推行的，即

① https://www.service-public.fr/particuliers/vosdroits/F3161,2017 年 4 月 6 日 19 时 30 分。

② http://www.douane.gouv.fr/articles/a10753-achats-a-distance-et-envois-entre-particuliers,2017 年 4 月 6 日 20 时 49 分。

1986 年 12 月 1 日的“关于价格和竞争自由的法令”。该法令规定了不正当竞争的三种行为，即串通、滥用优势地位以及不合理低价销售。同时，这项法令建立起一整套规则，形成了一个协调一致的整体，也被称为《法国竞争法》①。

2001 年的《新经济规制法》对竞争制度进行了完善。《新经济规制法》改进了调查的程序和决策，增加了通知义务，加大了制裁的力度以及豁免的规定。这些措施的提出主要是源自欧共体的相关法律和执法实践。目前，法国竞争法有关限制性协议，占支配地位垄断和合并问题都是按照欧共体竞争法模式和原则规定的②。

2008 年法国颁布《经济现代化法》，在《商法》中补充了反对诸如诋毁其他商家等不正当竞争行为的条款③。

## 四、隐私相关

### （一）与个人隐私相关的法令

在与交易相关的法律中我们已经提到，《阿蒙法》为消费者网购提供了保障，而针对消费者个人隐私保护，法国也出台了相关法条进行规范。1978 年法国出台《信息、档案与自由法》以加强个人数据保护。其立法原则在于，信息应该为每一个公民服务。信息技术发展应该在国际合作的框架内进行，收集和处理、使用个人数据，不应该侵犯个人身份、人权、隐私以及个人与公共自由。为了适应网络环境下个人数据保护的要求，法国于 2004 年修订该法案，将欧盟关于个人数据保护

---

① http://www.lexinter.net/JF/droit_de_la_concurrence_et_code_de_commerce.htm，2017 年 4 月 7 日 11 时 20 分。

② https://www.legifrance.gouv.fr/affichTexte.do? cidTexte = JORFTEXT000000223114，2017 年 4 月 7 日 11 时 43 分。

③ http://www.economie.gouv.fr/cedef/loi-de-modernisation-economie-lme，2017 年 4 月 7 日 11 时 53 分。

的指令(la directive 95/46/CE)转化为法国的国内法。

根据《信息、档案与自由法》，法国成立了专门的个人信息保护机构，即国家信息与自由委员会(CNIL)。该机构为独立的行政机构，不接受其他任何机构指示，直接向议会负责。如果企业涉及个人数据处理，必须向CNIL申报。因此，当网站涉及发布或收集个人信息时，必须向CNIL申报。CNIL同样接受民众个人信息与隐私被侵犯等相关的投诉，向政府提出个人信息保护相关立法建议，接受政府在个人信息保护立法方面的咨询等。该委员会具有一系列强制措施，委员会对于违反相关法律者可处以最高至30万欧元的罚款[①]。

除了立法之外，CNIL还特别注重通过指南、建议等方式加强个人信息保护。2006年，CNIL制定了《互联网个人信息保护指南》。该指南以通俗易懂的方式，引导企业及个人加强个人信息保护。如对于职业网站、社团网站及博客等，CNIL建议发布涉及个人信息之前取得权利人的同意。同样，在发布前也可以告知权利人，如果权利人一定期限内没有表示反对，则默示同意发布。也应当告知权利人其有权在任何时候要求停止发布其个人信息。如果发布个人照片，必须事先得到权利人的明确许可。发布涉及未成年人的个人信息，尤其是照片，必须得到其父母的明确许可。鉴于其敏感性，对于民族与种族、政治、哲学及宗教观点或其他与健康及性生活有关的数据不应发布在互联网上。信息发布者应告知权利人可行使其信息进入权、修改权、改正及删除的方式等。

此外，指南还在网站收集个人信息、开办论坛、网站托管等方面对互联网企业作出指导。通过指南的发布，提高了互联网企业及相关实体的个人数据保护意识，让互联网个人数据保护更具可操作性，也加强

---

① http://www.cil.cnrs.fr/CIL/spip.php? article1390,2017年4月8日11时10分。

了个人数据保护[①]。

## （二）社交网络隐私条款分析（以 Instagram 为例）[②]

Instagram 搜集的信息：用户直接提供的信息（例如注册 Instagram 账户时提供的用户名、密码和电子邮箱、用户个人主页上列出的个人信息、发布至服务的用户内容以及与 Instagram 之间的通信）。

Instagram 分析信息：Instagram 使用第三方分析工具帮助衡量服务的流量和使用趋势。这些工具会收集通过用户的设备或 Instagram 的服务（包括访问的网页、附加组件）发送的信息，以及帮助 Instagram 改善服务的其他信息。Instagram 收集这类分析信息，并结合从其他用户收集的分析信息使用，以便这类信息无法用于识别任何具体个人用户。

Cookie 和类似技术：当用户访问服务时，Instagram 可能使用 Cookie 和类似技术（如像素、网络信标和本地存储），收集有关使用 Instagram 的方式的信息，然后据此为用户提供定制型功能。Instagram 可能要求广告商或其他合作伙伴向用户的设备投放广告或提供服务，这可能要使用 Instagram 或第三方放置的 Cookie 或类似技术。

Instagram 如何使用用户的信息：除了在“隐私权政策”中描述的某些具体信息使用方法，Instagram 还可将收到的信息用于：帮助用户在登录后有效访问个人的信息；信息记忆，使用户不必在访问过程中或下次访问“服务”时再次输入；为用户提供个性化内容和信息，包括在线广告或其他形式的营销；提供、改善、测试和监控 Instagram“服务”的有效性；开发和测试新产品和功能；监控访客总数、流量和人口统计信息等指标；诊断或解决技术问题；自动更新用户设备上的 Instagram 应用程序；Instagram 或其他用户可通过“服务”举办比赛、优惠酬宾或其

① https://www.cnil.fr/fr/garantir-la-securite-des-donnees，2017 年 4 月 8 日 12 时 12 分。

② https://help.instagram.com/155833707900388/?helpref=hc_fnav，2017 年 4 月 8 日 13 时。

他活动（统称为“活动”）。如果用户不想参加某一事件，请不要使用与该事件相关联的具体元数据（即 # 标签或地理标签）。

Instagram 如何分享信息：Instagram 可能与在法律上与 Instagram 同属或将同属一个公司集团的企业（以下简称“附属机构”）分享“用户内容”和用户的信息（包括但不限于 Cookie 信息、日志文件、设备标识符、位置数据和使用数据）。附属机构可以使用此信息帮助提供、理解和改善“服务”（包括以提供分析的方式）和附属机构自己的服务（包括以为用户提供更好、更相关经验的方式）。但是，这些附属机构将尊重用户就谁可以查看用户的照片所做出的选择。Instagram 还可与帮助我们为用户提供“服务”的第三方组织（以下简称“服务提供商”）分享用户的信息以及诸如 Cookie 等工具的信息、日志文件、设备标识符和位置数据。Instagram 的“服务提供商”将有权在必要情况下访问用户的信息，并依据合理的保密条款提供“服务”。Instagram 还可能与第三方广告合作伙伴分享某些信息，例如：Cookie 数据。此信息将允许第三方广告网络提供其认为用户最感兴趣的有针对性的广告等。Instagram 会删除能够识别用户身份的部分数据并与他方分享匿名数据。Instagram 还可用与用户不再有关联的方式将用户的信息与其他信息进行组合并分享该汇总信息。

Instagram 如何储存信息：通过“服务”收集的用户的信息可能在 Instagram、其附属机构或服务提供商保有设施的美国境内或任何其他国家/地区内予以存储和处理。Instagram、其附属机构或服务提供商可能转让 Instagram 收集的有关用户的信息，包括跨境个人信息，以及从用户的国家/地区或司法管辖区到全球其他国家/地区或司法管辖区的个人信息。如果用户位于欧盟或其他地区，管辖数据收集和使用的法律可能与美国法律有所不同，请注意，Instagram 可能将信息，包括个人信息，传输至不具有与用户所在司法管辖区相同的数据保护法的国家/地区和司法管辖区。注册和使用“服务”即表示用户同意将信息传输至在 Instagram、其附属机构或服务提供商保有设施的美国境内或任何其他国家/地区，并如 Instagram“隐私权政策”所述使用和披露有关用户的信息。Instagram 采用合理的商业安全保护措施，使通过“服务”收集的信息保持安全，并采取合理的步骤（如申请唯一的密码）在授权访问用户的账户之前验证用户的身份。但是，Instagram 无法确保用户传输至 Instagram 的任何信息的安全或保证“服务”上的该等信息不被访问、披露、改变或销毁。请用户尽力帮助 Instagram。用户有责任对密码和账户信息保密，并随时控制用户与 Instagram 之间往来电子邮件的访问权限。用户的隐私设置可能还会受到连接至 Instagram 的社交媒体服务对其服务所做的更改的影响。

# 第三章
# 法国互联网产业发展趋势及挑战

## 第一节　基于 AMC 模型的法国电子商务医疗产业分析

电子商务在医疗产业的扩展打破了传统的医药流通模式和预约挂号的僵化模式，使得药品买卖中的双方充分体会到快捷和便利，同时也促进了医疗资源的合理分配和利用。随着 2012 年法国颁布法令允许药品在线销售，许多新兴企业开始研发 B2C 交易平台以满足消费者需求，但企业规模相对较小，产业链尚未成型。法国在线预约就诊的业务也于 2013 年启动，开始探索医疗资源的高效利用。关于法国目前电子商务医疗产业的分析，我们采用 AMC 应用成熟度模型来客观地呈现产品及应用发展进程，描述产业发展阶段。该模型主要通过市场中对于产品及应用的认可度来描述产业发展的成熟度。从 AMC 模型曲线来看，电子商务医疗市场的发展周期可分为四个阶段：探索期、市场启动期、高速发展期和应用成熟期。从法国当前政策法规体系、市场应用推广及消费者使用频率来看，目前法国电子商务医疗市场正处于启动期，大多数新兴企业仍处于竞争阶段，各电商市场份额占比无明显优势，市场发展潜力巨大。

## 一、电子商务医药销售市场 AMC 模型

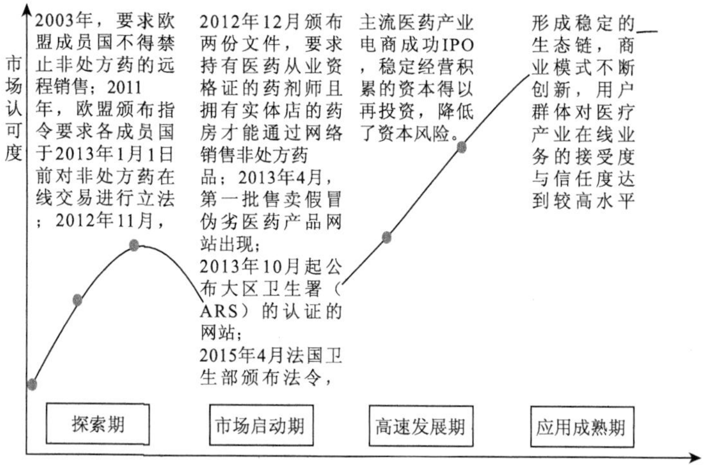


**图 3-1　电子商务医药市场 AMC 模型**

### （一）探索期（2003—2012）

早在 2003 年，欧盟法院就颁布多克莫里法令（l' arrê t Doc Morris CJUE du 11 dé cembre 2003，n°C-322/01）要求欧盟成员国不得禁止非处方药的远程销售。随后，非处方药在线交易在一些国家迅速发展，譬如英国、德国和荷兰，但法国医药电子商务发展仍处于停滞状态。2011 年，欧盟颁布指令（n° 2011/62/CE publié e le 01/07/2011）要求各成员国于 2013 年 1 月 1 日前对非处方药在线交易进行立法。这个背景下，2011—2012 年，由于法国迟迟未能立法，一些药店在模糊的法律框架下从事线上销售，尤其是卡昂市的上帝恩泽药房（la Grâce de Dieu），因此，法国各地区药房在电子商务方面进行的探索和实践为立法奠定了基础。

电子商务医药行业在该时期处于初始阶段，市场中仅存在少数创业的药店在网络中从事药品销售，此时的医药电商受到资本市场的关注。

随后，各药店纷纷投资涌入该市场，各大区均出现医药销售平台，其提供的服务业呈现出同质化，该时期市场竞争激烈，商业模式不清晰。

厂商意愿：发展前景模糊，缺乏政策扶持，通信和网络支付技术不够成熟，政府对医药销售监管严，客户消费模式仍然局限在传统消费支付方式，厂商进入电子商务医药销售行业的意愿不够明显。

用户使用意愿（关注度）：限于当时电子商务发展实际水平的约束，用户行为偏好仍然局限于传统医药消费模式，对电子商务医药销售不信任，用户使用意愿薄弱。

投资者投资意愿：处在第一阶段的行业还是市场发展的初始阶段，市场中存在少数创业厂商，应用的创新吸引用户不断进入，市场受资本市场高度关注。

### (二)市场启动期(2013 年至今)

为了规范医药行业电子商务市场，法国于 2012 年 12 月颁布两份文件：2012 年第 1427 号法令（ordonnance n° 2012-1427 du 19/12/12）及其实施法令 2012 年第 1562 号文件（n° 2012-1562 du 31/12/12），这两部法令明确指出，持有医药从业资格证的药剂师且拥有实体店的药房才能通过网络销售非处方药品，而对于处方药依然禁止网络销售。同时，药房创建的医药网站需要经过大区卫生署（ARS）的认证，药物销售也需谨遵医嘱。

随着上述法令的颁布实施，法国假冒伪劣药品的销售也甚嚣尘上，据 Pfizer 的研究显示，2010 年法国消费者在线购买药品数额达 10 亿欧元，但其中一半为假冒伪劣制品。截至 2013 年底，药品成为仿冒最多的产品。而该机构还研究发现，法国消费者并不经常使用本国建立的正规网站购买药品，而是登录外网或非法网站进行购买。

2013 年，法国卫生部启动第一家国家授权药品数据库网站 medicaments. gouv. fr，该网站中公开的信息特别包含了活性药物的组成成分、一般意义上的官方药物说明、规定处方药物范畴、专业医师用药指示及药物卫生安全等多个方面。除此之外，民众还可以登录该网站查询药品销售价格、医疗保障报销比率、药物保质期限、药物适用症状、是否暂停或停止销售等一系列药物使用者都盼望获得的全面信息。

为保障电子商务医药产业的稳定运行，2015 年 4 月法国卫生部颁布法令，加入欧盟认证的“电子商务医药网站统一标志”的计划，该计划要求所有在线销售药品的网站须在其页面上添加欧盟认证的链接，便于消费者随时查询网站的合法性与药品的真伪。

随着国家法律法规对该行业的规范，电子商务医药市场逐步确立，但由于分散的个体网站运营需要支付高额的运行成本，而消费者数量增长出现停滞，此时行业盈利模式遇到挑战，激烈的竞争使得药店在线销售入不敷出，于是各药店相继撤资，资本退出市场，大型平台出现，对市场进行重新整合，主流电商在市场中占主导地位。

厂商意愿：用户规模的不断扩大使得大量厂商及投资方涌入，厂商提供的产品/服务严重同质化，市场竞争激烈，商业模式不清晰，行业盈利模式遇到挑战，激烈的竞争使得厂商收入微薄，资本退出，市场整合，厂商数量骤减，市场中主流厂商逐步确立，成熟的商业模式出现。主流厂商开始发力市场推广，抢占市场第一的位置。法国远程销售协会 Fevad 调查显示，尽管经济形势严峻，2012 年上半年法国电子商务依然保持强劲增长，与 2011 年同期相比销售额增长 22%至 218 亿欧元。

用户使用意愿（关注度）：医疗器械电子商务近年来发展迅速。这其中既包括 B2B 这样主要针对海外出口的电子商务，也包括通过网上药店面向消费者进行销售的 B2C 电子商务，而随着移动互联网时代的来临，越来越多的医疗设备企业从 PC 平台到移动平台的发展，从互联网搜索引擎到移动互联网手机客户端的发展，显现出来基于手机客户端的移动营销已经成为挖掘财富的重要阵地。但众多已面世产品与大众用户的实际生活仍有距离。但在医疗健康领域，智能化医疗器械却是一个刚需的市场。

投资者投资意愿：在电子商务医疗新商业模式的支撑下，市场稳定增长，市场进入门槛提高，主流厂商成功 IPO。同时稳定经营积累的资本得以再投资，降低了资本风险。

### （三）高速发展期（预计 21 世纪 20 年代初进入该阶段）

目前，全球医药和医疗器械的消费比例约为 1 ∶ 0.7，而欧、美、日等发达国家已达到 1 ∶ 1.02，全球医疗器械市场规模已占据国际医药市场总规模的 42%，并有扩大之势。预计法国今后家庭医疗与保健工程会成为家庭的主要投资方向，完全可以像卖电视、冰箱等家电那样，把民用医疗器械普及到每一个家庭。这个过程就如同大型的计算机，发展到家庭用普及型电脑一样，大型的医院用治疗仪，也正在向便携式、经济型家用康复治疗器的方向发展。厂商实现盈利，市场持续增长，产品应用也逐步成熟，产业链分工明确，应用成熟，市场发展达到顶峰，厂商收入稳定，企业开始探索新产品/应用。

厂商意愿：随着法国电子商务医疗产业的日趋成熟化，厂商应会逐渐转型发展客户定制的医疗产品和服务，电子医药、医疗器械、专家门诊、医疗咨询服务等产品与服务的多元化，会为厂商赢得更大的市场份额。

用户使用意愿（关注度）：用户预计会逐渐淡化传统医疗方式和新型电子商务医疗方式的区别，传统观念被颠覆。对于用户来说，传统医疗和电商医疗将会成为互为补充的医疗方式，客户定制、服务有效的厂商将会受到消费者的青睐。

投资者投资意愿：IPO 和再融资将会成为市场主流电子商务医疗的融资方式，投资者的投资标的将会更加市场化，这将鼓励电商医疗企业稳定增长为股东创造更大财富。

### (四)应用成熟期(预计 21 世纪 20 年代末进入该阶段)

电子商务医疗产业形成稳定的生态链，商业模式不断创新，用户群体对医疗产业在线业务的接受度与信任度达到较高水平，国家法律监督管控各渠道，自此进入成熟期。

厂商意愿：在线医疗市场整合完毕，行业服务纵深化，品牌成为核心竞争力。

用户使用意愿（关注度）：用户对在线医疗与传统医疗的区分消失，对于用户而言，个人需求和方便程度成为选择在线医疗与传统医疗的唯一影响因素。

投资者投资意愿：该阶段投资增长乏力，投资者稳定投资资本或选择撤资。

## 二、市场挑战

在线医药市场方面，法国落后于欧盟其他国家接近 10 年的时间，尽管近年来法国政府出台了一系列政策法规以发展和规范在线医药市场，目前电子商务医药市场的发展依旧难以令人满意。从供给侧来看，根据法国社会事务和卫生部披露的名单，截至 2017 年 5 月，法国共有 379 家网站获得卫生部认证，且 22 个大区均有分布。从需求侧看，Statista 提供的数据显示，法国 2015 年通过互联网从事医药产品购买的消费者仅占 37%（见图 3-2）。

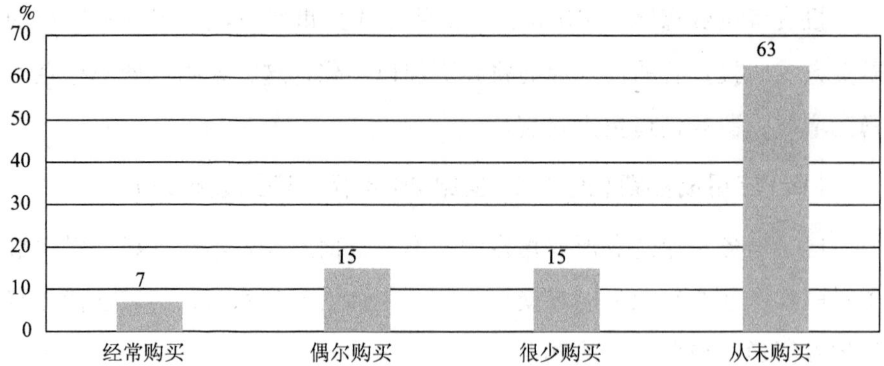


**图 3-2　2015 年医药产品在线消费者分布**

资料来源:Statista.

出现供给和需求的不平衡与法国市场的缺陷息息相关:

(1)电子商务医药市场起步晚,国家相关规定严苛。最早在卡昂开展在线销售业务的上帝恩泽药店 2014 年网上销售额达到 200 万欧元,每日订单达到 130~150 笔,远超出其他同类网站。在开启在线销售业务方面,国家要求具有实体店铺的药店才能进行在线销售,这一要求在保障医药产品来源的同时,提高了市场准入门槛,使得许多在线销售的药店只能基于自身的实体店从事经营,体量小,难以形成规模化运营。

(2)线上线下统一价格,丧失价格优势。由于法国政府要求具有实体店的药店才能从事线上经营,这一要求提高了在线销售的运营成本,使得原本可以降低成本的渠道环节丧失了优势。与此同时,建立在线销售平台的原始投入大约为 1.5 万~2 万欧元,随后每月需要投入大概 270~500 欧元的费用进行平台和数据的维护。因此,高额的成本使得经营药店的个体难以在线上销售中降低药品价格以吸引消费者。

(3)地区发展不平衡。从医药销售网站的分布可以看到,法国卫生部认证的 379 家网站中,经济相对发达的地区分布数量集中,例如法兰西岛有62家，罗讷—阿尔卑斯大区有44家，阿基坦大区60家，而经济发展滞后的地区数量很少，例如布列塔尼大区有8家，勃艮第大区有12家，上诺曼底大区有5家。法国缺少集中的大平台，这一缺陷决定了医药网站服务地区的局限性，因此经济发展的不平衡在各大区的电子商务医药网站分布上体现了出来。

（4）消费者消费习惯相对保守。据法国医药销售网站1001pharmacies的一项调查，不足50%的受访者表示将会通过网络购买医药产品，影响消费者行为的因素主要有两方面：药剂师的用药建议和药品真伪，这部分消费者担心网络购买医药产品不清楚药品的来源和真伪以及没有药剂师指导用药，所以不敢自行买药。

## 三、市场机遇

2014年，彭博新闻社分析了全球各国平均寿命、人均医疗开销、医疗支出等数据，法国依然是世界医疗条件最好的国家之一，甚至超过瑞士、挪威等国。

（1）医疗体系成熟，有利于医疗产业的转型。由于现在欧美国家几乎都在实施全科医生转诊的制度，就不可避免地造成了病人候诊时间过长的问题。但是，法国的病人却没有这个担忧，基本上在生病当天就能找全科医生看上病，即便要转诊看专科医生，通常也都会在1~3天内接受检查和治疗。这是因为，法国医生资源充足，据法国医生协会统计，目前法国共有22.5万名医生，平均每1000人有3.3个医生，远高于世界平均水平。

（2）医疗保险制度完善。在法国，国家社会保障体系为居民（包括本国公民、外国侨民、无证件人士、出差旅游人员等）提供大约70%的医疗疾病保险，另外剩余的30%的部分由个人购买补充医疗疾病保险，而对于低收入及无收入的居民，国家社会保障体系为他们提供100%的医疗疾病保险。

(3)政府扶持力度逐年增加。为了继续完善医疗系统，法国卫生部于2013年陆续出台医疗改革计划，从2017年起，法国民众看病时无须支付任何费用，医生将直接与保险公司商谈报销事宜。同时，法国卫生部也在敦促各地方政府开通专门的医疗咨询热线，为民众提供假日门诊及医疗专家等信息查询、医疗纠纷的法律援助等服务。

(4)法国电子商务发展迅猛。FEVAD总代表马克·罗力威(Marc Lolivier)表示，电子商务发展速度已远远高于法国经济增速。根据法国电子商务和远程销售协会(FEVAD)公布的数据，2015年法国电子商务营业额达到649亿欧元，同比增长14%，高出预期4个百分点。一份研究显示，法国网上购物者人数增长到3630万，2015年在线购物频率增长了68%，超过一半的网上购物者表示一个月至少会网购一次。这一数据说明在医疗产业在线业务方面，消费者群体有着极大的发展空间。

## 四、法国与中国在线医疗产业对比

在线医疗产业可分为在线医疗服务和医药电商两大板块。医疗服务板块按照就医流程可划分为健康保健、在线挂号、在线问诊、在线支付、院外康复以及医生助手等部分，这些部分对应就医流程的相应环节。医药电商板块按照模式分为B2B、B2C、第三方平台及医药O2O等环节。2015年艾瑞咨询在线医疗年度报告显示，在线医疗行业各细分领域日渐完善，行业“拼图”结束，中国在线医疗产业链基本成形(见图3-3)。

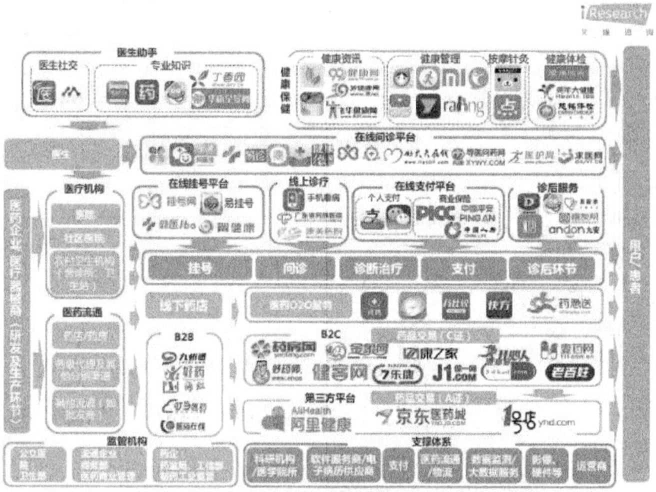


**图 3-3　中国在线医疗产业链图谱**

资料来源：艾瑞咨询。

反观法国的情况，在医药电商版块，法国有 379 家在线医药销售的网站，其分布在 22 个大区，但由于法国政府管控较为严格、线上失去价格优势、消费者消费习惯保守等原因，医药电商尚未形成规模，也没有主流电商脱颖而出，以碎片化的形式分布。在医疗服务板块，法国有大约 10 个在线预约挂号认证网站，但有 62%的法国人对这些网站一无所知。在线问诊、在线支付、医生助手等环节缺失情况也较为严重（见图 3-4）。

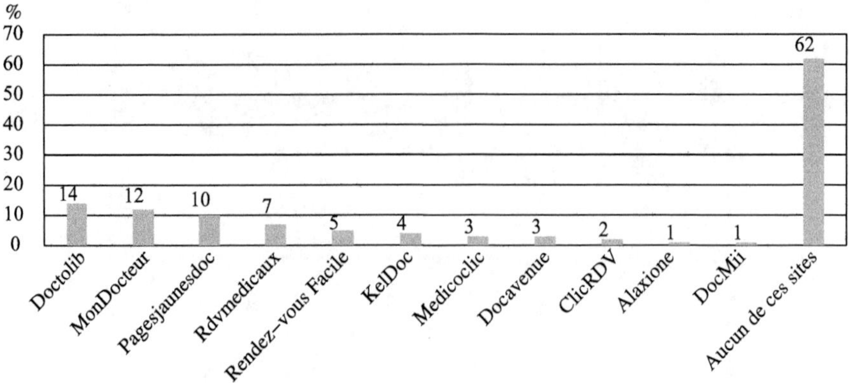


**图 3-4　2016 年法国人对在线预约挂号网站认知度调查**

资料来源:Statista。

## 五、结论

相较于欧盟其他发达国家，法国电子商务医疗产业落后将近 10 年的时间，2012 年起政府才立法允许医药产品在线销售，随后，相关政策管控严格、推广程度低、价格优势丧失、消费者相对保守等因素导致医药电商未能实现整合，许多领域有待开发和完善。从医疗服务产业来看，虽然法国属于医疗水平发达国家，但由于其医疗资源分布相对不平衡，有些全科医生预约等待时长为 2~3 天，一些专科医生甚至达到半个月，而与此同时，许多预约 App 在法国民众中的认知度较低，各 App 的竞争也维持在平衡状态，行业领导者没有突显。综上所述，法国电子商务医疗产业仍处于市场启动期，厂商意愿、消费者关注度与投资者这三方均有很大开发潜力与提升空间。

## 第二节 基于 SWOT 分析法的法国电子商务医疗产业分析

强弱危机分析（SWOT Analysis），是一种企业竞争态势分析方法，评价企业的优势（Strengths）、劣势（Weaknesses）、市场中的机会（Opportunities）和威胁（Threats）。使用强弱危机分析方法，可以客观地指出法国共享经济内部的发展优势和不足，并全面深入地分析其外部的发展机遇和威胁，为制定发展战略提供理论支持。

### 一、优势（Strengths）

信息技术发达：数字技术的快速发展给共享经济提供了重要的技术支持。法国的计算机和互联网普及率在欧洲处于领先地位，移动互联网广泛普及，大数据和云计算技术等得到大范围应用，这些共同构成了共享经济的技术前提，其中尤为重要的是互联网和移动互联网的发展让供需信息实现实时、精准的高效匹配。通过共享平台，人们可以快速地获得服务，并且服务信息透明。以法国优步为例，在下单五分钟之内就可以打到车，我们可以即时看到司机的信息以及该段行程的信息。科学技术的发展给共享经济带来的第三个优势在于安全可信的自动线上支付系统，省去了支付的琐碎流程。

保护生态和节约能源的优势：近年来，随着全球变暖以及人们对能源的过度开发利用，节约能源、发展绿色生态文明越来越引起人们的关注。法国人越来越注重绿色消费，而共享经济通过分享、捐赠、以物易物和租借等方式间接延长了产品的生命周期，在保证服务质量的同时减少了新商品的生产需求，从而减少了资源浪费和垃圾的产生。近年来，随着法国民众的环保意识的提高，共享经济的环境友好角色越来越突出。

有效避免过度消费：当前市场的供应和现实的需求之间存在差距，市场过度生产，鼓励过度消费，从而导致购买的商品没办法物尽其用，因此共享经济这种抑制资源浪费的模式受到了人们的欢迎。譬如说，小汽车生命周期的92%时间在停车场度过，40%的冰箱和冰柜在还可以使用的情况下被换新①。通过共享经济，既能满足人们的需求，又可以实现资源的有效利用。

价格优势：法国是一个高福利高税收的国家，整体的服务业价格偏高，网络共享平台提供的商品和服务价格相对较低，这是一个很大的价格优势。

个性化服务：在共享经济下，服务者可以提供更为多元和个性的服务、商品，甚至提供独特、无可替代的体验，Airbnb 或者 VizEat 在法国的发展正是利用了当前消费者追求更贴合自身需求的消费特点，Airbnb 凭借个性化民宿和本地体验，VizEat 凭借结合个人特色和地域特点的美食来吸引客户群。

## 二、劣势（Weaknesses）

规则漏洞：法国社会福利的基础是企业和个人共同缴纳税费，但共享经济中，网络平台并不是真正意义上的雇主而只是交易的配对者，共享经济实际从业者往往不按实际收入报税，这就造成了税收困境。一方面，这带来税收的丧失，另一方面，这也将危及普通行业从业者的福利，一旦共享经济大规模发展，其与传统行业的矛盾也将会加深。

---

① http://www.entreprises.gouv.fr/files/files/directions_services/etudes-et-statistiques/prospective/Numerique/2015-07-Consommation-collaborative-Rapport-final.pdf.

譬如，法国巴黎的出租车行业曾爆发罢工抗议 Uber 带来的破坏性竞争，传统的出租车行业认为无须缴纳 24 万欧元的运营许可证的 Uber 司机正在摧残那些纳税并按规则竞争的业内人士。一般出租车定价考虑到登记、维修、驾驶和车辆保险以及税收等费用，然而，靠着创投资金大量补贴驾驶人员与乘客的 Uber 等平台可能完全不需要考虑这些营业费用，因此在价格定位当中拥有相对低价的优势。巴黎出租车行业罢工抗议的结果是，法国政府以强硬态度判定 Uber 组织非法出租车运输服务，认为其不遵守任何社会或财政规则。2015 年，Uber 决定暂停在法国经营个人司机载客服务，只经营有合法执照司机的载客媒合。而在 2016 年，巴黎刑事法院以非法运输服务为由，给 Uber 处以 80 万欧元的罚款，并判 Uber 欧洲、中东和非洲业务主管 Pierre-Dimitri Gore-Coty 以及 Uber 法国公司经理 Thibaud Simphal 有欺诈性商业行为，分别罚款 3 万欧元和 2 万欧元。

在传统经济保护主义和新兴的共享经济形式的竞争中，社会经济规则的制定既是规范良性竞争的必要条件，也是共享经济开拓市场必不可少的支持。

劳动效率：企业组织能带来高效率，而共享经济中的独立劳动者，其工作效率往往低于在普通企业工作的同行，而且共享经济繁荣的行业往往是增值较少或专业化程度较低的领域，应对的是生活中大量不规则的琐碎需求。譬如 Blablacar，法国共享经济的鼻祖亦是法国第一大拼车平台，和 Uber 不同，Blablacar 锁定的是长途旅程，90%的里程介于 50 至 360 英里之间。欧洲内陆城市众多，对欧洲居民来说，跨城市甚至跨国旅行乃家常便饭，而火车出游的费用一般相对较高，Blablacar 的出现很好地满足了欧洲居民的需求。目前 Blablacar 在欧洲已拥有超过 9 成的市场占有率，海外市场也拓展到印度、巴西、墨西哥等多个国家。尽管备受投资人肯定，Blablacar目前在多个国家仍无利可图，因为其主旨是社交拼车，Blablacar平台仅从每单交易中抽取10%~15%的佣金。虽然Blablacar的经营模式导致其盈利较慢，但却成功帮助自身规避了政府监管，也鲜少有被业内其他竞争者抵制的现象。但是，值得警醒的是，法国像Blablacar这种共享经济的状况，很可能导致低效率服务通过避税淘汰高效率服务的困局。

## 三、机会(Opportunities)

消费转型的契机：2007年的经济危机对法国经济造成重大影响，法国失业率高企，人们的消费能力下降，因此人们亟须一种新的方式来满足他们的消费需求，共享经济应运而生。一方面，共享经济给服务提供者带来额外收入，21%的法国家庭中，30%的收入来自共享经济①。另一方面，对于需求者来说，共享经济降低了他们获取某种服务的价格。共享经济能让人们更实惠地获取某种服务或产品的原因还在于共享经济平台上个人对个人的买卖商品或是服务的行为无须中介费用，譬如Weeleo平台，在该平台上，注册用户可以互换外汇并且不收取任何服务费用。

劳动力市场的转变：劳动力市场的转变鼓励越来越多的个人加入共享经济当中。近年来，法国劳动力市场僵化，可提供的新岗位越来越少，求职人员越来越难找到工作。与此同时，失业率高挂，调查结果显示，2016年第四季度法国本土的失业率达到9.7%，海外省失业率达到10%，其中低于25岁的年轻人失业情况尤甚，该群体失业率达到23.3%(如若包括海外省数据，则失业率为23.8%)②。在这种劳动力

① http://www.entreprises.gouv.fr/files/files/directions_services/etudes-et-statistiques/prospective/Numeriq ue/2015-07-Consommation-collaborative-Rapport-final.pdf.

② http://www.journaldunet.com/economie/magazine/1038148-chomage/.

市场形势下，个人越来越多地在共享平台提供他们的个人商品或是服务，甚至把他们所有的时间都投入进去。共享经济的这种活力在不同的领域都有所体现，譬如主张分享家庭美食的 VizEat、销售个人手工艺品的 A Little Market 和本地农产品分享平台 La Ruche qui dit oui 等。除了经济利益之外，一些技术人员也会利用共享平台来出售自己的技术服务。据 Ifop2014 年的一项调查显示，44%的法国人认为共享消费这一行为将最终走向个人创业，将近 1/3 的人表示在网上销售或是租赁个人财务或者服务不仅仅是出于个人消遣，24%的受访者表示愿意在这上面花费更多的时间以获取更多的收入，5%的人表示愿意将此当作全职工作①。据 CSA 在今年 1 月所做的一个调查，共享经济平均一年给每个法国人带来 495 欧元的额外收入②。

## 四、威胁（Threats）

立法缺失：在法国，各个共享平台作为个人与个人之间的中介，国家层面至今尚未出台规范其运作的法律。现行的规范各数字平台的责任的法律，是欧洲议会和欧洲理事会于 2000 年 6 月出台的 2000/31/CE 法令，该法令明确了信息社会下服务行业的一些技术层面的内容，尤其是电子商务相关的问题规范，解决了共享平台上的信息真实性无法确认的问题。法国议会在 2014 年的年报中提出要给各数字平台一个明确的地位定义，并要求重新讨论 2000/31/CE 法令的各项条款。当下，仅有通过公众集资的线上平台拥有明确的法律地位。随着各共享平台的崛起，在对该法令的重新讨论的同时，各平台自身也应努力提高其用户群体信息的透明度和可信度。

---

① http://www.entreprises.gouv.fr/files/files/directions_services/etudes-et-statistiques/prospective/Numerique/2015-07-Consommation-collaborative-Rapport-final.pdf.

② https://www.cofidis.fr/fr/decouvrir-cofidis/actu-presse/etude-csa-francais-et-consommation-collaborative.html.

另一个法律层面的缺失就是，尽管法国网民通过共享平台进行租赁、销售、分享或者交换等市场行为，但他们并不受消费法的保护，因为法国现行消费法只适用于B2C商务中。2016年6月，欧盟委员会给各成员国提供了几项指导方针，旨在帮助消费者、企业以及公共权力充满信心地参与到共享经济当中，同时帮助共享经济平衡发展。另外，共享经济平台从业者的社会保障和工作条件及环境也亟须法律的规范和引导。

在国家层面，2016年10月，法国发布的2016-1321号法律明确了数字平台的信息提供的各项义务，其中第49条规定无论是何种性质的数字平台（包含共享经济平台），都有义务提供网站相关信息，具体信息的内容及相关限制条件尚未确定。

用户信息保护：互联网技术和手机的普及给共享经济发展带来极大的技术支持，共享经济类的网站和手机App主要集中在出行共享、技能爱好共享、服务类共享和租赁共享等主要领域。共享经济的推广也给共享经济用户的信息安全带来威胁。一方面，各共享电子平台需要通过提高用户信息的透明度和可信度来建立服务或产品提供方和购买方之间的信任，用户群体间的信任度是共享经济的核心之一。另一方面，由于各平台实行用户实名制注册，如何有效地保障用户信息安全，个人基本信息、GPS定位信息等不被恶意利用，成为共享经济平台要解决的难题之一。

## 五、对中国的借鉴意义

第一，从国家政策层面来说，法国政府整体上对共享经济是鼓励支持其发展的态度，目前法国政府正努力从法律层面完善对共享经济的规范。中国共享经济发展的难点在于国家政策强调规范的多，鼓励发展的少。中国共享经济正处于高速发展时期，亟须政策的支持鼓励和正确引导，政府应当对共享经济包容性监管，建立完善的准入制度、交易规则、质量安全保障、风险控制、信用评价机制、用户信息保护等大数据监管体系。

第二，当前中国既有的法律法规不适合共享经济的新业态。和法国状况一样，中国共享经济平台企业的法律地位和责任界定不清；关于平台的性质认定、行业归类、新型劳资关系、从业者和平台的税收征缴等尚无明确规定。在这种情况下，如若不对现有不合理的法律法规加以修订，就会导致大量的共享经济活动处于灰色地带，甚至有“违法”嫌疑，面临随时可能被叫停、被扼杀的风险。

第三，中国共享经济发展遭遇的另一个难点是获取公共数据的途径有限，比较困难，不妨学习法国，建立公共信息分享平台，让希望参与共享经济的主体能够有更多方便可靠的信息来源和数据支撑，促进共享经济发展。

第四，传统经济的发展正在减缓，共享经济作为新兴产业，大可作为新的经济增长点，吸引就业，有效缓解“就业难”问题，同时创新门槛降低，有利于促进创业创新。共享经济的发展能充分利用闲置的生产力，实现生产要素和生产条件的最优组合，带动经济发展。

第五，共享经济跨行业发展，尚无统一的统计口径。中国共享经济的统计监测体系亟待建立，以更好地了解共享经济的发展实况、规模大小、重点发展领域和社会效益等，正确评估共享经济的地位。

第六，处理好共享经济和传统经济的关系，避免恶性竞争。参考法国的经验，中国的共享经济和传统经济不一定是竞争关系，两者可以协同合作，融合发展。我国正处于经济结构转型升级的关键阶段，应当积极利用共享模式全面改造提升传统动能、淘汰落后产能、扩大有效供给、推动传统产业迈向中高端。

## 第三节　基于波特五力模型的法国 B2C 电子商务发展现状分析

20 世纪 80 年代初，哈佛大学商学院教授迈克尔·波特在《竞争战略》一书中提出了波特五力模型，他认为行业中存在着同行业内现有竞争者的竞争能力、潜在竞争者进入的能力、替代产品的威胁、供应商的讨价还价能力、购买者的讨价还价能力五种决定竞争规模和程度的力量，这五种力量综合起来影响着产业的吸引力以及现有企业的竞争战略决策。

在本节中，我们以本篇第二章中法国 B2C 电子商务发展情况研究所呈现的调查结果为数据基础，以波特提出的五种竞争力为理论框架，解读当前法国 B2C 电子商务多面临的竞争和挑战。通过分析我们可以看到，法国 B2C 电子商务市场规模大，具有巨大的发展潜力。但行业集中程度低，存在市场结构相对单一、商品同质化严重等问题，使市场竞争加剧。

### 一、潜在竞争者进入能力中等

（1）电子商务市场规模大，形成了一定的进入壁垒。法国 B2C 电子商务起步相对较晚，但近年实现快速发展，到 2016 年，其营业额达 714 亿欧元，网络销售额占总零售额的 8%，法国成为欧洲第二大电子商务市场，仅次于英国。同年，法国电子商务网站的数量已经接近 20 万家，其中亚马逊（Amazon. fr）为最主要的电子商务平台，营业额达 31 亿美元，以物美价廉而闻名的法国本土网站 Cdiscount 以及时尚电商 Vente-privé e 营业额分别为 19.7 亿美元和 19. 6 亿美元，分列 2、3 位。因此，潜在竞争者必须要具备一定的规模才能在市场中与亚马逊、Cdiscount 等电商巨头同台竞争，否则很难在激烈的竞争中站稳脚跟。

（2）电子商务行业对资金与技术的要求在一定程度上加大了进入壁垒。当前，B2C 电子商务行业对软硬件和技术要求比较高，新进入者还需具备一定规模、充足的资金支持和完善的运营团队来保证各个服务环节的正常运转。这无疑抬高了该行业的进入门槛。

（3）消费者的购买偏好与品牌忠诚也对潜在竞争者进入市场带来了困难。在法国，亚马逊、Cdiscount 以及 Vente-privé e 等电商网站已经具备相当大的规模，并吸引了众多的忠实顾客。以亚马逊为例，2016 年，该网站平均每月的访问量高达 1653. 3 万人次，是最受法国人欢迎的电子商务平台，2014 年法国亚马逊 Prime 会员数量已经达到 250 万人。而相比于已经趋于完善的现有电商网站，潜在竞争者在顾客资源争夺中处于劣势，需花费大量资金来进行广告宣传和促销，以吸引其他商家的顾客。

（4）行业的快速发展可能构成对潜在竞争者的吸引力。这里需要指出的是，尽管具有一定的进入壁垒，但法国 B2C 电子商务仍然是一个正处在高速增长时期的行业，对潜在竞争者的吸引力比较大：2005—2016 年的十余年间，法国电子商务网站数量由 2. 3 万个增长到接近 20 万个，交易笔数由 9000 余万笔增长到 10 亿笔，电商营业额增幅达 750%。因此，未来仍然可能会有大量新的企业参与到行业竞争中来。

（5）政府对电子商务网站建设的支持是潜在竞争者加入的有利条件。在当今法国经济整体疲软的大背景下，B2C 电子商务是带动法国经济增长以及创造就业机会的重要产业，因此法国政府鼓励企业创新和电子商务的发展，且有可能会在未来采取一定优惠政策。

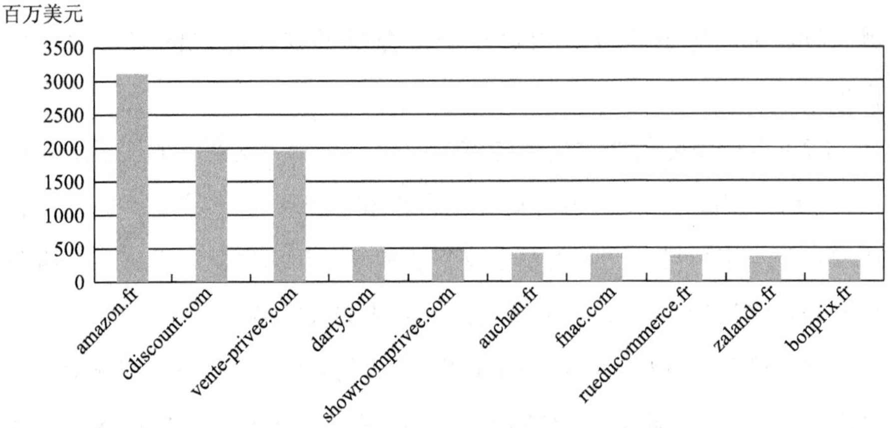


**图 3-5　2016 年法国主要电子商务网站营业额**

## 二、替代产品的威胁较大

(1) 传统的线下交易方式仍然具有很大的影响力。统计数据显示，2015 年法国网购用户数量达到 3550 万，较上年增长了 85 万。但是，B2C 电子商务毕竟是新兴的购物模式，而传统的线下交易仍旧是最主要的交易方式。同在电商网站上购买商店相比，在线下购买商品的模式更加直接，消费者可自行挑选质量更加可靠的商品，省去了物流的费用。还有一部分消费者对电子支付持保守态度，认为线下一手交钱一手交货的购买方式更加安全，无须承担信用风险。

(2) C2C 电子商务行业的兴起对 B2C 造成一定冲击。统计数据显示，2016 年，65%的网购用户使用过 C2C 电子商务交易平台。2007—2014 年，法国通过 C2C 电商进行销售商品或服务的比例呈上升趋势，2014 年已达到 30%，可见 C2C 已经成为颇具影响力与吸引力的电子商务平台（见图 3-6）。

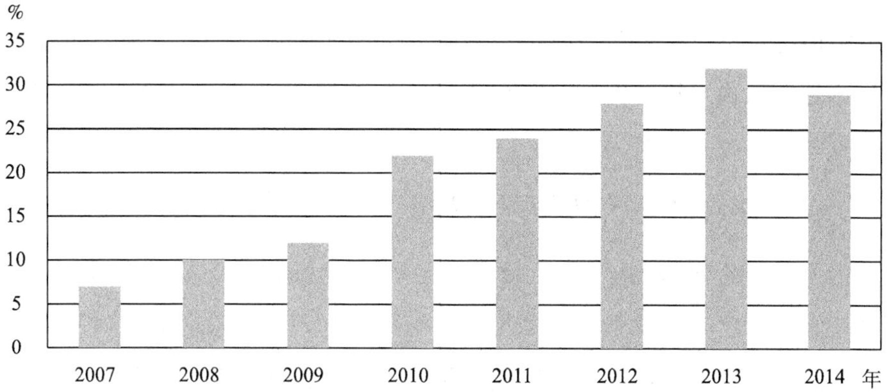


**图 3-6　2007—2014 年 C2C 电子商务销售占比**

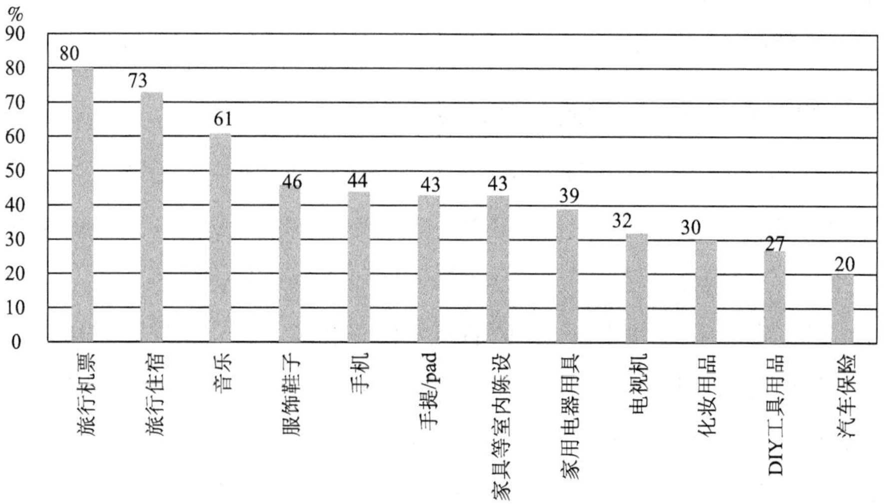


**图 3-7　2014—2015 年法国 B2C 电子商务在每种产品/服务中所占比例**

（3）这里需要特别指出的是，法国电子商务在某些产品或服务中所受替代品的威胁较小，而在某些领域中在与替代品的竞争中处于劣势。数据统计显示，2014—2015 年法国 B2C 电子商务在旅行机票、旅行住宿以及音乐的购买方面所占比重分别为 80%、73%和 61%，由此可见，电子商务凭借方便快捷的特点已在这些领域确立起优势，受替代品威胁相对较小。而因为法国人在服饰、电子产品、家具以及家用电器等商品的网购上相对保守，B2C 电子商务所占比重均不足 50%，受替代品的威胁较大（见图 3-7）。

## 三、供应商讨价还价能力较弱

（1）供应商集中度低。B2C 电子商务供货商数量庞大但集中程度比较低，加之商品成本透明化，电商网站可在对比多家供应商对类似产品报价的基础上做出选择，这使得供应商的讨价还价的能力较弱。

（2）供货商商品同质化导致可替代程度高。当前法国电子商务网站数量众多，商品种类繁杂，但同质化现象较为严重，商品差异较小，由此导致商品的可替代程度高，供货商讨价还价能力也随之减弱。

## 四、购买者讨价还价能力较强

（1）电子商务市场规模庞大，电商网站数量众多。随着电子商务产业的迅速发展，2016 年法国 B2C 电子商务网站总数已经增长到了接近 20 万个，消费者可在众多的电商网站中自由做出选择。

（2）市场结构相对单一，商品差异化程度较小，大量现存替代商品为消费者提供了巨大的选择空间。各电商平台商品种类繁多，数量很大，但同质化比较严重，且消费者购买的商品大多是标准化产品，差别较小。因此消费者在网络上购买商品时拥有很大的选择余地，消费者可以在多家电商网站进行价格比较，最终挑选出物美价廉的商品。由此，购买者讨价还价的能力得以提高。

（3）消费者获取咨询的能力强，对价格的敏感度高。一般来说，进行网购的消费者中有相当一部分对价格较为敏感，消费者忠诚度不高。而现代社会信息高度发达，消费者只需要花费短短几分钟便可以通过互联网获取商品价格信息，货比三家后再做出购买决策，这也大大提高了其对商品价格的敏感度。

（4）消费者转换成本低。在各电商网站商品标准化程度很高的情况下，消费者倾向于在更加实惠的平台购买相应商品，且消费者转换成本很低，网络操作简单快捷，不会为此而损失大量时间、精力或金钱。因此电子商务消费者处于相对优势地位。

## 五、同行业内现有竞争者之间的竞争力较大

（1）法国 B2C 电子商务市场集中度较低。前文中已经提到，2016 年法国电子商务营业额达 714 亿欧元，而该年度亚马逊、Cdiscount 以及 Vente-privé e 三大 B2C 电子商务平台的营业额分别为 31 亿美元、19.7 亿美元和 19. 6 亿美元，占总营业额的比重还不足 10%。由此可见，法国电子商务市场规模很大，但是集中程度比较低，一些主要电商网站发展情况相对比较均衡，并未出现 1 家或多家电商网站对整个市场的垄断。

（2）电子商务网站数量庞大，行业竞争者多。统计数据显示，2015 年法国 B2C 电子商务网站的数量已达 18.2 万个（见图 3-8）。与此同时，商品同质化的现象比较严重，电商网站上的商品差别很小。市场竞争的核心是价格竞争，各大电商为了占据更大的市场份额，必将全力争取获得价格优势，这会在一定程度上加大行业内的竞争压力。需要特别指出的是，虽然法国 B2C 电子商务网站数量很多，但大部分市场份额仍然是由少数企业占据。据统计，2015 年，营业额高于 1000 万欧元的电子商务网站仅占网站总量的 0.6%，所占市场份额达到 61%，而 95.1%的电子商务网站营业额低于 100 万欧元，市场份额仅为 15%。可以预见，营业额高于 1000 万欧元的电子商务平台为了进一步扩大市场份额，将围绕价格这一核心要素展开激烈竞争。而相对小型

的电商网站为数众多，为了长期生存下去而不被淘汰，也将面临日渐严峻的竞争和挑战。

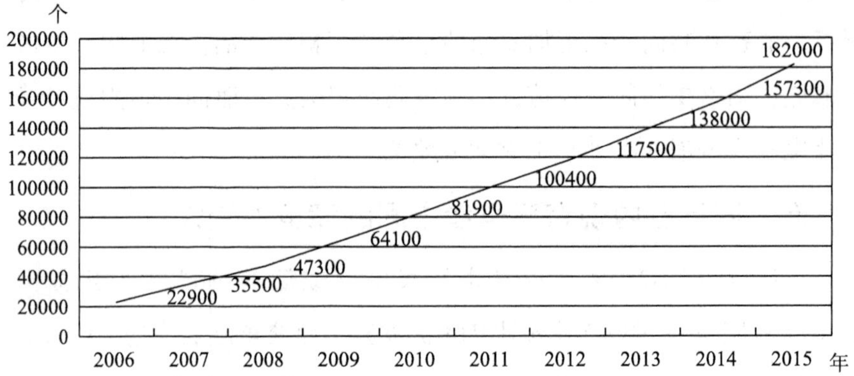


**图 3-8　2006—2015 年法国电子商务网站数量**

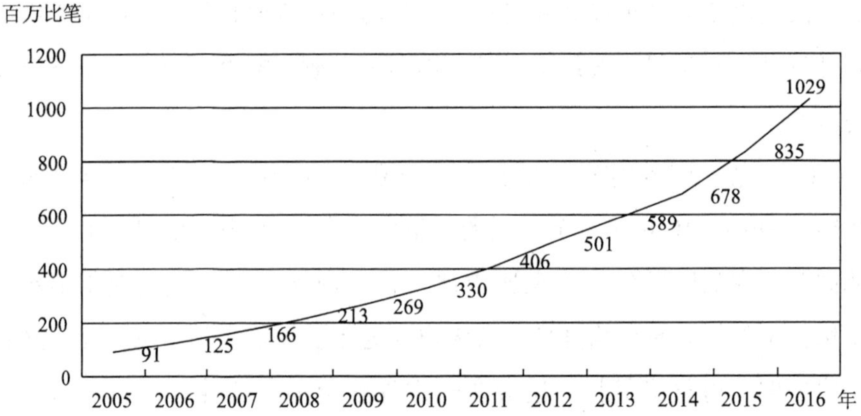


**图 3-9　2005—2016 年法国电子商务交易笔数**

(3) 各大电商纷纷采取多样化的营销手段。众多的 B2C 电子商务平台为了增加销量，进而在这个新兴行业中抢占先机，不断推出新的营销手段，以吸引更多的消费者。例如，亚马逊公司于 2008 年开始在法国实行 Prime 会员制，只要缴纳一定的年费就可以享受无限量免费送货服务，并在巴黎市区提供当日送达服务。试图在获得价格优势的同时增加消费者的转换成本，并利用会员制赢得更多的忠实顾客。自2010年开始，亚马逊实施新的送货政策，购买商品价格达到一定的数额就可以免运费，从此其物流配送中心数量暴增。公司于2016年开始上线的 Prime Now 服务，使得其会员能够在更短时间内收到订购的货物：在巴黎和周围的21个市镇，1小时内就能送货上门；在部分大城市，当日送货上门也成为可能；法国零售业巨头卡西诺集团（Groupe Casino）旗下的 B2C 电子商务网站 Cdiscount 最初是自营平台，借助集团线下连锁零售店，为网站的法国消费者提供超过18000个包裹取货点。2011年，该网站推出第三方平台 C le Marché ，以增加平台的商品供应量来占据更大市场份额，并通过对第三方卖家收取佣金来增加收入。2014年又在第三方平台上推出了即时取货服务（la disponibilité immé diate），提供该项服务的卖家需在网站上提供店铺地址、营业时间、提货方式以及库存量等信息，消费者可通过定位找到合适的当地卖家，线上下单后可于2小时后自行到门店取货；著名时尚电商网站 Vente-privé e 于2001年在法国首创名牌商品折扣网购的模式，以限时抢购的方式折扣销售名牌的过季库存产品，这一模式取得巨大成功，中国的唯品会、网易尚品等电子商务网站便是模仿这种模式。

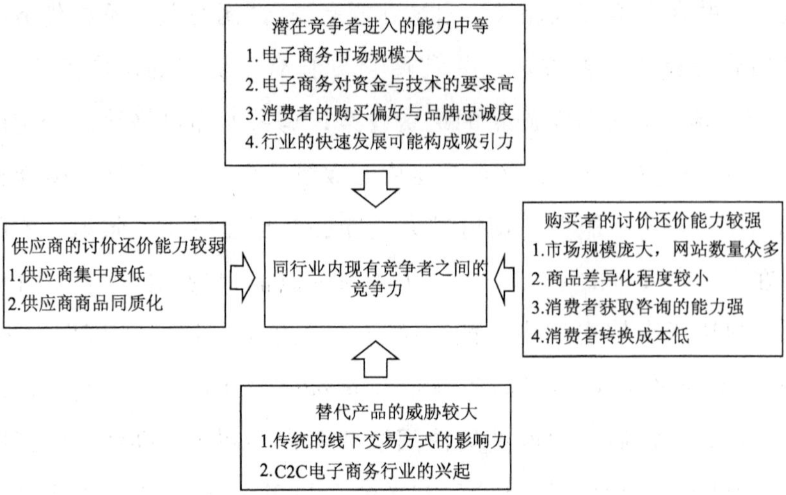


**图 3-10 基于波特五力模型对法国 B2C 电子商务分析图**

通过对法国 B2C 电子商务行业内现有竞争者的竞争能力、潜在竞争者进入的能力、替代产品的威胁、供应商的讨价还价能力、购买者的讨价还价能力五种竞争力的分析我们可以看出，法国 B2C 电子商务市场规模庞大，需求量大，具有巨大的发展潜力。与此同时也面临着市场结构相对单一、商品同质化严重等问题，行业集中程度低，行业中各项竞争日益激烈。未来，法国 B2C 电子商务企业应围绕价格这一竞争核心，降低成本以获得价格优势，同时采取差异化发展战略，在低成本吸引更多消费者的基础上增加销售额，进一步提高企业利润（见图 3-10）。

# 第四节 PESTEL 模型下的法国互联网产业宏观发展环境分析

PESTEL 分析指的是利用政治（Political）、经济（Economic）、社会文化（Social-cultural）、科技（Technologic al）、环境（Environme nt-al）和法律（Legal）六大总体环境因素来分析一个行业所处的宏观市场环境。

在本节中，我们将以第一章和第二章的内容为蓝本，通过以上六大因素构建理论框架，分析法国互联网产业发展的宏观环境。其中，政治因素包括法国整体的政局和政治风向、国家层面和欧盟层面的财税及贸易政策等；经济因素包括当前的国际国内经济背景、法国和欧盟的货币政策等；社会文化因素包括法国的人口结构、社会流动性、消费者习惯、教育水平等；科技水平主要指的是法国的互联网科研投入情况、科研机构记忆互联网技术水平提高情况等；环境因素主要从互联网发展的重要阶段——物联网入手，分析互联网的发展环境等；法律因素主要关注的则是反垄断法、劳动法等与产业发展密切相关的法律体系完善情况和相关行业标准的建立。

## 一、法国政府对互联网企业发展的扶持与鼓励

### （一）French Tech 政策的实施与影响

在全球经济掀起数字化革命以及金融危机的影响下，各国都纷纷推

出相应的政策，鼓励互联网产业的发展。例如，2015 年中国总理李克强在政府工作报告中提出“互联网+”行动计划，“推动移动互联网、云计算、大数据、物联网等与现代制造业结合，促进电子商务、工业互联网和互联网金融健康发展，引导互联网企业拓展国际市场。”[①]在欧洲，德国政府也提出了名为“工业 4.0”的高科技计划，以期实现德国经济特别是制造业的电脑化、数字化和智能化。

法国政府也十分重视新兴产业的发展和经济发展的创新。2013 年，法国正式推出“French Tech”战略，鼓励和扶持法国人在本国或在外国建立创业公司（Start-up），以推动法国的创新能力建设，打造新的经济增长点。其具体政策主要体现在以下三个方面：

· 在法兰西岛大区和 13 大城市设立 French Tech 办公室，为当地的创业公司提供政策上的引导和帮助；

· 通过法国公共投资银行（Bpifrance）设立 2 亿欧元的投资基金，为创业公司提供融资支持和一次性的创业奖励金，并对发展良好的企业给予奖励或优惠；

· 拨款 1500 万欧元，鼓励法国创业公司开拓国际市场，为在法国创业的企业提供一揽子政策支持。[②]

得益于这项政策，法国的互联网产业也有了良好的创业和发展环境。根据《世界报》2017 年 4 月的报道[③]，目前法国已经涌现出一批发展良好的互联网企业。其中，Sigfox 和 Actility 两个物联网公司分别完成了 1 亿欧元和 7000 万欧元的融资；主打二手时尚单品交易的 C2C 网站 Vestiaire Collective 也在 2017 年 1 月完成了 5800 万欧元的融资；提

---

① 互联网+引领创新 2.0 时代，创新驱动发展新常态．中国日报．http://cnews.chi nadaily.com.cn/2015-03/09/content_19756465.htm，2015-3-9.

② http://www.lafrenchtech.com/la-french-tech/quest-ce-que-la-french-tech.

③ http://www.lemonde.fr/economie/article/2017/04/17/la-french-tech-conquerante_5112310_3234.html.

供网页寄存服务的 OVH 公司也得到了高达 2.5 亿欧元的资金支持（见图 3-11）。

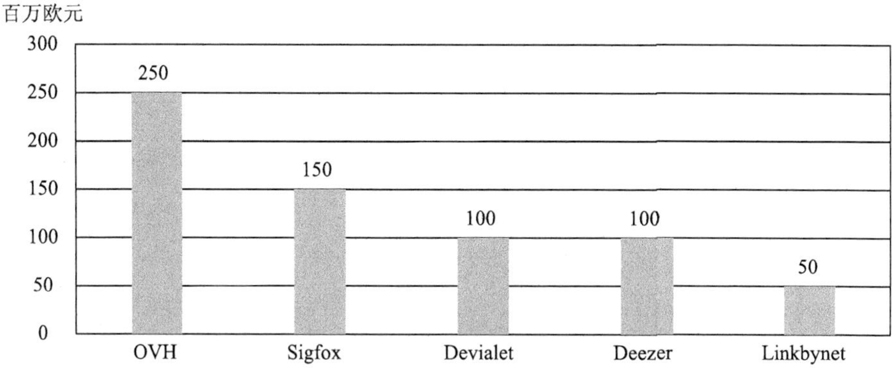


**图 3-11　2016 年法国融资规模最大的创业公司**

目前，法国是欧洲企业融资规模第三大的国家，达到 16 亿美元，排在英国和德国之后。在融资规模前五位的企业中，有四家都是互联网企业。从获得融资的企业数量来看，信息技术行业也是获益最大的（见图 3-12）。

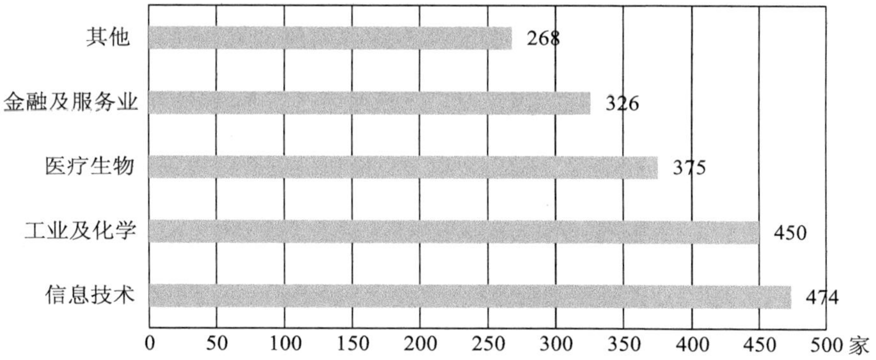


**图 3-12　2016 年获得融资的法国创业公司数量**

资料来源：世界报。

## (二)法国的政治走向与互联网产业

2017年5月7日，在法国总统选举第二轮选举中，代表青年精英的总统候选人马克龙（Emmanuel Macron）获得了胜利，成为法兰西第五共和国历史上最年轻的总统。

在他发起的“前进”运动（En Marche !）中，这位数字革命的支持者就不断强调互联网产业对法国未来经济和社会发展的重要性。 2016年6月17日，马克龙的一次讲话中就提出:“法国经济面临的挑战，最根本的是要应对数字革命和能源转型两大趋势。”面对这一挑战，马克龙在竞选纲领中提出了关于互联网发展的大目标：未来几年，要继续发展互联网技术，扩大互联网接入的覆盖面；帮助法国企业适应数字化转型，①例如帮助企业员工获得相应的技术培训等；大力发展电子政务和远程医疗，以此提高医疗在内等一系列公共服务的质量；构建适应于数字经济发展的行政法规，提供财政支持，以促进行业内的技术创新，解决信息安全、个人隐私等隐患；加强与欧盟成员国的合作，增强全欧盟的数字技术能力、创新能力和信息安全。

尽管这些措施还未成型，但是可以肯定的是，在马克龙未来的五年任期内，推动数字技术和互联网产业的发展会成为其经济政策的重要组成部分。 另一方面，随着英国脱欧，法国在欧盟内的经济地位还会得到进一步增强。 因此，可以预见，未来一段时间内，法国整体的政治环境对互联网产业的发展还是相当有利的。

---

① https://en-marche. fr/emmanuel-macron/le-programme/numerique.

## 二、数字革命与经济转型：法国互联网产业发展的经济背景

### （一）数字经济时代的到来

作为一个老牌的欧洲工业强国，法国的经济实力不容小觑。在航天航空、民用核能、高端制造业等传统工业领域，法国始终保持着领先优势。但是，随着全球经济形势发生变化，传统的优势产业已经不能为法国未来经济的可持续发展提供新动力。例如，2017 年 1 月，法国出现了巨大的外贸逆差，主要原因就是空客公司的销量出现了大幅度下滑。对此，有专家表明，对航空行业的过分依赖已经对法国外贸体系造成了一定的影响。①

面对经济发展的新形势，法国总理府下属的法国战略署（France Straté gie）对未来十年（2017—2027）的数字化经济发展做了预测和分析。其发表的一份公报指出，未来世界经济将会出现三大发展趋势：①大数据时代的到来将推动服务业乃至传统制造业的"个人化"和"定制化"；②大众生产模式（Peer Production）将进入快速发展期；③数字化技术在生态保护、能源转型领域大有可为，将助力共享经济和循环经济的发展。

这些新的经济发展模式固然会对传统的工业造成一定的冲击和影响，比如在汽车制造行业，从设计到组装，从成品到使用，每一个环节融入了互联网技术。但该公报同时也指出，在医疗、教育、银行、保险等服务行业，法国还存在许多阻碍创新发展的行政规定，不利于这些行业融入互联网发展的大潮。②

总体来说，部分传统工业在互联网时代必然会出现暂时的式微，但

---

① http://www.mofcom.gov.cn/article/i/jyjl/m/201703/20170302531209.shtml.

② http://www.strategie.gouv.fr/presse/communiques-de-presse/tirer-parti-de-revolution-numerique-20172027.

是随着技术的进步、互联网的普及，以及新型经济增长模式的成熟，社会的整体生产力水平必然将走上一个新的台阶。据法国巴黎蒙田研究所（Institut Montaigne）的专家预测，到2020年，法国物联网产业潜在的产值将高达740亿欧元，到2025年甚至可以达到1380亿欧元。此外，各种无线设备在法国的销售额也将分别攀升至2020年的150亿欧元和2025年的230亿欧元。① 这充分说明，未来法国经济的增长点就集中在互联网产业。

### (二)欧盟的"单一数字市场"计划

"碎片化"是欧盟发展面临的一大难题，而在互联互通的网络时代，欧盟成员国之间的数字市场壁垒成了阻碍欧盟互联网产业发展的重要因素。

为了打破欧盟境内的数字壁垒，缩小成员国之间的数字经济发展差距，欧盟委员会于2015年5月公布了"单一数字市场"战略的详细规划。该战略提出了建立数字市场的三大支柱：第一大支柱是为个人和企业提供更好的数字产品和服务，其中包括出台措施促进跨境电子商务发展；保障消费者权益；提供速度更快、价格更实惠的包裹递送服务；打破地域界限，改变同种商品不同成员国不同价的现状；改革版权保护法；推动提供跨境电视服务。第二大支柱是创造有利于数字网络和服务繁荣发展的有利环境，包括全面改革欧盟的电信领域规章制度；重新审查视听媒体组织框架以适应时代需求；全方位分析评估搜索引擎、社交媒体、应用商店等在线平台的作用；加强数字化服务领域的安全管理，尤其是个人数据等。第三大支柱是最大化实现数字经济的增长潜力，包括提出"欧洲数据自由流动计划"，推动欧盟范围的数据资源自由流动；在电子医疗、交通规划等对单一数字市场发展至关重要的领

---

① http://francestrategie1727.fr/thematiques/tirer-parti-de-la-revolution-numerique/.

域，推动建立统一标准和互通功能；建成一个包容性的数字化社会，使民众能抓住互联网发展带来的机遇和就业机会。①

法国作为欧盟和欧元区的重要成员国，一方面将积极参与到该发展战略的实施中去，另一方面也将成为该战略的获益者。截至2016年11月，法国政府已在欧盟委员会的倡议下进行了多次民意征询，并就电信、数据流通与共享、网络行业规范、跨境电商等领域的发展签署了备忘录。从2016年初开始，欧盟委员会在各国征求民意的基础上，也开始逐步推出互联网产业不同领域的一揽子措施，鼓励各成员国发展电子政务、云计算、物联网等新兴业务。此外，在发展互联网经济的同时，欧盟委员会保护公民的隐私权、著作权等权利，以促进互联网对社会发展进步的正面促进作用。

## 三、社会文化和传统观念影响下的法国互联网产业

### (一)法国社会积极适应信息化时代发展

法国和大部分国家一样，居住在城市的高学历年轻人是构成法国网民群体的“主力军”。同时，30～44岁、45～59岁这两个年龄段的网民比例近年来分别持续走高，逐渐与15～29岁持平，到2015年这三个年龄段的比例均达到85%以上。

不同行业从业者的信息操作技术都有一定进步，以积极适应信息时代的变化。近年来从事不同职业的劳动者中，互联网用户比例的差距逐步缩小，比如在2015年，企业高管、自由职业者中互联网用户比例与农民、零售商和手工业者的比例很接近，前者接近100%，而后者也达到了90%左右。

值得注意的是，法国社会人口老龄化很明显，中老年网民的市场不

① 欧盟公布“单一数字市场”战略．新华社．http://news. xinhua net. com/ zgjx/2015-05/08/c_134220097. htm,2015-5-8.

容小觑。Insee 的最新统计数据显示，从 20 世纪 80 年代开始，65 岁以上的老人比例已达到 20%以上，此后这一比例逐年攀升，2017 年竟达到 28.6%，法国社会人口老龄化越来越严重。与此同时观察到，越来越多的老年人掌握了一定的互联网操作技术。2015 年已经有 21%的 75 岁以上老人使用互联网，这一比例是 2007 年的 4 倍还要多，同时，60 岁到 74 岁的人口中网民比例在 2015 年达到了 60.7%。

### (二)法国人消费方式传统保守

法国消费者注重购物体验。statista 网站统计数据表明，大多数法国人并不会经常性网购，他们更喜欢去实体店购买衣服、书本、食品、家电等日常生活用品。相当一部分人认为这是一种习惯和乐趣，还有很多人认为有必要现场咨询售货员，并且实地查验商品。此外，法国服务业发展成熟，消费者对售后服务要求高，比如购买商品之后，他们习惯上网进一步获取产品的维修、保养等售后服务信息。

法国消费者注重个人隐私保护。很多法国人不选择网购是因为不信任线上支付方式，不仅对账户安全有顾虑，还担心个人信息泄露。固然近年来法国的电子商务发展势头可喜，带动了在线支付行业的发展，在线支付方式日益多样化，但最受法国人欢迎的依旧是银行卡支付。法国 CSA 机构于 2015 年 4 月为法国经济财政部开展的一项调查（对象是 1004 位具有代表性的 18 岁以上的法国人）显示，80%的法国网购者会使用银行卡进行线上支付，不到一半的法国网购者会使用线上钱包进行支付，将近 1/3 的法国网购者采用礼品券支付，而选用虚拟信用卡（VISA 虚拟卡、paypal 激活卡等）的法国网购者仅占 16%。

## 四、科技优势

### （一）法国的科研机构实力雄厚

法国的科研机构可以分为两类：公共科研机构以及私立研究机构。公共科研机构主要包括高等教育机构、工商业领域的公共机构、行政机构、公共科学技术机构等。根据 2008 年 6 月 Sénat 发布的报告，法国科研实力强主要归结为两个因素，首先是拥有法国国家科研中心这个强大的科研机构，另外是由于法国绝大部分研究员都是公职人员身份，享受相对优渥的待遇。确实，法国国家科研中心（CNRS）在法国的科研体系中占有绝对的地位和优势，隶属于国家高等教育与研究部，且与许多企业的研发开展合作。在科研经费方面，根据世界银行的统计数据，法国 2014 年科研经费占 GDP 的 2.26%，在欧洲位于瑞典（3.31%）、丹麦（3.08%）、奥地利（2.96%）、德国（2.83%）、比利时（2.43%）之后，位居第 6。

### （二）互联网行业技术迅速提高

法国通信运营商的高速移动网络建设技术水平近年来有很大进步，从而推动了法国移动互联网的迅速发展，城市与农村地区之间的“信息化鸿沟”正在逐渐缩小。根据市场调研机构 Médiamétrie 发表的 2016 年度互联网报告，手机上网超越传统电脑，成为法国人最主流的上网方式。从基建水平上来看，Orange 和 Free 在高速移动网络建设在法国走在前端，3G 信号和 4G 信号的覆盖率远超其他运营商。但是从总体上看，目前法国总体的 4G 覆盖率还不足 40%，信号覆盖率最高的 Orange 也仅仅覆盖了国土面积的 35%。不过，得益于近年来 4G 技术的发展，法国平均的移动网络速度总体来看还是呈快速上升趋势，下载速度目前达到了 18Mb/s。

### (三)5G 时代

5G，顾名思义，是继2G、3G、4G之后新一代移动网络，优势为速率快、不限地点、环保且价更优。 从技术上讲，5G 的容量是 4G 的 1000 倍，峰值速率 10Gbps~20Gbps。 5G 还将实现电信从未有过的软件和硬件分离，并引入 IT 数据中心所采用的云化和虚拟化的概念。 更重要的是，5G 要运用各种技术去满足和支持持续变化的生态和商业模式，迎合现代社会对数据传输效率的需求，以推动物联网、智慧城市等的进一步建设，适用于农业、工业、教育等多个领域。

2015 年 9 月，l'ARCEP 已授权 Orange 集团在弗朗什—孔泰的贝尔福地区进行与 5G 技术相关的初步实验，并计划在 2020 年实现 5G 的铺设。 同时，Orange 集团与汽车、卫生、能源等多个工业领域展开对话，以了解不同领域的需求，方便 5G 的针对性发展。

## 五、法国互联网发展的法律保障

作为新兴行业，互联网行业的健康可持续发展需要法律规范的保驾护航。 目前来看，法国的立法、司法体系都已经基本明确了互联网产业中经营者、消费者以及政府机构的权利和义务，形成了一套完整有效的法律保护系统。

### (一)电子商务有法可依

在电子商务领域，法国有多部法律适用于以电子商务网站为平台的交易行为。 其中,《夏代尔法》和《阿蒙法》明确了网购消费者拥有的各项基本权利，有利于消费者依照法律维护自己的合法权益，同时也保障了电子商务平台的合法规范运作。 而在与网购相配套的物流运输方面，根据欧盟的法律，法国与欧盟成员国之间的货物是自由流通的，这有利于欧盟境内的跨境电子商务的发展。

### （二）注重个人信息安全

传统上欧洲国家非常注重对公民隐私和个人信息安全的保护。早在2004年，法国就将欧盟关于个人数据保护的法令采纳为国内法。除了立法保护之外，法国还成立了专门的个人信息保护机构，以规范企业的经营行为，使其不对公民的个人信息和隐私造成威胁。法国在保障互联网用户个人信息方面的严格规定，也对部分互联网产业的发展造成了一定的阻碍，例如包括移动支付在内的各种电子支付手段迟迟未能在法国得到普及，很大程度上就是受到这一因素的影响。未来一段时间内，如何维护大数据、云计算带来的便利与个人信息安全之间的平衡，是法国法律界应对互联网发展的又一棘手难题。

## 六、互联网发展重要阶段——物联网发展环境

物联网是信息化时代的重要发展阶段，是信息与电子通信产业共同发展的结果。国际电信联盟（Union I nternationale des Té lé comm unication）曾在2012年提出："物联网是当今世界信息化社会发展的基础设施，得益于信息通信技术的发达，物联网把物质的或虚拟的物品联系起来，提供不同的服务，并随着时代的进步而不断发展。"从技术层面看，物联网借助"云"和"大数据"的分享和存储空间实现连接，用户端的任何物品与物品之间都可以传递或接收信息。

研究表明，物联网的用户端将爆炸式增长。欧洲视听传媒与电信研究所（IDATE）预估从现在起到2020年会有800亿台设备通过物联网连接起来，思科系统公司（CISCO）则估算这一数字为500亿台，这些足以说明物联网用户端铺设的巨大潜力。如今，物联网是各界关注的核心，它可以为服务提供者或消费者实时提供环境变化信息，从而提供更多发展的可能性。

同时，物联网发展存在诸多安全隐患，维护信息安全应考虑多方面

因素。事实上，物联网是一套完整的信息系统，既包括用户端信息的收集、处理、储存和恢复，又包括用户端本身的管理与经营。为避免黑客入侵、用户隐私权受到侵害，应该从用户群、网络容量及连接方式到信息处理、用户端设备来源等入手，实现信息的全方位维护。

为顺应全球发展趋势，法国政府致力于物联网的发展。政府通过促进互联网环境便利化，预估并清除行业壁垒等途径，使法国及欧洲公司积极参与到全球物联网的发展中。法国提出了“新工业法国”战略，其中“智慧物联”作为国家层面的发展战略可以促进互联网行业结构整合升级，通过物联网把法国企业连接起来，同时为创业者提供良好环境，并建设可持续发展的“智慧城市”。为应对信息安全提出的挑战，法国《网络与信息安全指令》于2018年5月19日生效，它对数据保护及网络安全提出了切实保护措施。

同时，法国相关机构与政府开展合作以应对挑战。在寻求解决方案的过渡阶段，政府应该与物联网行业公司以及广大消费者沟通交流，举行听证会，保持信息畅通，从而促进规章制度更好地落实。合作机构有：法国电子与邮局通信管理署（Arcep）、法国国家无线电射频署（ANFR）、法国国家信息系统安全署（ANSSI）、法国国家信息与自由委员会（CNIL）、法国国土整治、住房与自然总局（DGALN）、企业管理总局（DGE），以及法国发展战略委员会（France Straté gie）等。

## 七、结论

通过PESTEL模型分析，我们认为，未来一段时间内，法国的互联网产业会得到长足的发展。一方面，虽然欧盟整体的政治经济环境受到欧债危机、英国脱欧等影响，但危机同时也是一个改革欧盟机制、增强各国之间协调发展的机遇。在马克龙当选法国新一任总统的背景下，未来几年法国政府将会鼓励和扶持互联网产业的发展，为法国经济增长注入新的活力。另一方面，法国的工业基础和科技实力保证了其在互联网产业发展方面还能够继续保持一定的优势，中法两国在人才交流与培养、产业升级等方面大有可为。由于受到传统社会文化思维的影响以及严格细致的法律规范约束，部分互联网产业在法国发展比较缓慢，但互联网经济是大势所趋，这些因素并不会阻碍法国互联网产业的继续发展。

第二篇

# 德国互联网产业

第四章

# 德国互联网产业环境分析

## 第一节　德国经济环境分析

德国经济极为发达，以美元汇率计算是世界第四大经济体，以购买力平价计算为世界第五大经济体。与此同时，德国也是欧洲最大经济体。德国以其出口导向型经济闻名，出口对德国经济有着重大影响，几十年来，德国贸易出口额高居世界第一，被誉为“出口冠军”。

在国际金融危机和欧洲债务危机的双重考验下，德国经济保持稳定增长，对稳定欧元汇率、稳定欧元区起到了至关重要的作用。德国经济之所以能够稳定发展，关键在于德国坚持发展实体经济和生产性服务业，并且走专业化、技术化，生产具有高附加值的产品，牢牢守住全球产业链的高端。“德国制造”的产品已经成为了世界上极具含金量的招牌，在国际市场上具有极高的竞争力。德国制造业涵盖了很多门类，其中，汽车产业、机械制造产业、化工医药产业以及电子电气产业是德国的传统四大支柱产业，新能源和环保技术作为德国的新兴产业，也因高技术含量和高附加值成为德国的优势产业。

# 第二节　德国优势产业发展情况

## 一、汽车产业

德国的汽车产业在世界上首屈一指，很多品牌在国际市场都有不错的销量。德国汽车具有安全性能高、舒适度好的特点，而且环境友好，使用寿命长。自德国度过欧洲债务危机之后，德国汽车工业销售额一直稳步增长,其中，2014 年全球销售额达到了 3679 亿欧元（其中国外销售额为 2368 亿欧元），2015 年度全球销售额达到了 4048 亿欧元（其中国外销售额为 2634 亿欧元）。

目前，德国主要的汽车品牌有大众、宝马、奔驰、奥迪、保时捷等，其中大众、宝马、奔驰和奥迪在中国知名度非常高，虽然市场定位各不同，但是在国际市场上都占有很大的市场份额。

## 二、机械制造产业

图 4-1 为 1991—2014 年德国机械制造行业销售额分布直方图，德国的机械制造行业一直处于稳步发展状态，仅在 2008 年国际金融危机的影响下出现了一个短期的下滑。随着国际金融危机的影响不断下降，从 2011 年开始，德国机械制造业开始稳步复苏，2012 年的销售额已经恢复到金融危机前的水平。

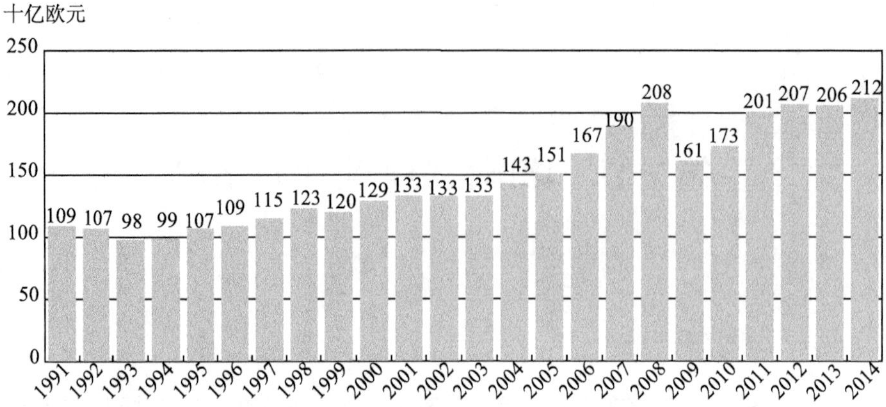


**图 4-1　1991—2014 年德国机械制造行业销售额分布直方图**①

2014 年德国机械制造行业的销售额达到了 2120 亿欧元，其对德国经济增长的贡献率为 3.5%,其中，德国机械制造业出口额达到了 1520 亿欧元。目前德国共有 6419 家机械制造企业。

德国知名的机械设备制造企业有蒂森克虏伯、西马克、海德堡印刷、海瑞克、福伊特、普茨迈斯特、通快等。

德国机械设备制造业是典型的出口导向型产业，德国是世界第一大机械设备出口国，75%的机械设备产品销往国外。2013 年德国机械设备出口额达 1490 亿欧元，约占世界机械设备出口总额的 15.9%，出口盈余 930 亿欧元。

## 三、化学工业与制药业

德国化学工业与制药业 2014 年销售额为 1908.32 亿欧元，忽略物价因素的增长率为 1.5%。占欧洲化学工业总销售额的 28.4%。产业规模扩大额为 623.8 亿欧元。其中，国内销售额为 746 亿欧元（由于

① http://de.statista.com/statistik/daten/studie/3777/umfrage/umsatz - im - deutschen - maschinenba u-seit-1991.

物价因素下降了 1.5%）。出口额为 1162 亿欧元，同比增长 1.0%。

德国化学工业创新投入为 134 亿欧元，研发费用占到其中的 104.35 亿欧元。德国的化学工业的从业人数为 44.7 万人，共有 9367 个与该工业相关的培训中心。

德国是世界最大的化工产品出口国，是欧洲首选的化工投资地区，拥有完善的基础设施、研究机构和高素质劳动力。德国化学工业的研发费用为 72 亿欧元，同比增长了 1.0%。

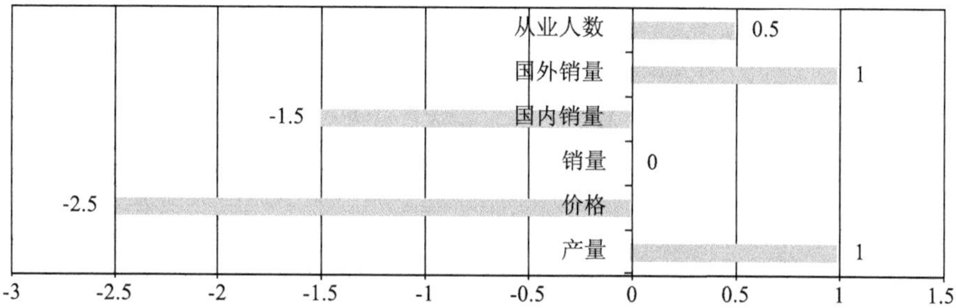


**图 4-2　德国化工与制药行业 2015 年关键绩效指标①**

资料来源：德国化学工业协会 2015 年度报告。

图 4-2 展示的是德国化工与制药行业 2015 年关键绩效指标，德国化工与制药行业在 2015 年基本维持了之前的发展趋势，产量增长了 1%，但是价格由于竞争的加剧下降了 2.5%，销量保持不变。按照市场来划分，德国国内的市场销量下降了 1.5%，但是国际市场的销量增长了 1%。此外，德国化工与制药行业的从业人数增长了 0.5%。

## 四、电子电气工业

德国拥有世界技术领先的电子电气工业。德国电子电气行业总会

① VCI－Jahrespressekonferenz 2015 Gemischte Jahresbilanz für die Chemie, downloaded from https://www.vci.de/.

（ZVEI）年度报告显示，2015 年电子电气行业年产值（平衡物价后）同比上涨 1%，销售额上涨 2%，达到了 1820 亿欧元。德国电子电气行业 2015 年出口额达 1740 亿欧元，创造了新的出口额纪录（其中对中国出口额为 136 亿欧元，仅次于对美国出口额 145 亿欧元）。与此同时，2015 年德国电子电气行业新创造了 8000 个就业岗位。德国电子电气行业从业人数日平均 84.51 万人，此外还有 69732 人正在学习与电子电气相关的技术。

德国电子电气工业 2015 年投资为 60 亿欧元，研发费用为 152 亿欧元，其中研发投入 120 亿欧元，约占德国工业总研发投入的 1/5。德国制造的电子元件一半以上用于出口，其中有 80%以上进入欧盟国家。

从德国电子电气行业总会的出口报告来看，据不完全统计，2015 年 1—11 月，德国电气行业出口总额平均增长率为 7.1%；2015 年 11 月德国电气行业出口额增长了 12.5%，出口总额达到了 1482 亿欧元。

知名的德国电子电气企业有西门子、英飞凌、博世、捷德（Giesecke & Devrient）、库卡（KUKA）等。[①]

## 五、可再生能源产业

德国不仅把发展可再生能源作为确保能源安全、能源多元化供应和替代能源的重要战略选择，而且也视之为减少碳排放、解决化石燃料燃烧导致的环境问题、替代核能源的重要措施。德国在太阳能、风能、生物质能、地热能、水力发电等方面的科学技术均处于国际领先地位。

2015 年，德国利用可再生能源发电量为 194.1 兆瓦时，可再生能源发电量占发电总量百分比为 27.2%。德国可再生能源占德国一次能源消费的 11.3%，终端能源消费的 12.3%。德国对可再生能源研究的

① http://www.mofcom.gov.cn/article/i/dxfw/jlyd/201503/20150300907143.shtml.

投资为 188 亿欧元，其中，对风能研究的投资为 123 亿欧元。

此外，德国计划在 2050 年时达到可再生能源占全部能源比例 80% 的目标。

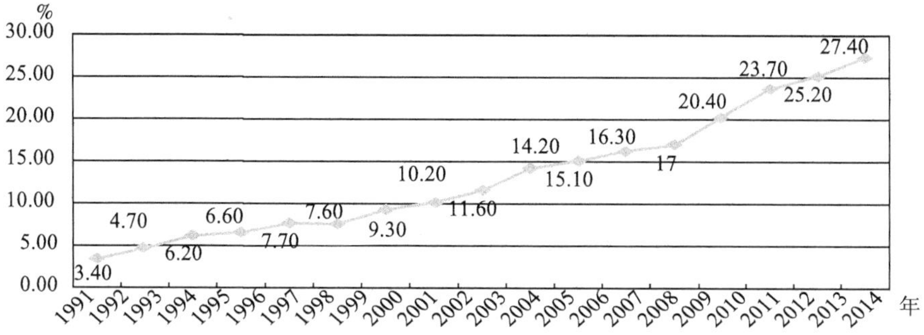


**图 4-3　1990—2014 年可再生能源发电占德国电能的比例**

图 4-3 展示的是 1990—2014 年可再生能源发电占德国电能的比例，德国可再生能源发展态势保持良好，可再生能源占德国电能来源的比重也不断提高，从 1990 年的 3.4%不断提高到 2014 年的 27.4%。

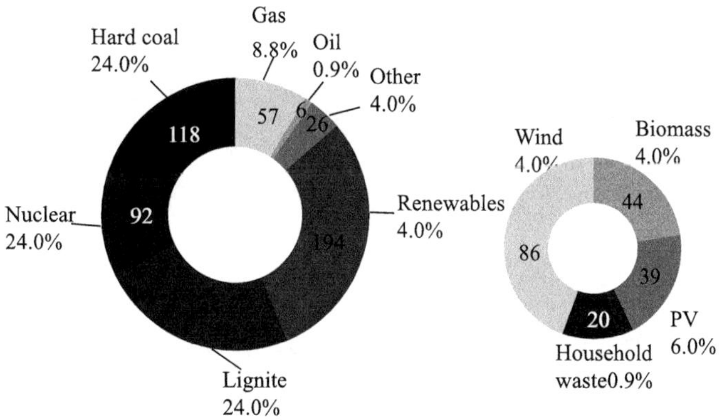


**图 4-4　德国 2015 年各类能源占总能源供给比例①**

① Annual economic report 2016, federal ministry for economic affairs and energy of Germany.

图 4-4 展示的则是 2015 年德国电能的来源情况，可再生能源转化的电能占到了德国电能的 30%，已经成为德国电能最大的来源，其他主要来源分别是褐煤（24%）、无烟煤（18.2%）、核能（14.1%）、天然气（8.8%）。在可再生能源中进行再分类，风能占到了最大的比例，占总电能的 13.3%，其次则是生物质能（6.8%）和光能（6.0%）。

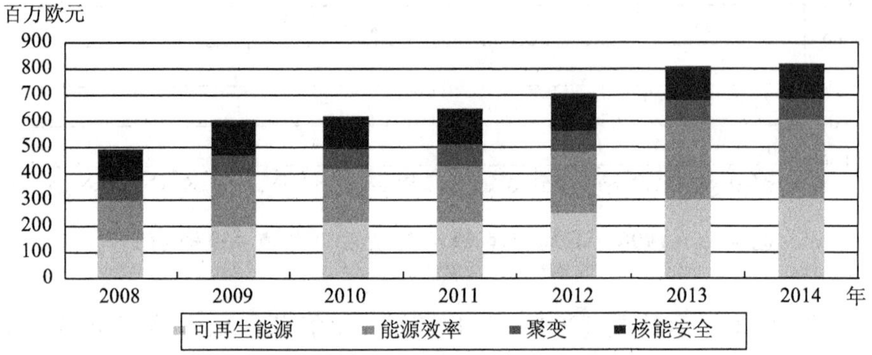


**图 4-5　德国用于能源研究项目的支出情况**①

图 4-5 展示的是德国用于能源研究项目的支出情况，德国可再生能源的发展必然有着大量的资金投入，德国投资到能源方面的资金逐年上升，2013 年和 2014 年更是突破了 8 亿欧元。这些资金的主要用途有二：一是开源，1/3 资金用于可再生能源的研究和开发；二是提效，40%的资金用于提高能源的利用效率。

## 六、德国人口情况

德国是一个人口增长率为负数的国家，德国人口从 2001 年以来一直保持下降的趋势，只有 2013—2014 年才有略微的增长，2014 年德国人口为 8119 万（见图 4-6）。

① Annual economic report 2016, federal ministry for economic affairs and energy of Germany.

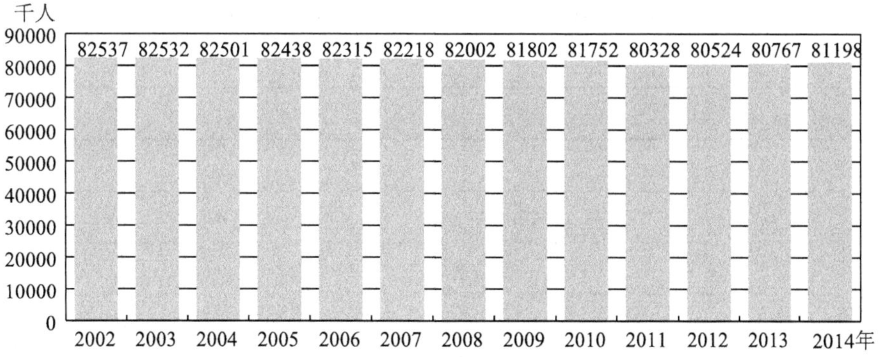


**图 4-6　2002—2014 年德国人口情况①**

这种增长的主要原因为外来人口，德国外来人口数量呈现增长趋势，来自欧洲的外来人口主要来自欧盟国家，另一个德国外来人口的主要来源是亚洲国家（见图 4-7）。

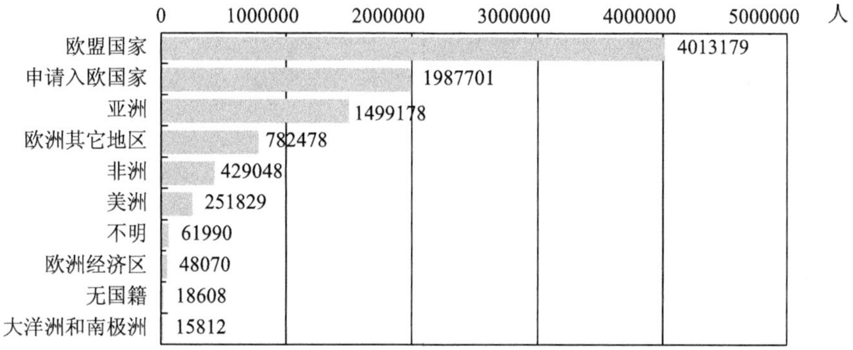


**图 4-7　德国外来人口情况②**

在人口结构上，因为德国生育率低，所以年轻人口数量一直不足，导致了德国人口老龄化趋势严重，人口主要集中在了 40 岁以上部分，

① http://de.statista.com/statistik/daten/studie/1217/umfrage/entwicklung-der-gesamtbevoelkerung-seit-2002/.

② http://de.statista.com/statistik/daten/studie/161821/umfrage/auslaendische-bevoelkerung-in-deutschland-nach-ihrer-herkunft/.

40岁以上人口占到了德国总人口的一半以上（见图4-8）。

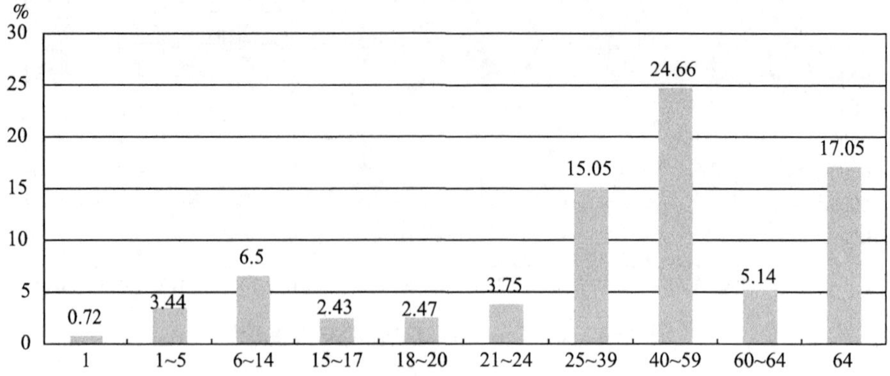


**图4-8　2014年德国人口年龄分布**[①]

① http://de.statista.com/statistik/daten/studie/1365/umfrage/bevoelkerung-deutschlands-nach-altersgruppen/.

第五章

# 德国互联网产业发展现状

# 第一节　德国互联网基本发展情况

德国互联网基本发展情况主要涉及德国互联网用户规模、互联网用户结构以及互联网接入环境。

## 一、互联网用户规模

### （一）总体互联网用户规模

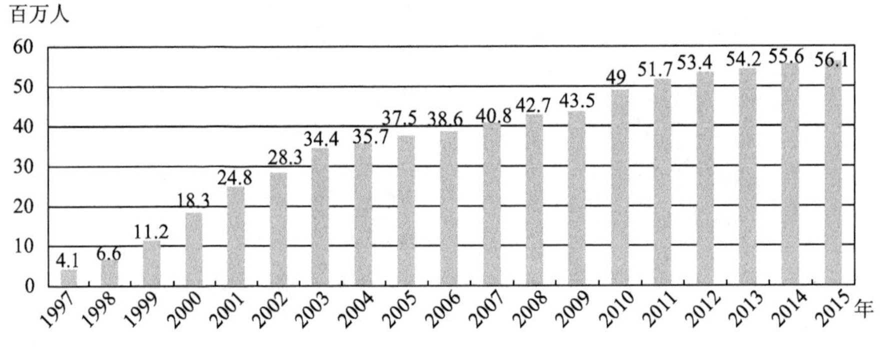


**图 5-1　1997—2015 年德国互联网用户数量**[①]

1997—2015 年，德国互联网用户数量由 410 万巨幅增至 5610 万，增幅高达约 1300%。 2015 年德国互联网用户数量占德国总人口数量的

① http://de. statista. com/statistik/daten/studie/36146/umfrage/anzahl - der - internetnutzer - in - deutschland-seit-1997/.

约 81.0%（截至 2015 年 10 月，德国总人口数量为 6924 万[①]），大幅高于 2015 年中国互联网普及率（50.3%[②]）除此之外，由图 5-1 可以看出，自 2011 年以来，德国互联网用户数量逐年放缓。

### （二）各州互联网用户规模

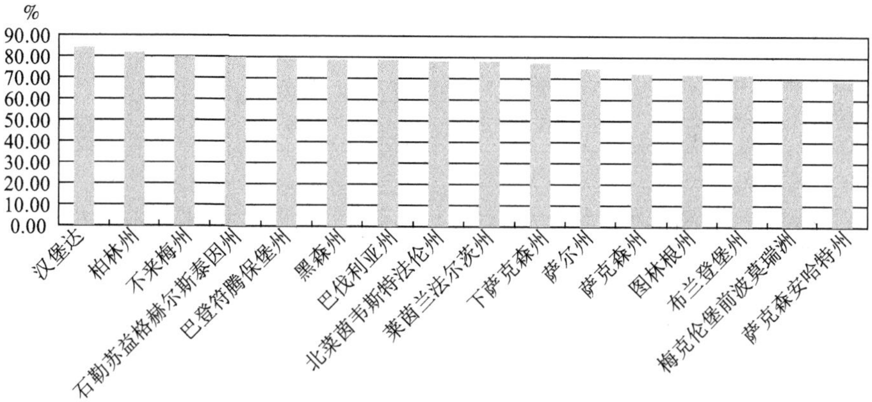


**图 5-2 2015 年德国各州互联网用户规模[③]**

如图 5-2，2015 年，在德国 16 个州中，位于德国北部的汉堡州互联网用户比例最高，为 84.3%。相比之下，萨克森—安哈尔特州的网民比例为 69%，为德国全范围内最低。德国各州互联网用户比例差距较小，但超过德国全国互联网平均普及率（81.0%）的州仅有两个（汉堡州、柏林州）。

---

① http://de.statista.com/statistik/daten/studie/151619/umfrage/anzahl-der-internetnutzer-in-den-letzten-drei-monaten-und-gesamtbevoelkerung-in-deutschland/.

② 《中国互联网基本发展状况》，2016 年 01 月。

③ http://de.statista.com/statistik/daten/studie/13076/umfrage/internetnutzung-in-deutschland-nach-bundeslaendern/.

## 二、德国互联网用户结构

### (一)年龄结构

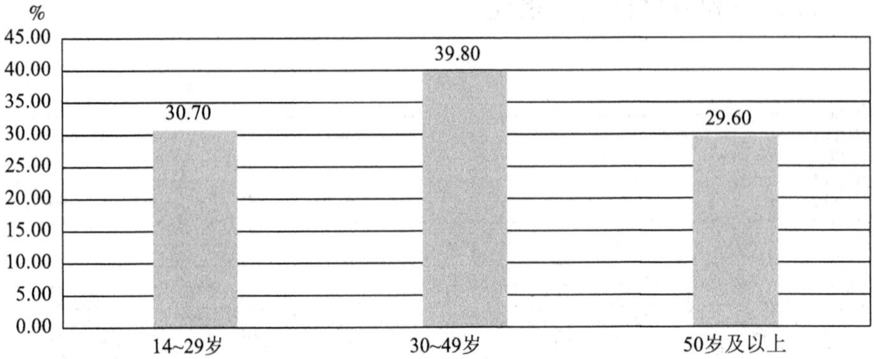


**图 5-3　2015 年德国互联网用户年龄结构**①

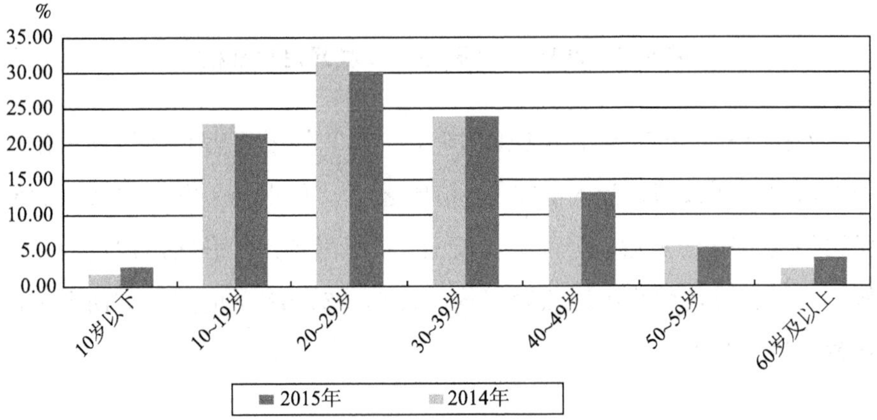


**图 5-4　2015 年中国互联网用户年龄结构**②

截至 2015 年 11 月，德国互联网用户年龄结构从大体上看较为均

① http://de. statista. com/statistik/daten/studie/72312/umfrage/altersverteilung-der-internetnutzer-in-deutschland/.

② 《中国互联网基本发展状况》,2016 年 1 月,第 42 页。

衡，其中 30~49 岁人群以 38.5%位列第一，14~29 岁、50 岁及以上互联网用户的比率分别为 26.3%以及 35.2%（见图 5-3）。与之相比，我国互联网用户年龄结构呈现出明显差异：截至 2015 年 12 月，我国互联网用户中 29 岁以下人群占 54%，30~49 岁人群占 36.9%，50 岁以上人群占 9.2%（见图 5-4）。由此可见，中国互联网用户以 40 岁以下的青壮年为主，而德国互联网用户则以 30 岁以上的青壮年以及中老年人群为主。

### （二）性别结构

1997—2015 年，德国男性互联网用户由 2090 万增长至 2880 万，增幅为 27.4%；女性互联网用户量由 1650 万增至 2730 万，增幅高达 65.5%。十年来，德国男性互联网用户数量始终大于女性用户，但该结构波动趋于均衡。直至 2015 年，德国互联网用户男女比例为 51.1 : 48.9，基本达到平衡（见图 5-5）。

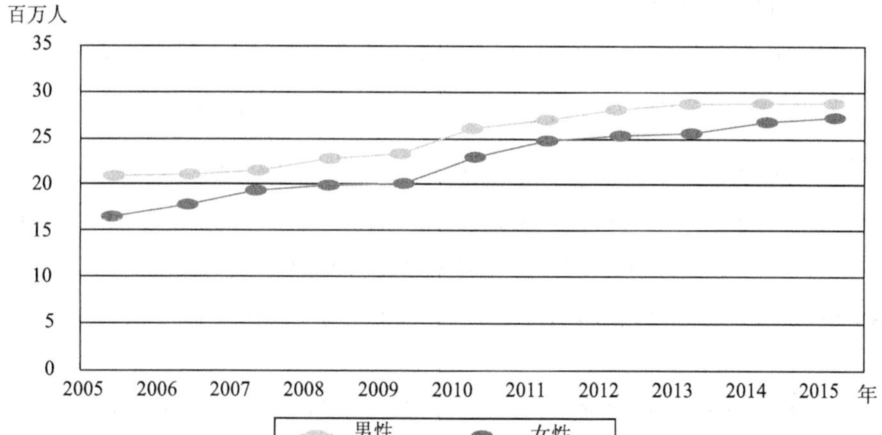


**图 5-5　2015 年德国互联网用户性别结构**[①]

① http://de.statista.com/statistik/daten/studie/36156/umfrage/anzahl-der-internetnutz er-in-deutschland-nach-geschlecht-seit-1997/.

## (三)学历结构

2015 年，德国各学历人群中，中小学生中互联网用户比例最高，为 99.1%；其次为文理中学[①]毕业人群（94.5%）、大学毕业人群（92.4%）以及继续中期教育任务人群（83.8%）；职业预校中互联网用户比例最低，仅为 58.8%（见图 5-6）。

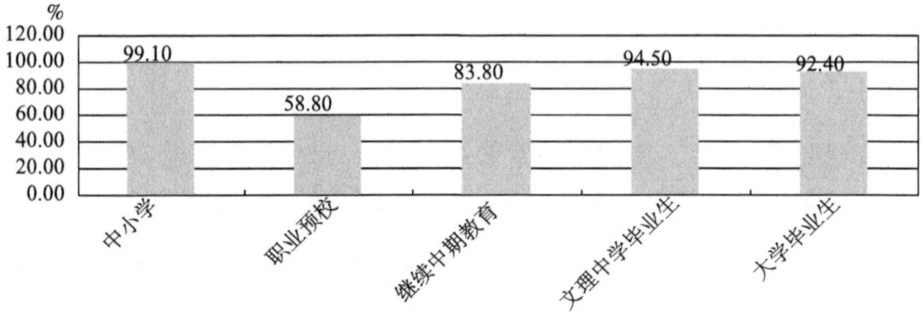


**图 5-6　2015 年德国互联网用户学历结构[②]**

## (四)职业结构

2014 年，德国个体经营者中的互联网用户比例最高，为 85%；其次为企业高层员工以及高级公务员（82%）、一般员工以及普通公务员（80%）；工人群体中的互联网用户比例最低，为 68%（见图 5-7）。

截至 2015 年 10 月，德国总人口数量为 6924 万。其中，具有稳定工作群体所占比重为 55.8%；无业以及处于无法就业状态人群比例为 33.9%；正在接受职业培训人群比重为 10.2%。具有稳定工作的群体

① 德国教育体系与中国不同,其结构共分为初级教育、中期教育、进阶教育和高等教育共四个阶段:初级教育为 4~6 年制的小学(Grundschule);中期教育包括职业预校(Hauptschule)、实科中学(Realschule)、文理中学(Sekundarbereich I des Gymnasium)以及综合中学(Gesamtschule);进阶教育包含文理中学(Gymnasium)以及职业学校(Berufsschule);而高级教育则分为应用技术大学(Fachhochschule)以及综合大学(Universität)。详参刘根凤《德国教育体系特点浅析》。

② http://de.statista.com/statistik/daten/studie/3622/umfrage/internetnutzung - nach - bildungs hintergrund/.

中互联网用户比例为 66.1%，约 2600 万人；无业以及处于无法就业状态人群中网民比重为 20.7；正在接受职业培训的群体中互联网用户比例最低，为 13.2%（见图 5-8）。

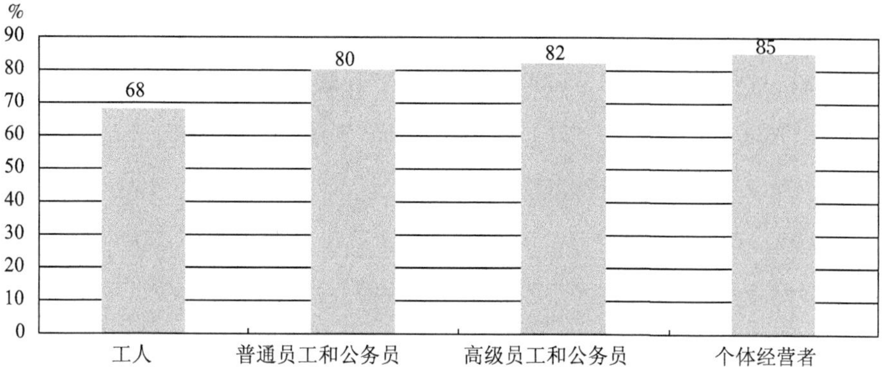


**图 5-7　2014 年德国互联网用户职业结构**①

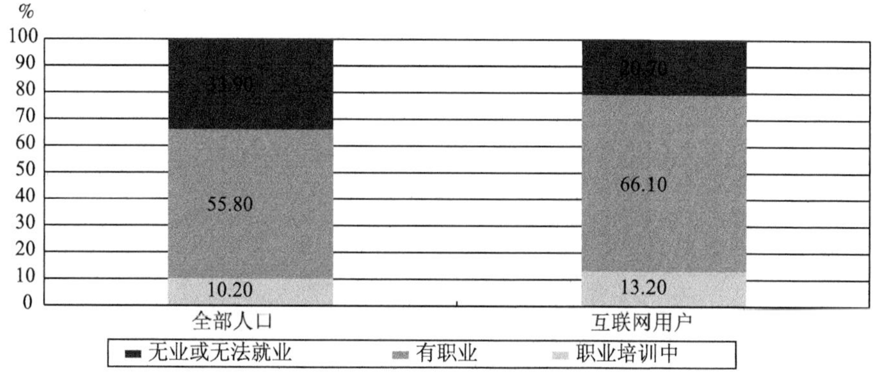


**图 5-8　2015 年德国互联网用户职业结构**②

① http://de.statista.com/statistik/daten/studie/161295/umfrage/internetnutzer-nach-berufsgruppen/.

② http://de.statista.com/statistik/daten/studie/72325/umfrage/internetnutzer-in-deutschland-nach-beruf/.

### （五）收入结构

2006—2015 年，德国各收入群体中互联网用户比重整体呈上升趋势。截至 2015 年，月收入在 3000 欧元及以上群体中互联网用户比重最高，为 94.3%；月收入在 2000～3000 欧元群体中网民比例为 84.7%；月收入在 1000～2000 欧元人群中互联网用户比例占 64.2%；月收入为 1000 欧元以下人群中互联网用户比例最低，仅为 51.7%。由此可见，互联网用户比重比其月收入成正比。另外值得注意的是，2013 年至 2015 年，月收入为 1000 欧元以下、月收入为 1000～2000 欧元群体中互联网用户比例出现了下滑（见图 5-9）。

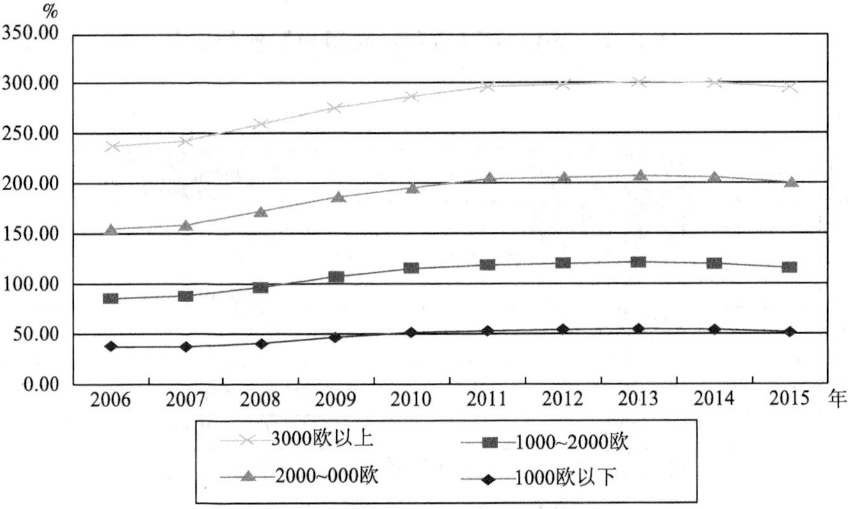


**图 5-9　2006—2015 年德国互联网用户收入结构**[①]

① http://de.statista.com/statistik/daten/studie/3510/umfrage/internetnutzung-nach-hoehe-des-nettohaushaltseinkommens-seit-2001/.

## 三、互联网接入环境

### （一）家庭宽带数量

2015 年，德国安装宽带家庭数量由 2006 年的 1500 万大幅上升至 3020 万，增幅高达 101%（见图 5-10）。

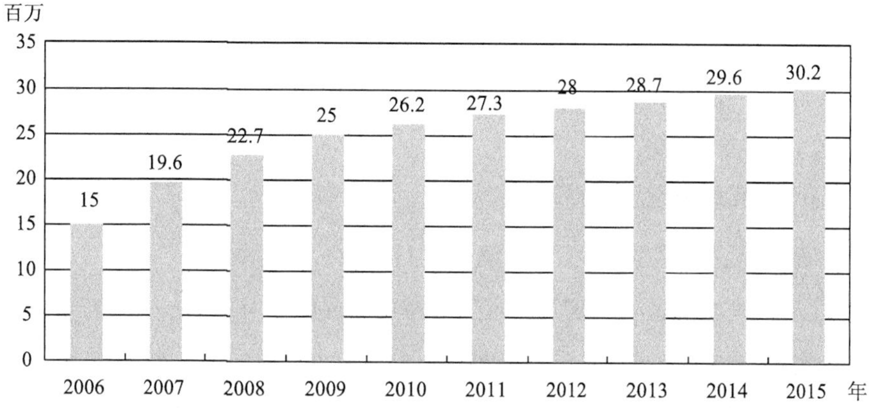


**图 5-10　2006—2015 年德国安装宽带家庭数量**①

### （二）无线热点数量

截至 2015 年 2 月，德国共设有无线网络热点 6511 个，占整个欧洲热点数量的约 1/3，约为北美洲热点数量的一半，且多于亚洲、大洋洲无线热点数量的总和（见图 5-11）。

① http://de.statista.com/statistik/daten/studie/168953/umfrage/umfrage-in-deutschland-zur-haeufigkeit-der-computernutzung/.

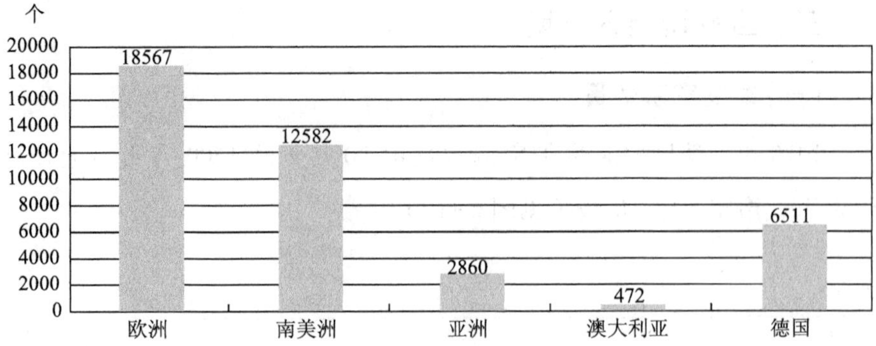


**图 5-11　2015 年德国无线网络热点数量**[①]

## (三)互联网使用频率

2015 年，德国共 2793 万消费者每日多次使用互联网，1044 万消费者每日使用一次互联网，1073 万消费者每周多次使用互联网，190 万消费者每周使用一次互联网，138 万消费者不经常使用互联网。2012 年至 2015 年，每日一次、每周多次、每周一次以及不经常使用互联网用户数量明显减少，每日多次使用互联网用户数量显著增加（见图 5-12）。

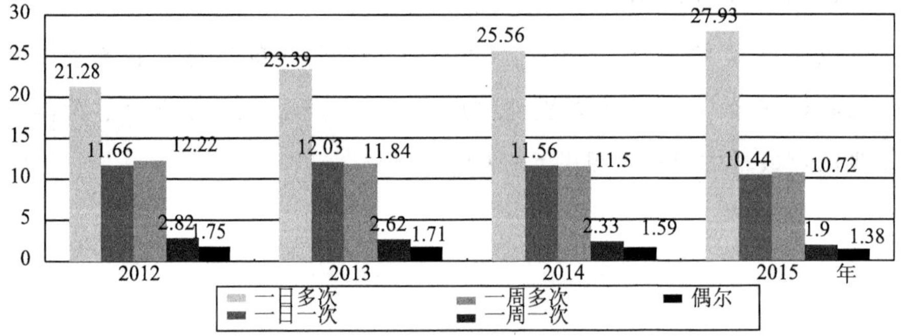


**图 5-12　2012—2015 年德国网民互联网使用频率**[②]

① http://de. statista. com/statistik/daten/studie/157138/umfrage/laender-mit-den-meisten-verfuegbaren-wi-fi-locations-und-hot-spots/.

② http://de. statista. com/statistik/daten/studie/171009/umfrage/haeufigkeit - der - internetnutzung/.

# 第二节　德国 B2C 和 C2C 电子商务发展情况

电子商务作为一个新兴产业，随着互联网逐渐发展壮大。放眼全球，世界各国的电子商务的发展情况也不尽相同。下文是 2014 年度世界主要国家的 B2C 电子商务销售额的情况分布。

## 一、各大市场电子商务发展情况

如果把全球市场看成一块大蛋糕的话，那么毫无疑问，北美市场，亚太市场和西欧市场这几个经济发达的区域将瓜分整块蛋糕的大部分，但是根据 eMarkter 的估计，亚太市场正在逐渐发展壮大，北美市场，西欧市场的份额正在逐渐缩水。

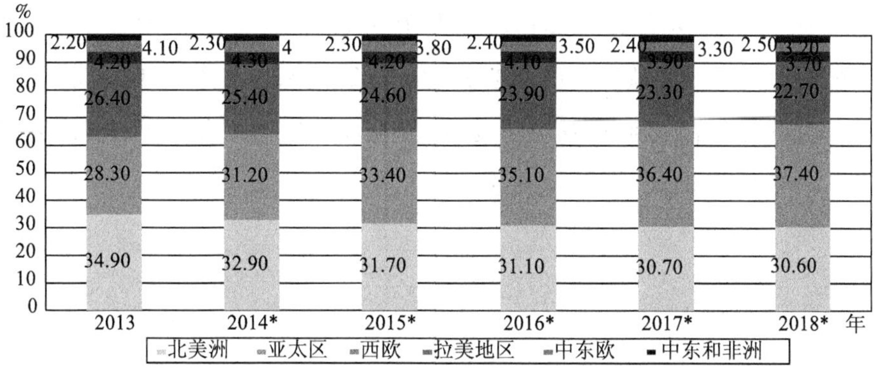


**图 5-13　2013 年全球 B2C 电子商务发展情况以及销售额区域比例分布**①

① http://de.statista.com/statistik/daten/studie/485226/umfrage/marktanteil-der-regionen-am-globalen-b2c-e-commerce-umsatz-weltweit/.

如图 5-13 所示，这种情况的原因在于相比于亚太市场，欧洲、北美等市场电子商务已经发展了很长时间，进入了一个比较稳定的阶段。而亚太市场的国家基本都是发展中国家，或者是电子商务在这些国家刚刚兴起还没有形成规模。所以随着时间的推移，不成熟的亚太市场必将逐步发展壮大，所占的比例也将扩大。

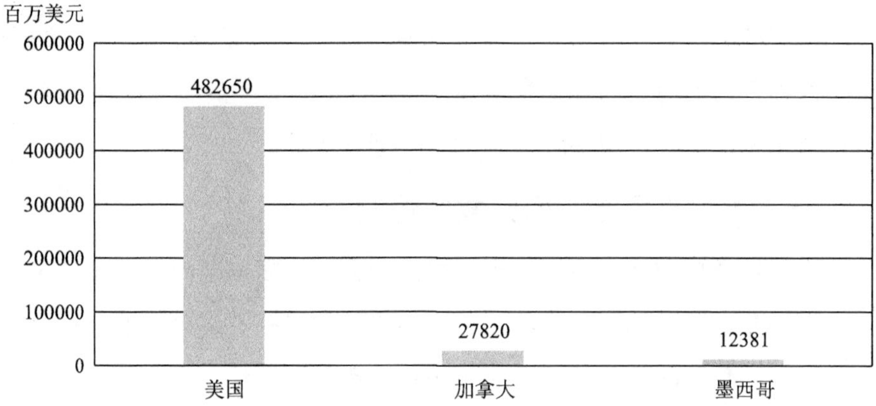


**图 5-14　2014 年北美市场主要国家 B2C 销售额情况**[①]

图 5-14 展示的是北美市场主要国家电子商务的发展情况。在北美市场，美国一枝独秀，电子商务营业额遥遥领先，在 2014 年美国的电子商务营业额达到了 4826.5 亿美元，远远超过加拿大（278.2 亿美元）和墨西哥（123.81 亿美元）。

① http://de.statista.com/statistik/daten/studie/479408/umfrage/b2c-e-commerce-umsatz-in-nordamerika-nach-laendern/.

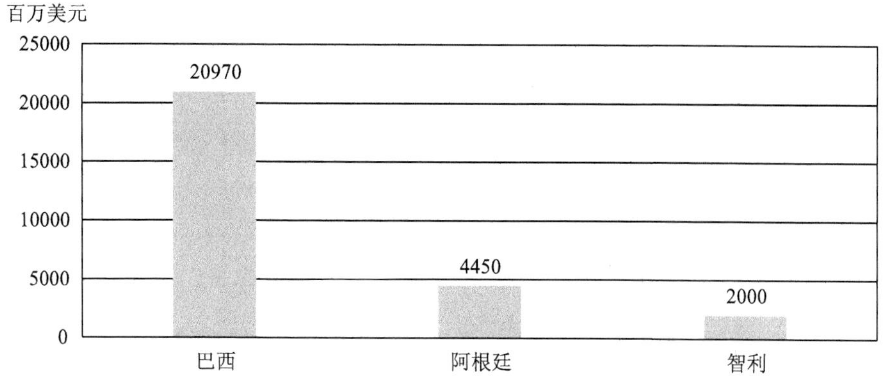


**图 5-15　2014 年南美市场主要国家 B2C 销售额情况①**

图 5-15 展示的是电子商务在南美市场主要国家的发展情况。南美市场上巴西占主导地位，2014 年巴西电子商务销售额达到了 209.7 亿美元，阿根廷、智利等国电子商务目前处于刚开始发展的阶段，营业额仅有 44.5 亿美元和 20.0 亿美元。

再把目光转到欧洲市场，按照地域划分，西欧市场中，英国电子商务市场非常发达，实现了 1272 亿欧元的销售额，法国 568 亿欧元位居次序；中欧市场中德国占到了绝大份额，实现了 712 亿欧元的销售额，其他中欧国家中，瑞士为 127.17 亿欧元；南欧市场则显得层次比较分明，各个国家发展参差不齐，西班牙电子商务市场发展最好，2014 年销售额达到了 169 亿欧元；北欧市场比较均衡、挪威、瑞典、丹麦、芬兰等经济发达国家电子商务营业额都比较高，均在 100 亿欧元左右，其他苏联成员国因为经济欠发达，所以电子商务市场还没有成长起来；东欧国家中俄罗斯的电商发展规模比较大，销售额为 188 亿欧元（见图 5-16）。

① http://de.statista.com/statistik/daten/studie/479423/umfrage/b2c-e-commerce-umsatz-in-suedamerika-nach-laendern/.

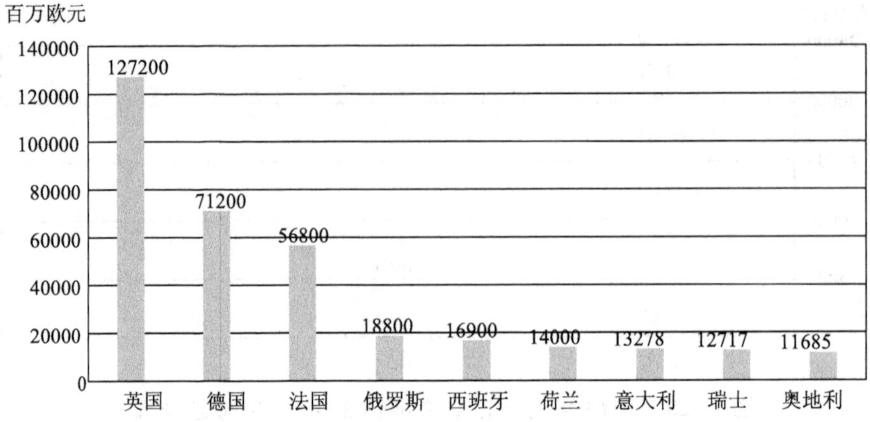


**图 5-16　2014 年欧洲市场主要国家 B2C 销售额情况**①

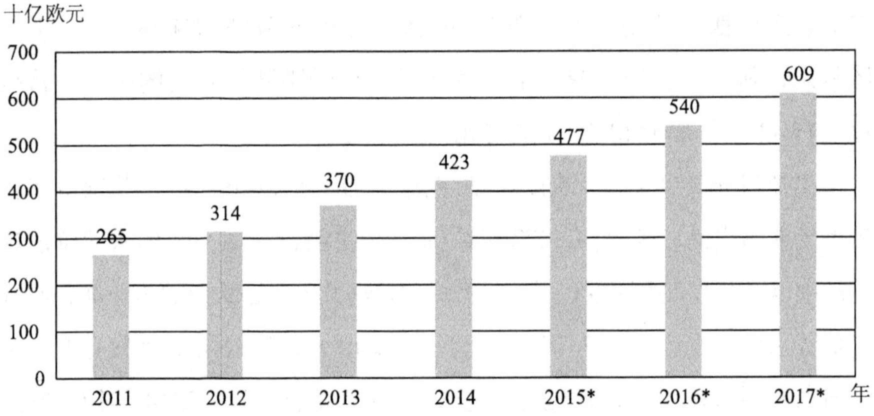


**图 2-17　2011—2014 年欧洲 B2C 电子商务销售额统计及对未来的预测**②

图 5-17 展示的是对欧洲电子商务的总体预测，从总体来看，自2011 年来欧洲电子商务的发展一直保持良好，2013 年 B2C 电子商务实

① http://de. statista. com/statistik/daten/studie/321692/umfrage/b2c-e-commerce-umsatz-in-westeuropa-nach-laendern/.

② http://de. statista. com/statistik/daten/studie/479333/umfrage/umsatz-im-b2c-e-commerce-in-europa/.

现了 3700 亿欧元的营业额，2014 年达 4230 亿欧元，2015 年为 4770 亿欧元，按照这样的态势发展，预测到了 2017 年将实现 6090 亿欧元的营业额。

## 二、德国电子商务总体情况

将目光放到我们研究的对象国德国，德国对于电子商务的发展持谨慎态度，尤其是 C2C 电子商务，因为支付方式和安全的问题并没有完全发展起来。目前德国电子商务的主要形式还是 B2C。

## 三、德国 B2C 电子商务发展情况

图 5-18 展示的是从 1999—2014 年德国 B2C 电子商务发展情况。德国 B2C 电子商务发展起步比较早，从 1999 年开始就有从事电子商务的企业开始经营。德国电子商务保持着稳定的速度，2013—2014 年德国电子商务的销售额达到了 347 亿欧元和 371 亿欧元，根据 HDE 研究机构的统计，2015 年预测的德国电子商务营业总额能达到 417 亿欧元。

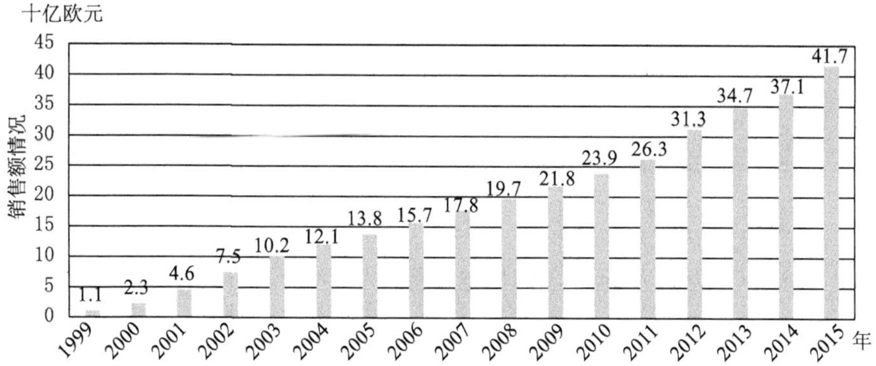


**图 5-18　1999—2014 年德国 B2C 电子商务发展情况以及 2015 年的预测**[①]

① http://de.statista.com/statistik/daten/studie/3979/umfrage/e-commerce-umsatz-in-deutschland-seit-1999/.

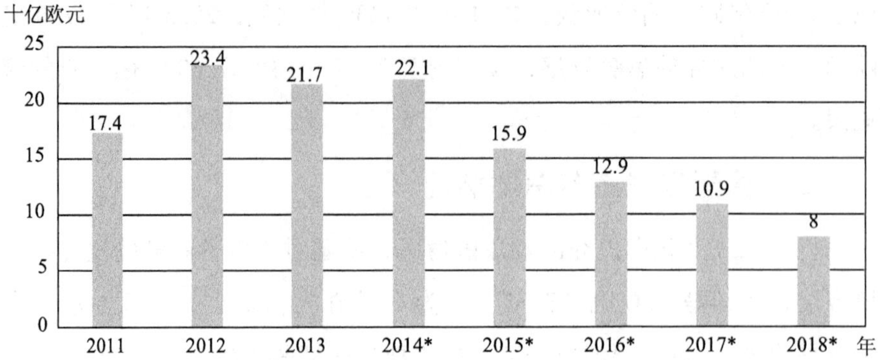


**图 5-19　2011—2018 年德国在线零售业年度增长率及对未来的预测①**

2011—2013 年德国在线零售业的年度增长率在 20%左右，但是在这之后预测的在线零售的增长率将逐年下降，可能的原因除了电子商务整个行业在这几年发展放缓以外，德国本土实体零售企业得到了发展的契机，一定程度上对电子商务的发展起到阻碍作用（见图 5-19）。

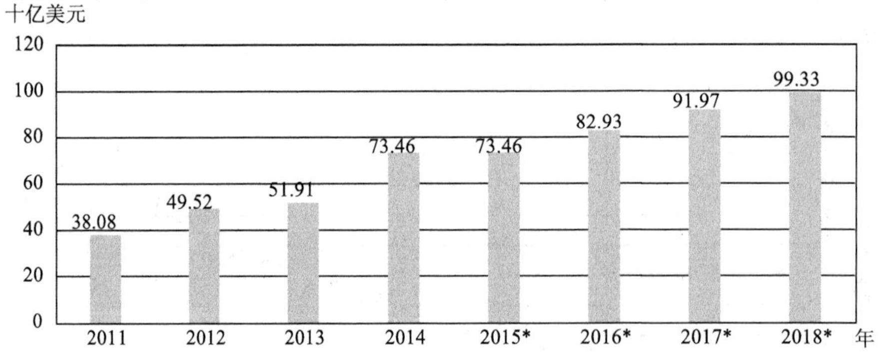


**图 5-20　2011—2014 年德国电子商务销售额以及对未来的预测②**

① http://de. statista. com/statistik/daten/studie/324949/umfrage/wachstumsraten - des - b2c - e - commerce-ums atzes-in-deutschland/.

② http://de. statista. com/statistik/daten/studie/199790/umfrage/entwicklung - des - b2c - e - commerce-umsatzes-in-deutschland/.

图 5-20 是德国电子商务销售额以及对未来的预测，近几年德国电子商务的发展时快时慢，2012—2013 年只有略微的增长，2014 年实现了比较大的增幅。2015 年预计与 2014 年持平，之后将以 10%左右的年均速度增长。

## 四、Amazon、PayPal 和 eBay 在德国的发展情况

B2C 电子商务中两家重点研究的企业是亚马逊和 PayPal。作为电子商务行业中的龙头老大，其销售额一直是研究者关注的重点，所以选择这两个企业作为研究的对比。图 5-21 展示了亚马逊在德国和全球范围内的运营情况，亚马逊全球扩张的战略使得亚马逊的销售额的增长速度是逐年上升的，2015 年全球销售额闯过了 1000 亿美元的大关，2016 年达到了 1350.9 亿美元，其在德国的销量同样稳步提升，但增速较慢。

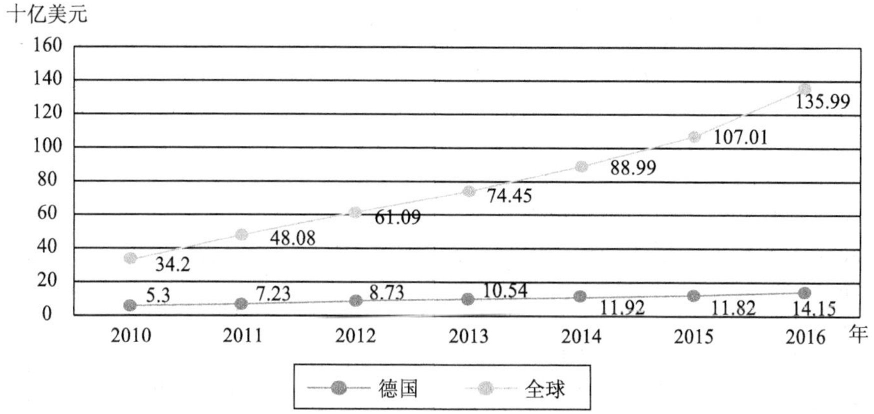


**图 5-21　2010—2016 年亚马逊在德国和全球范围的销售额①**

PayPal 是电子商务行业中的一个重要企业，其增长速度可以一定程

① Umsatz von Amazon in Deutschland und weltweit 2016 | Statistik https://de.statista.com/statistik/daten/studie/374731/umfrage/nettoumsatz-von-amazon-in-deutschland-und-weltweit/.

度上反映电子商务行业的发展趋势，从图 5-22 中可以看到，PayPal 的移动支付额增长速度逐渐攀升，到 2016 年已突破 1000 亿美元大关。

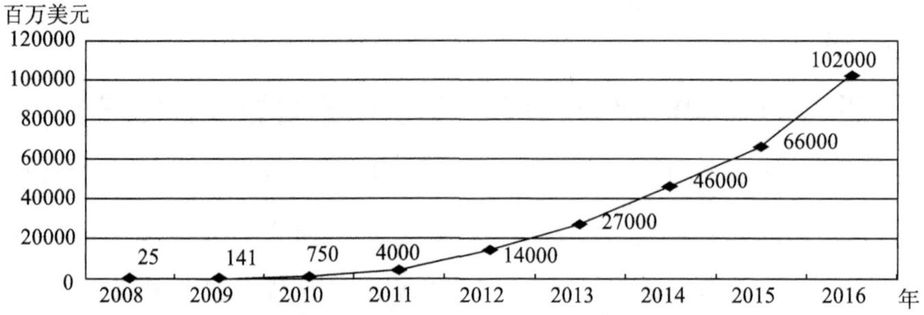


**图 5-22　2008—2016 年通过 PayPal 的移动支付总额①**

另一个值得关注的电子商务企业就是 eBay，但是最近几年 eBay 的市场地位正在逐渐下滑，亚马逊的销售额增长幅度要大于 eBay，而且，这几年德国电子商务发展放缓，eBay 的增长幅度逐渐下降，甚至出现了负增长的情况（见图 5-23）。

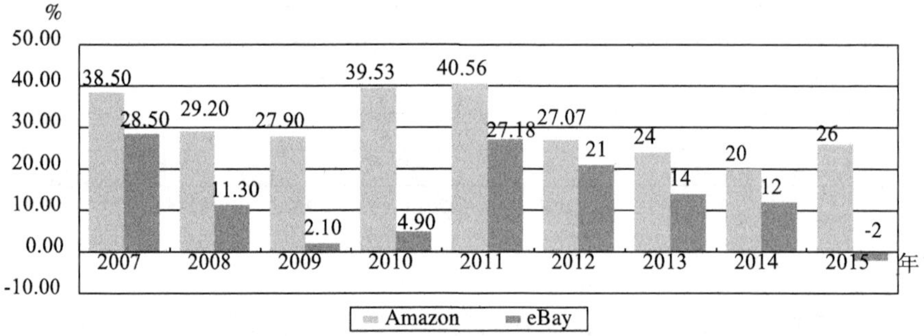


**图 5-23　2007—2015 年亚马逊和 eBay 的销售额的增长率对比②**

① http://de. statista. com/statistik/daten/studie/218465/umfrage/volumen - der - mobilen - zahlungen-via-paypal/.

② http://de. statista. com/statistik/daten/studie/188042/umfrage/umsatzwachstum - von - amazon - und-ebay-zeitreihe/.

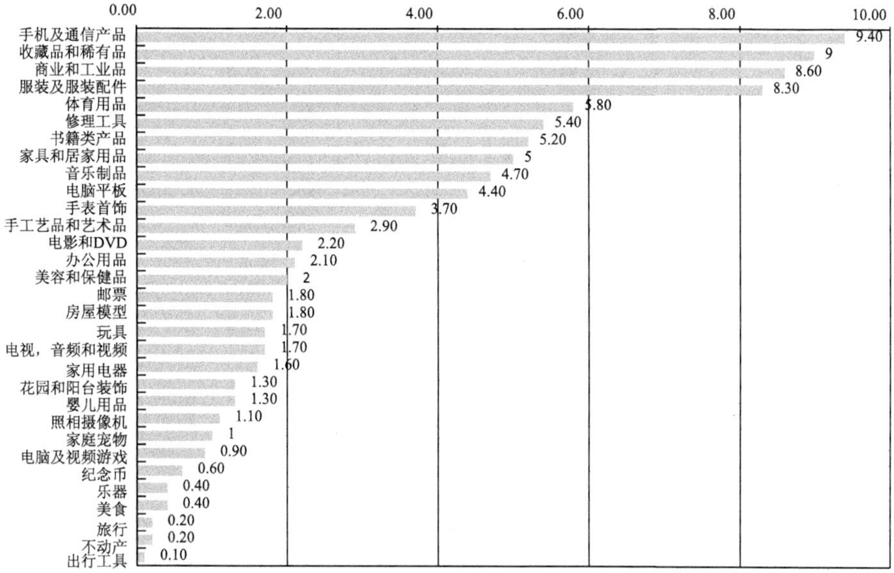


**图 5-24　2016 年 4 月 eBay 按类别统计的商品分布情况**①

图 5-24 是 2016 年 4 月德国人在 eBay 上购买商品的统计结果，德国人在 eBay 上购买的物品中，手机及通信产品占大头，占到 9.4%，收藏品和稀有品次之，接下来是工商业品及服装类。而中国网购比较普遍的美食和旅行产品等在德国却并不看好，大件商品如家用电器和家具等也都不会使用网购的办法。

## 五、新兴 C2C 电子商务平台 Etsy 及德国人对 C2C 的态度

Etsy 是最近在美国新兴的 C2C 的电子商务平台，目前已经逐渐发展壮大，图 2-25 是 2013 年第一季度到 2015 年第四季度 Etsy 的销售情况，Etsy 的销售额每个季度都在增长，2015 年的增幅更是达到 33%。但是，这种增长是需要大量的成本作为支持的，Etsy 近几年净利润一直

① http://de.statista.com/statistik/daten/studie/36956/umfrage/anteil-der-ebay-auktionen-in-deutschland-nach-kategorien/.

为负，2015 年亏损达到了五千万美元（见图 5-26）。

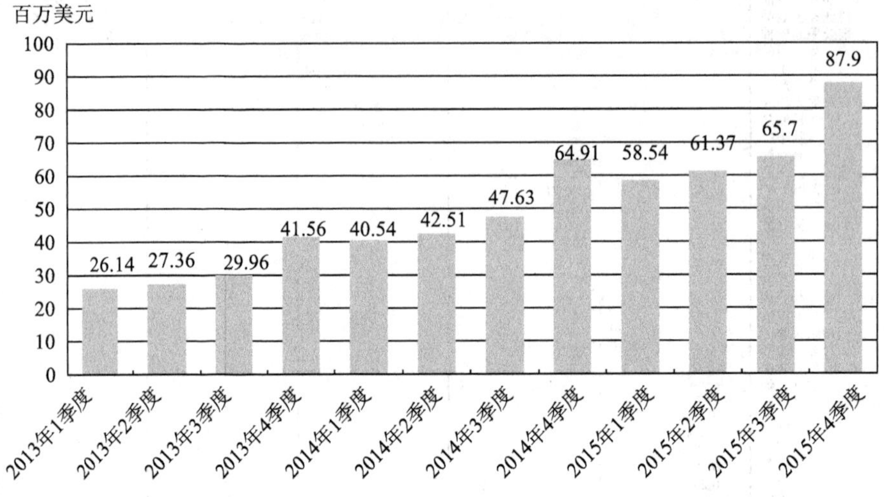


**图 5-25　2013 年第一季度到 2015 年第四季度 Etsy 的销售情况①**

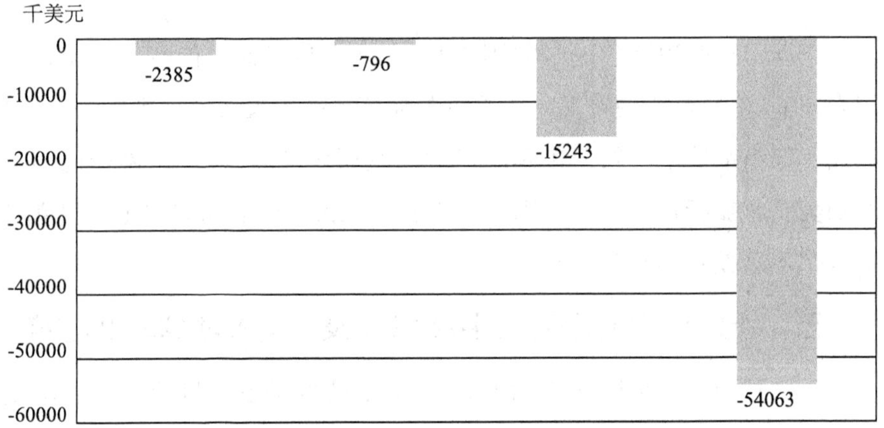


**图 5-26　2012 年到 2015 年 Etsy 整体盈利情况②**

① http://de. statista. com/statistik/daten/studie/412785/umfrage/umsatz - von - etsy - nach - quartalen/.

② http://de. statista. com/statistik/daten/studie/411108/umfrage/nettoergebnis - von - etsy - weltweit/.

在德国，目前德国人对于 C2C 电子商务还是存在一些顾虑，所以对于其认可度还不是很高，但是随着电子商务的不断发展，越来越多的德国人加入到了在线卖家的行列。图 5-27 展示的是 2006—2015 年关于德国人对成为网上个人卖家的意愿的问卷调查结果。2015 年的结果显示，31%的德国人已经加入了在线卖家的行列。

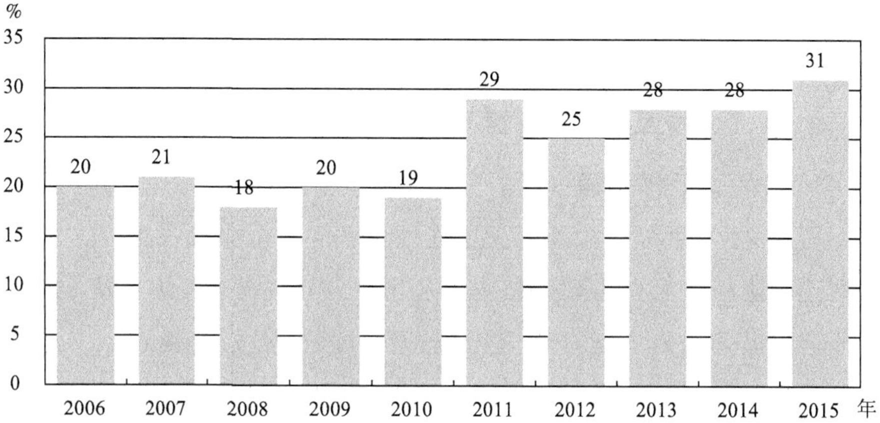


**图 5-27　2006—2015 年德国人在网上开网店情况的问卷调查结果**①

① http://de.statista.com/statistik/daten/studie/410936/umfrage/umfrage-in-deutschand-zu-privatverkaeufen-im-internet/.

# 第三节　德国 B2B 电子商务行业分析

## 一、企业中的网络使用情况

### （一）企业中互联网普及情况

#### 1. 企业互联网普及率

图 5-28 为 2005—2015 年德国连入互联网的企业所占比例。2005 年时这一比例为 78%，至 2015 年，德国企业互联网普及率已达 89%，较十年前提高了 11 个百分点，整体普及率的增速比较平稳。

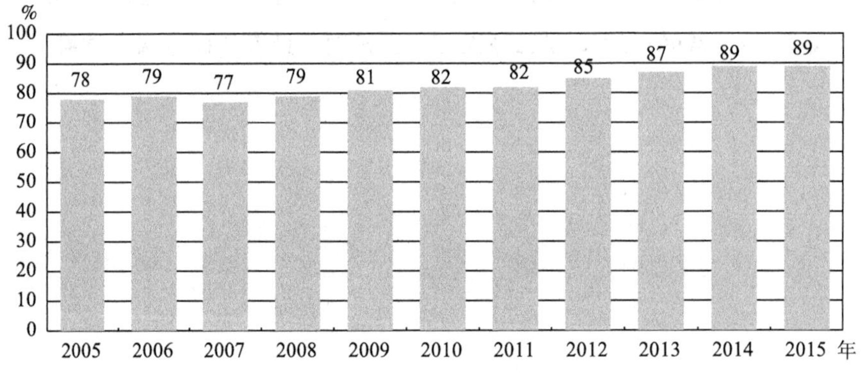


**图 5-28　2005—2015 年德国连入互联网的企业所占比例**[①]

① http://de. statista. com/statistik/daten/studie/151763/umfrage/anteil-der-unternehmen-mit-internetzugang-in-deutschland/.

2. 企业宽带普及率及联网方式分布

图 5-29 为 2011—2015 年德国企业联入互联网方式比例分布图。2011 年拥有固定宽带的企业比例已达 85%，至 2015 年上升至 93%，发展较为平稳；更加值得注意的是移动宽带的发展，2011 年该比例仅为 29%，2013 年跃升至 60%，这个比例在 2015 年虽稍有回落，但相比于 2011 年几乎翻了一番，2011—2015 年间德国移动宽带在企业间普及速度十分迅速。

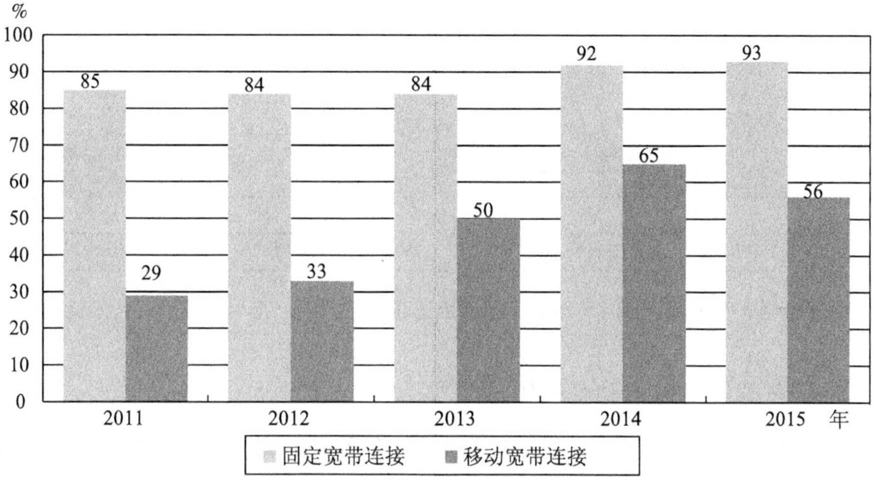


**图 5-29 2011—2015 年德国企业连入互联网方式比例分布图**①

3. 企业最快宽带网速分布图

图 5-30 为 2013—2015 年联入宽带的德国企业网速分布图。紫红色柱形为网速低于 10Mbit/s，企业所占比重较大，但呈下降趋势，2015 年网速低于 10Mbit/s 的企业占 41%；橙色柱形为网速介于 10Mbit/s-30Mbit/s，变化总体不大，从 2013 年的 28%略升至 2015 年的 30%；浅

① http://de.statista.com/statistik/daten/studie/152146/umfrage/internetzugangsarten-von-unternehmen-in-deutschland/.

橙色为网速介于 30 Mbit/s-100 Mbit/s 之间，所占比例上升速度较快；黄色柱形为 100 Mbit/s 以上，所占比例较小，2015 年仅为 9%。 而通常情况下，30 Mbit/s 以上的网速可称之为较快网速。

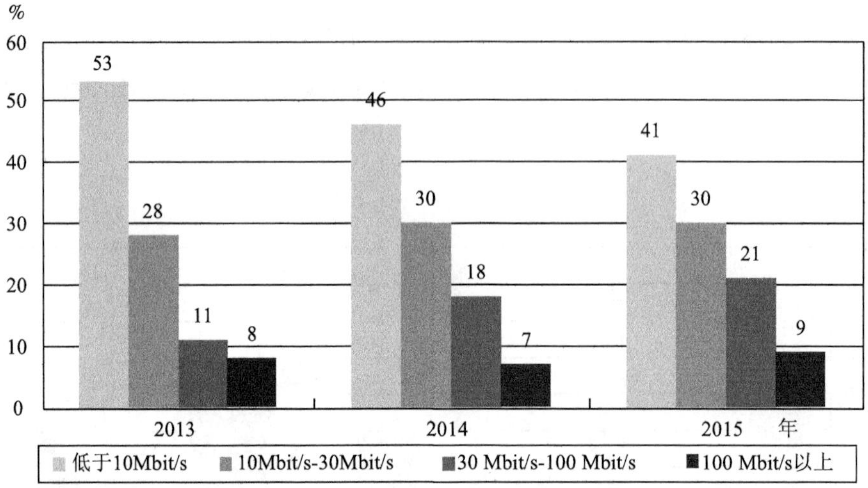


**图 5-30　2013—2015 年使用固定宽带的德国企业网速分布百分比**①

**4. 欧盟范围内企业网速情况**

图 5-31 为欧洲范围内企业 2011 年和 2013 年拥有 30 Mbit/s 以上网速所占比例的对比图。 相比于 2011 年，2013 年各国拥有较快网速的企业所占比例均有显著上升，其中丹麦、比利时和荷兰处于领先地位，德国则位列中游。

① 《2015 年德国企业信息技术使用报告》,2015 年 12 月 8 日,第 7 页。

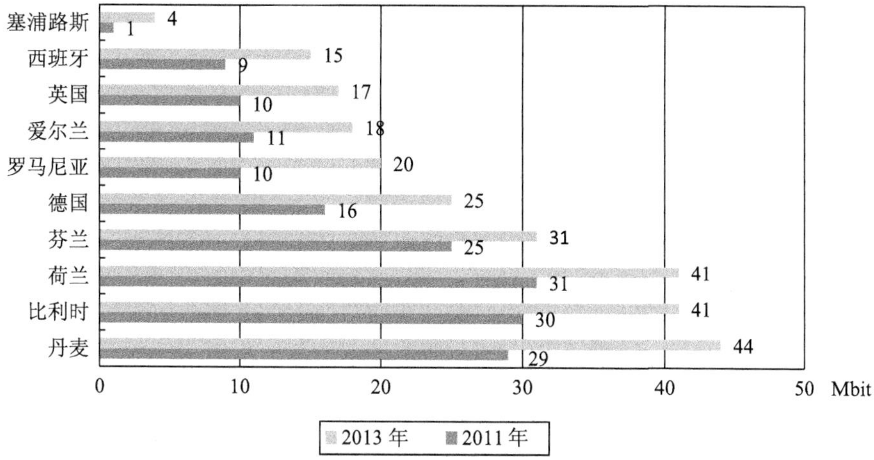


**图 5-31　欧盟范围内网速达到 30Mbit/s 的企业(10 人以上)在 2011 年及 2013 年所占比①**

## (二)企业移动网络使用情况

**表 5-1　德国 2015 年不同行业及不同规模的企业移动宽带连接比例②**

| 行业 | 通过便携式移动网络设备使用移动宽带(3G 或 4G)的企业 | | | | |
|---|---|---|---|---|---|
| | 总计 | 企业规模(人) | | | |
| | | 1~9 | 10~49 | 50~249 | 250 及以上 |
| | 在所有使用互联网的企业中所占比例(%) | | | | |
| 所有被调查领域总计 | 56 | 55 | 63 | 79 | 92 |
| 加工型企业 | 51 | 45 | 59 | 80 | 93 |
| 供能供水、废水和垃圾处理以及环境污染治理行业 | 53 | 51 | 67 | 88 | 93 |
| 建筑企业 | 55 | 54 | 70 | 82 | 97 |

① https://www.destatis.de/DE/PresseService/Presse/Pressemitteilungen/2015/12/PD15_480_52911.html.

② 《2015 年德国企业信息技术使用报告》,2015 年 12 月 8 日,第 17 页。

续表

| 行业 | 通过便携式移动网络设备使用移动宽带(3G或4G)的企业 | | | | |
|---|---|---|---|---|---|
| | 总计 | 企业规模(人) | | | |
| | | 1~9 | 10~49 | 50~249 | 250及以上 |
| | 在所有使用互联网的企业中所占比例(%) | | | | |
| 机动车交易、保养及维修行业 | 45 | 43 | 57 | 79 | 94 |
| 交通、仓储、邮政快递服务行业 | 63 | 62 | 64 | 79 | 93 |
| 餐饮行业 | 47 | 47 | 45 | 56 | 92 |
| 信息通信行业 | 76 | 75 | 86 | 90 | 97 |
| 土地及住宅行业 | 62 | 62 | 72 | 89 | 97 |
| 提供科技服务的自由职业者 | 64 | 63 | 72 | 92 | 95 |
| 其他经济服务行业 | 67 | 67 | 66 | 91 | 80 |
| 数据处理及电信设施维修行业 | 68 | 67 | 83 | 100 | — |

图5-32为2014年位于欧洲不同国家的企业使用云计算的比例。截至2014年，德国使用云计算的企业比例为11%，略低于欧洲平均水平（19%）。

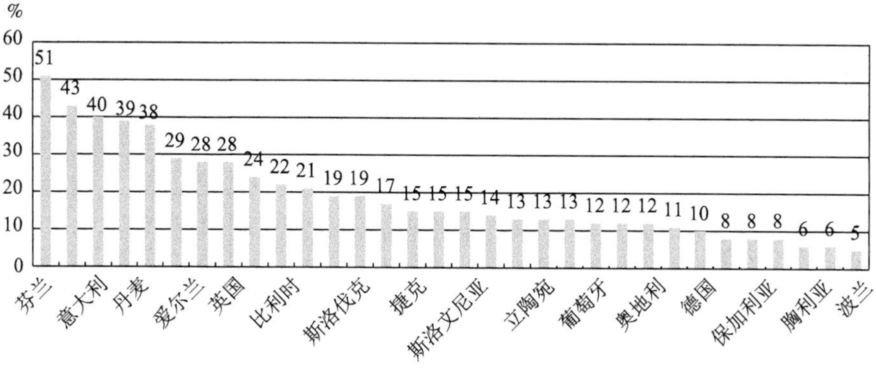


**图 5-32 2014 年欧洲国家使用云计算的企业所占比例**①

图 5-33 为按照企业规模划分，使用付费云计算的企业所占比例。截至 2014 年，德国企业使用付费云计算服务的总体比例为 12%。如果以企业规模划分，则拥有 10～49 名员工的企业使用云计算比例为 10%，拥有 50～249 名员工的企业使用比例为 16%，而拥有 250 名及以上员工的企业使用比例为 27%。

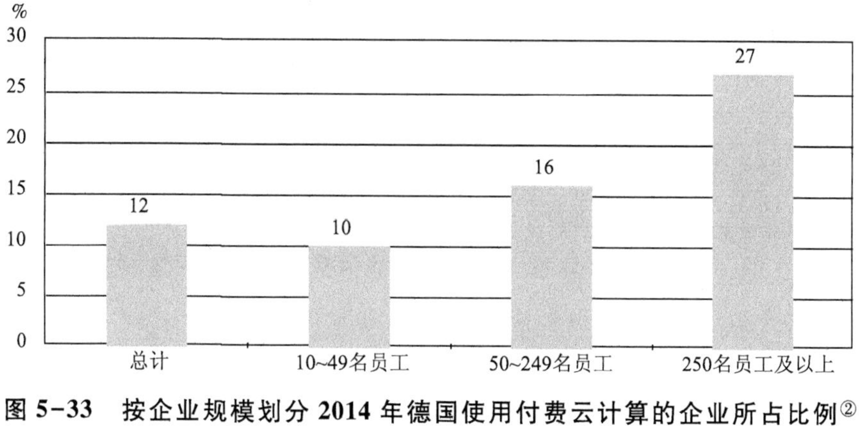


**图 5-33 按企业规模划分 2014 年德国使用付费云计算的企业所占比例**②

① http://de.statista.com/statistik/daten/studie/183491/umfrage/nutzung-von-cloud-computing-diensten-in-unternehmen-in-europa/.

② http://de.statista.com/statistik/daten/studie/380626/umfrage/nutzung-cloud-computing-in-unternehmen-in-deutschland/.

## 二、 企业使用云计算的领域

图 5-34 为 2014 年按规模划分企业付费云服务的使用情况。 一方面，随着企业规模的扩大， 使用付费云服务的比例也明显上升，在拥有 250 人及以上的大型企业中，使用该服务的企业比例占到 27%，而在 10~49 人的中小型企业中，这一比例仅为 10%。 另一方面，企业使用付费云服务可以出于多重目的，而根据图中的数据显示，数据存储及电子邮件是云服务的重要用途， 除此之外，企业还会将付费云服务应用于日常办公、数据管理、客户关系管理等方面。

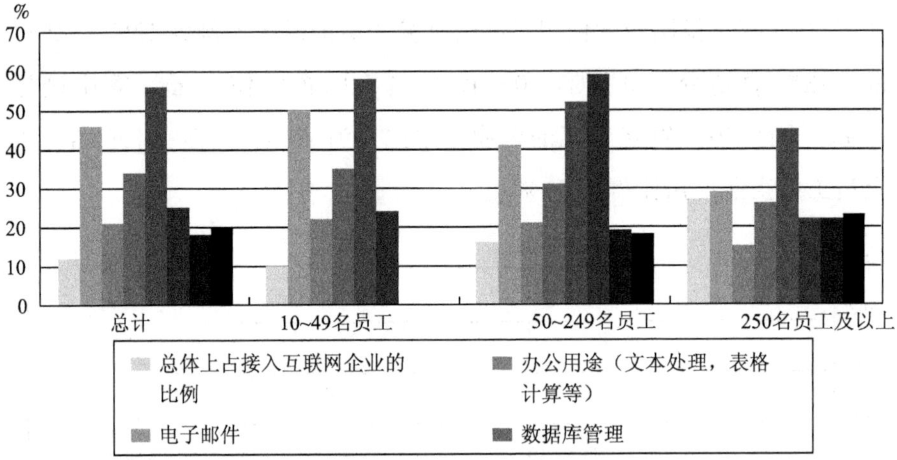


**图 5-34　2014 年按规模划分企业付费云服务使用情况**[①]

① 《2014 年德国企业信息技术使用报告》,2015 年 12 月 8 日,第 12 页。

## 三、企业在线交易情况

### (一)企业在线采购比例

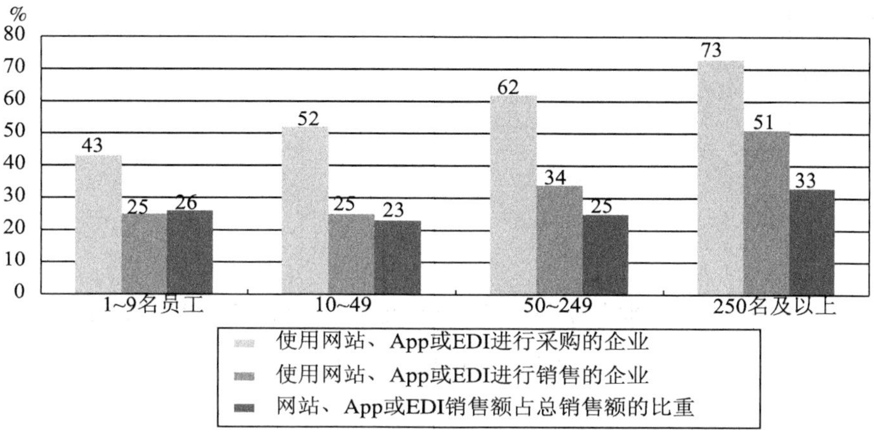


**图 5-35　按企业规模划分 2014 年德国企业电子商务情况**①

图 5-35 为 2014 年德国企业按照其规模划分的电子商务情况比例图。紫色柱形表示使用在线采购的企业所占比例，黄色表示使用线上销售企业所占比例，橙色表示在线销售额占企业总销售额比例。规模为 1～9 人的企业中，在线销售的比例为 25%，在线销售额占总销售额比重为 26%，规模为 10～49 人的企业中，在线销售的比例为 25%，在线销售额占总销售额比重为 23%。而在拥有 250 名及以上员工的大企业中，实现在线销售的占 73%，在线销售额占总销售额比重为 33%。由此可以看出，随着企业规模的扩大，在线销售的比重也随之增大，而在线销售额占总销售额的比重则呈现两头高、中间低的态势。

① 《2015 年德国企业信息技术使用报告》,2015 年 12 月 8 日,第 7 页。

### (二)企业在线销售情况

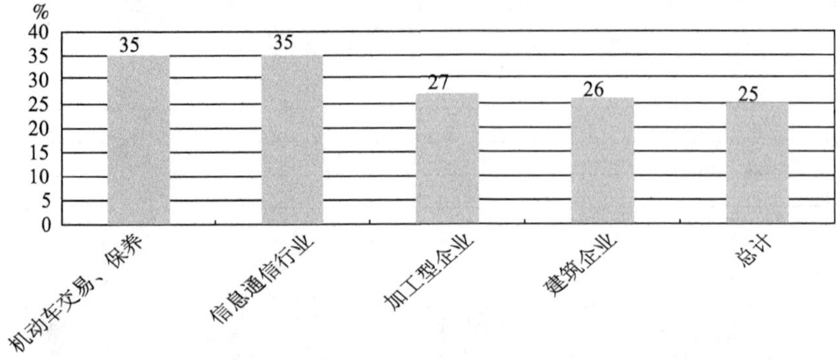


**图 5-36　按行业划分 2014 年德国通过网站、App 或 EDI 销售产品或服务的企业所占比例①**

图 5-36 为 2014 年德国企业通过网站、手机应用或是电子数据传输实现的产品或服务销售所占的比例。截至 2014 年，德国企业在线销售总体比例为 25%，其中汽车销售与维修及通信行业在线销售比例最高，达 35%，加工业为 27%，建筑业为 26%。

## 四、企业线上宣传情况

### (一)企业拥有官方网站的比例

截至 2015 年，德国有 66%的企业拥有独立官网。2005—2015 年间，这一比例总体上升，但在部分年份存在小幅波动（见图 5-37）。

① http://de.statista.com/statistik/daten/studie/166190/umfrage/unternehmen-mit-verkaeufen-ueber-das-internet/.

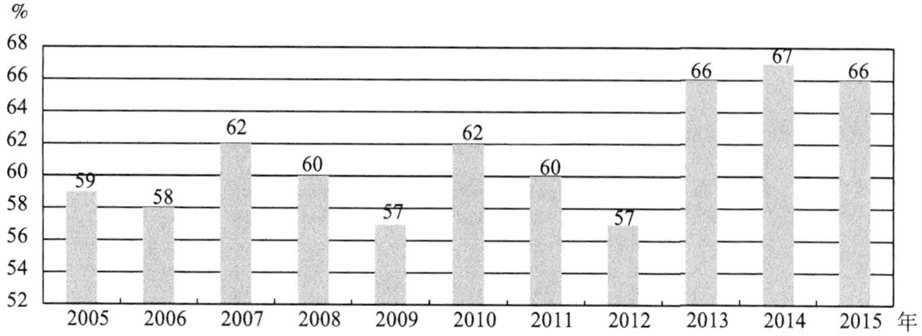


**图 5-37　2005—2015 年德国拥有独立官网的企业比例**[①]

## (二)社交媒体

### 1. 企业使用社交媒体的比例

图 5-38 为 2015 年德国企业按照规模划分使用社交媒体的比例图。其中规模为 1~9 人的企业使用比例为 30%，10~49 人的企业比例为 36%，50~249 人的企业使用比例为 47%，而拥有 250 名及以上员工的企业使用比例则为 65%，所有企业的总体比例为 31%。可以看出，随着企业规模的扩大，使用社交媒体的企业比例也明显提升。

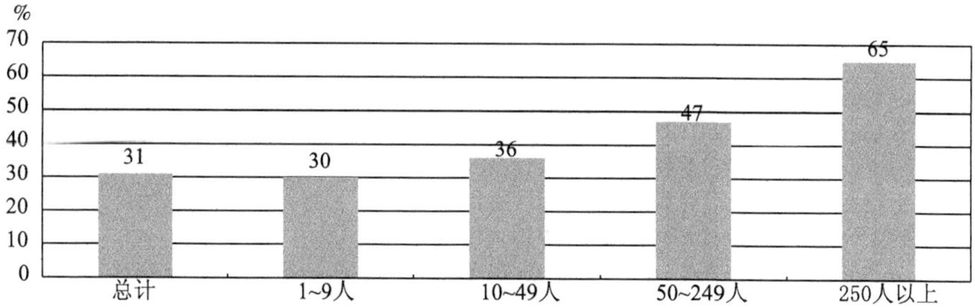


**图 5-38　按规模划分 2015 年德国使用社交媒体的企业比例**[②]

资料来源:Statistisches Bundesamt。

① http://de. statista. com/statistik/daten/studie/151766/umfrage/anteil - der - unternehmen - mit - eigener-website-in-deutschland/.

② 《2015 年德国企业信息技术使用报告》,2015 年 12 月 8 日,第 7 页。

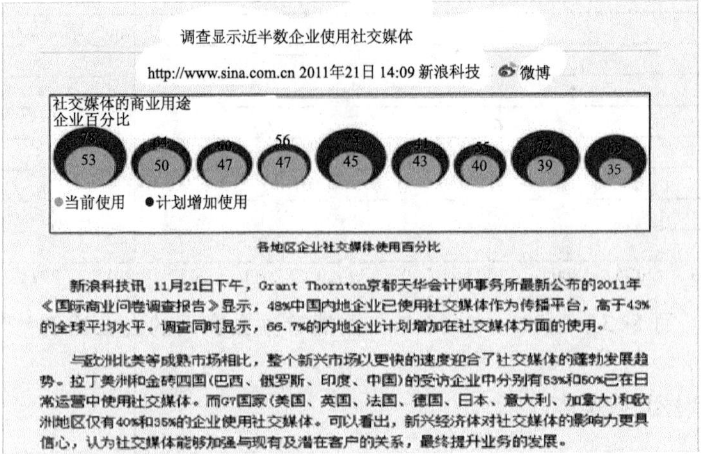

调查显示近半数企业使用社交媒体

http://www.sina.com.cn 2011年21日 14:09 新浪科技 微博



各地区企业社交媒体使用百分比

新浪科技讯 11月21日下午，Grant Thornton京都天华会计师事务所最新公布的2011年《国际商业问卷调查报告》显示，48%中国内地企业已使用社交媒体作为传播平台，高于43%的全球平均水平。调查同时显示，66.7%的内地企业计划增加在社交媒体方面的使用。

与欧洲北美等成熟市场相比，整个新兴市场以更快的速度迎合了社交媒体的蓬勃发展趋势。拉丁美洲和金砖四国(巴西、俄罗斯、印度、中国)的受访企业中分别有53%和50%已在日常运营中使用社交媒体。而G7国家(美国、英国、法国、德国、日本、意大利、加拿大)和欧洲地区仅有40%和35%的企业使用社交媒体。可以看出，新兴经济体对社交媒体的影响力更具信心，认为社交媒体能够加强与现有及潜在客户的关系，最终提升业务的发展。

**图 5-39 关于中国企业使用社交媒体的报道**[①]

图 5-39 为 2011 年 11 月的一篇新闻报道，报道显示，2011 年已有 48%的中国内地企业使用社交媒体作为传播平台，高于 43%的全球平均水平，这个比例高于 2015 年时德国使用社交媒体的企业平均 31%的占比，这与中德两国不同的经济发展状况以及对社交媒体的接受程度息息相关，如报道所说："新兴经济体对社交媒体的影响力更具信心，认为社交媒体能够加强与现有及潜在客户的关系，最终提升业务的发展。"而对于类似德国这样的传统经济强国来讲，社交媒体的意义并未受到额外的关注。

**2. 企业使用社交媒体的类别**

由图 5-40 可以看出，企业规模越大，使用社交媒体的比例也相应越高，其中使用频率最高的社交媒体为 Facebook、Linkedin 等，多媒体社交网络，如 Youtube 的使用频率居中，而企业博客或微博以及维基知识系统的使用频率则最低。企业对于社交媒体的选择与其使用目的、

① http://tech.sina.com.cn/i/2011-11-21/14096357892.shtml.

目标群体以及社交媒体本身的特点有很大关系。

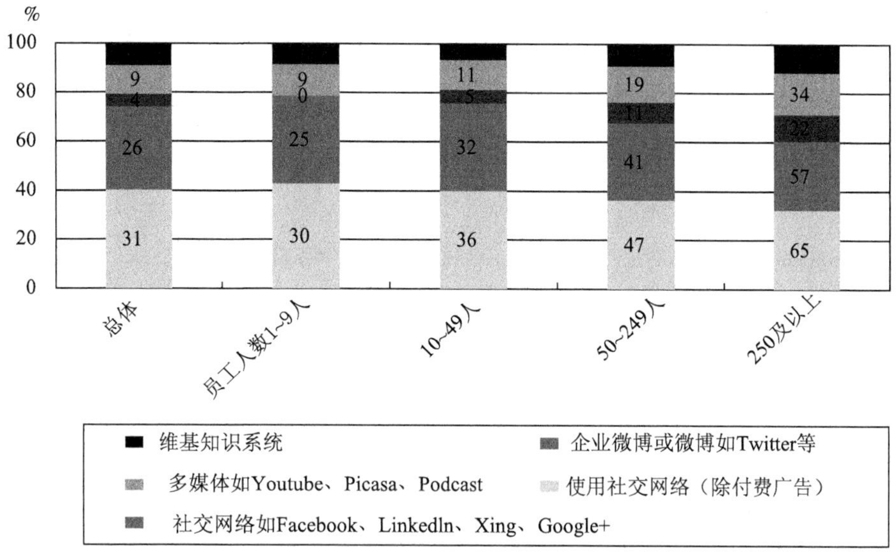


**图 5-40　2015 年德国按照规模划分使用不同社交媒体的企业所占比例分布图①**

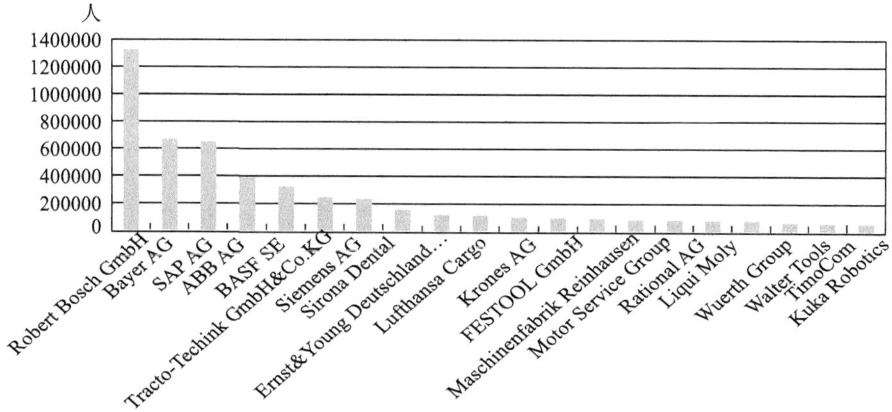


**图 5-41　2016 年 1 月德国 B2B 企业 Facebook 关注者人数排名②**

---

① 《2015 年德国企业信息技术使用报告》,2015 年 12 月 8 日,第 19 页 。

② http://de. statista. com/statistik/daten/studie/220941/umfrage/b2b - unternehmen - mit - den - meisten-fans-auf-facebook/.

图 5-41 为 2016 年 1 月德国 B2B 企业 Facebook 关注者人数排名。其中排名第一的是拜耳公司（Bayer AG），拥有 130 多万关注者。拜耳公司是世界 500 强企业之一，在高分子、医药保健、化工及农业方面都居业内领先地位。思爱普公司（SAP AG）凭借 66 万多的关注者数量位列第二，它是全球最大的企业管理和协同化商务解决方案供应商，世界第三大的独立软件供应商以及全球第二大云公司。博世公司（Robert Bosch GmbH）作为德国最大的工业企业之一，活跃于汽车技术、工业技术和消费品及建筑技术产业，拥有 64 万多关注者，位列思爱普之后。榜上有名的企业涉及的领域涵盖了机械、金融、IT 等各个行业。

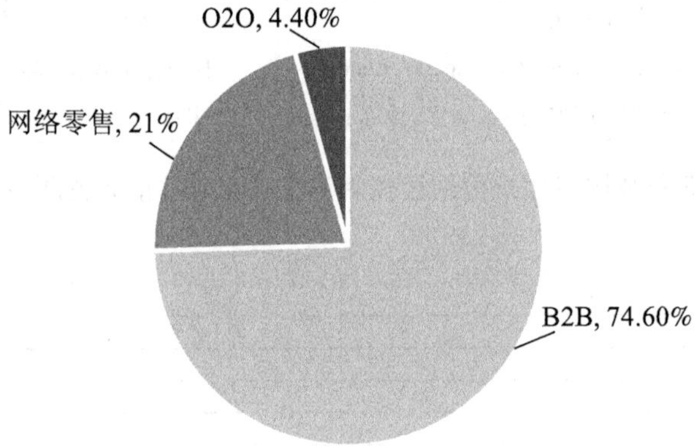


**图 5-42　2014 年中国电子商务市场细分行业构成**[①]

数据显示，2014 年中国电子商务市场细分行业构成中，B2B 电子商务市场份额占比 74. 6%，占据主导地位。但这一比例与德国相比较低，这一方面是因为 2014 年中国经济下行，经济增速减缓，另一方面也与网络购物即 B2C 的蓬勃发展以及本地生活服务 O2O 模式的兴起有关（见图 5-42）。

① www. 100EC. cn.

# 五、 德国 B2B 信息平台发展分析

## (一)德国最大的 B2B 信息平台

abconline. de 是德国最大的 B2B 信息平台之一，几乎一半的网站用户群是各公司的决策层，他们通过这个网站为公司寻找新的供货商。1949 年 ABC 德国经济出版印刷公司成立（die ABC der deutschen Wirtschaft-Verlagsgesellschaft mbH），积累了大量的专业数据，这些数据也在网站筛选信息时得以运用，进一步优化网站的用户体验。 abconline. de 的数据库里包含了超过 1000 万家欧洲企业的信息，使用户能够在最短时间内搜索出其所需的产品或服务。 但其功能主要在于提供信息，而非在线交易。

## (二)德国最活跃的 10 家 B2B 信息平台

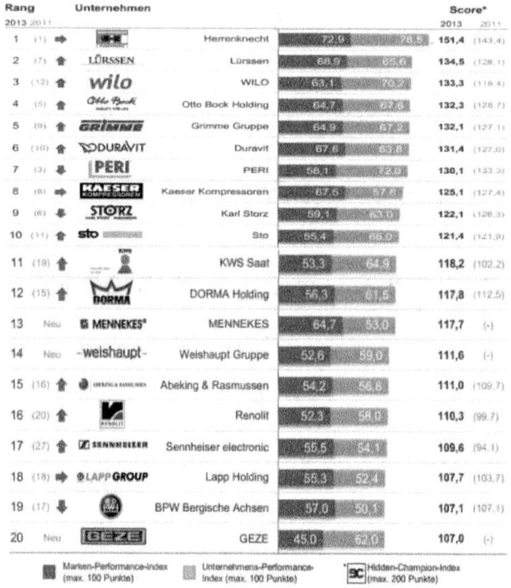


**图 5-43　2013 年德国最活跃的 20 家 B2B 企业①**

① http://www. marconomy. de/index. cfm? pid=13651&pk=427935&fk=665389&type=article#1.

图 5-43 为 2013 年德国最活跃的 20 家 B2B 企业，其排行标准为企业品牌表现及企业自身表现得分的总和，深灰色区域为企业品牌得分，浅灰色区域为企业自身表现得分。其中排名前十的企业所从事的领域分别为：挖掘机/隧道建设（Herrenknecht）、游艇制造（Lü rssen）、水泵（Wilo）、假肢（Otto Bock）、农机（Grimme）、卫浴（Duravit）、管材（PERI）、空压机（Kaeser Kompressoren）、内窥镜（Karl Storz）、建筑涂料及外墙保温（Sto）。2013 年这些企业都凭借其卓越的产品品质、强大的创新能力以及遍布全球的销售网取得了不俗的业绩。而其官网建设也相对完善，大部分都刊登有企业的发展经历、销售业绩以及详细的产品介绍，为顾客在作出选择之前尽可能多地了解这些企业及其产品提供了可能，同时也营造了良好的企业形象。

个别企业官网（如 Grimme）还提供二手产品交易服务，客户可浏览产品照片及报价，并在线询问产品的详细情况。同时，与此项排行榜相关的调查也表明，对于 B2B 企业来讲，企业透明度发挥着日益重要的作用，因为这样有助于企业之间建立长期互信的合作关系。

### (三)中德 B2B 信息平台对比分析

**表 5-2　2015 年中国 B2B 电商排行榜①**

| 序号 | 企业名称 |
|---|---|
| 1 | 阿里巴巴 |
| 2 | 慧聪网 |
| 3 | 中国制造网 |
| 4 | 科通芯城网 |
| 5 | 京东 |

① http://www.cnki.com.cn/Article/CJFDTotal-HLZK201519015.htm.

续表

| 序号 | 企业名称 |
| --- | --- |
| 6 | 网盛生意宝 |
| 7 | 一呼百应网 |
| 8 | 敦煌网 |
| 9 | 金泉网 |
| 11 | 铭万网 |
| 12 | 中国供应商 |
| 13 | 马可波罗 |
| 14 | 世界工厂网 |
| 15 | 金银岛 |
| 16 | 欧浦钢网 |
| 17 | 义乌购 |
| 18 | 一亩田 |
| 19 | 中国网库 |
| 20 | 百贸网 |

表 5-2 为 2015 年中国 B2B 电商排行榜前 20 位，可以看出，在 B2B 领域中，国内目前的交易产品主要集中于工业品，如钢铁、煤炭、机械、电子元器件以及服装等。除了类似阿里巴巴、慧聪网之类的资深企业外，位于第 18 位的一亩田也十分引人注目，这是一个成立于 2011 年的农产品诚信交易平台，其模式属于国内互联网+农业的创新典型，它此次入榜一定程度上标志着围绕农业开展的 B2B 逐渐开始崭露头角，或将成为下一个潜力市场。

与 2013 年的德国 B2B 企业排行榜相比，最显著的两个不同就在于服装贸易在中国 B2B 中所占的地位越来越重要以及农业 B2B 逐渐显露的上升趋势。

# 第四节 移动互联网行业分析

## 一、 移动互联网行业发展概况

### （一）移动互联网用户规模

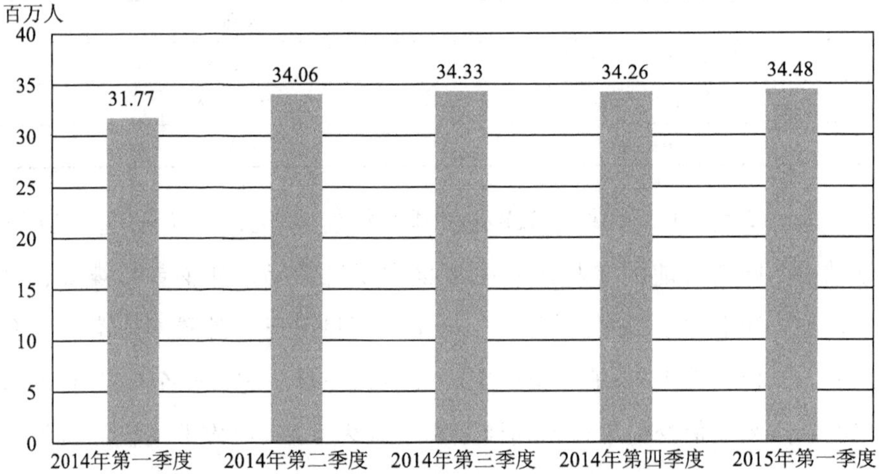


**图 5-44 2014—2015 年德国移动互联网用户数量**①

2014 年第一季度—2015 年第一季度，德国移动互联网用户数量由 3177 万户平稳上升至 3448 万户，增长了约 0.9%（见图 5-44）。

① http://de. statista. com/statistik/daten/studie/221673/umfrage/anzahl-der-mobilen-internetnutzer-in-deutschland/.

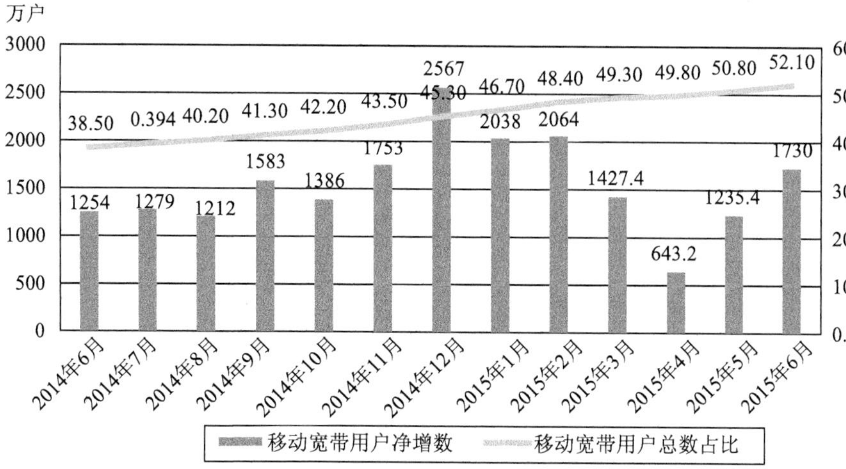


**图 5-45　2014—2015 年中国移动宽带用户当月净增数和总数占比情况①**

与德国相比，中国移动互联网用户比重稍高：截至 2015 年 6 月，我国移动电话用户规模近 13 亿户，移动宽带用户占比达到 52.1%。2015 年 1 月—6 月移动宽带用户（3G 和 4G 用户）累计净增 9137.8 万户，总数达到 6.74 亿户，较上年末提高 6.8%（见图 5-45）。

### （二）移动互联网产值

自 2007 年以来，德国移动互联网产值逐年大幅上升，由 16.56 亿欧元上升至 2015 年的 79.27 亿欧元，涨幅高达 378.7%。根据预计，至 2017 年，德国移动互联网产值将达到 93.94 亿欧元（见图 5-46）。

① 工信部 . 2015 年 6 月份通信业经济运行情况，http://www.miit.gov.cn/n11293472/n11293832/n11294132/n12858447/16734467.html.

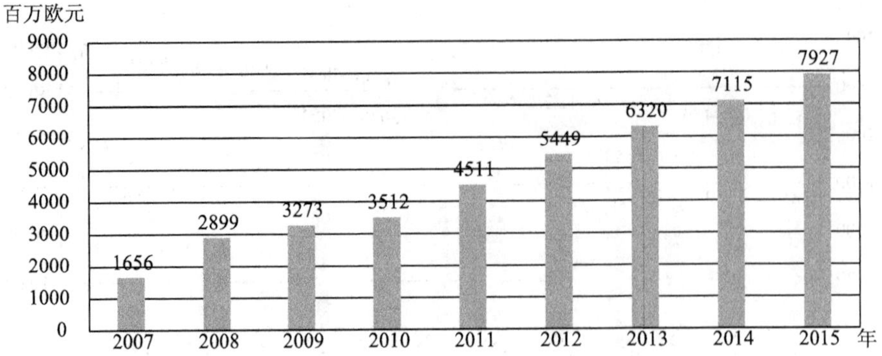


**图 5-46　2007—2015 年德国移动互联网产值①**

## 二、移动互联网用户结构

### (一)移动互联网用户年龄结构

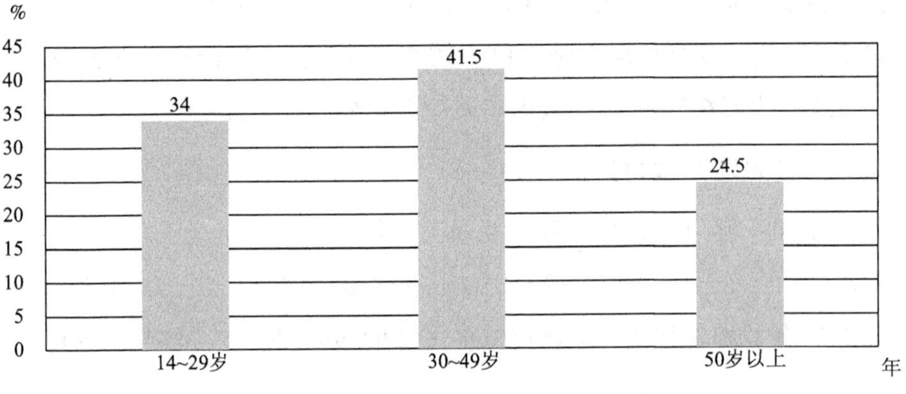


**图 5-47　2015 年德国移动互联网用户年龄结构②**

截至 2015 年 9 月，德国移动互联网用户中 30~49 岁人群所占比重

① http://de. statista. com/statistik/daten/studie/180583/umfrage/umsatzentwicklung-im-mobilen-internet-in-deutschland-seit-2005/.

② http://de. statista. com/statistik/daten/studie/173779/umfrage/nutzung-des-internet-per-mobiltelefon-in-deutschland/.

最大，为 41.5%；14~29 岁人群以 34%的比重位列第二；其次是 50 岁以上人群（24.5%）。由此可见，中年以及青少年群体是德国移动互联网消费的主力军（见图 5-47）。

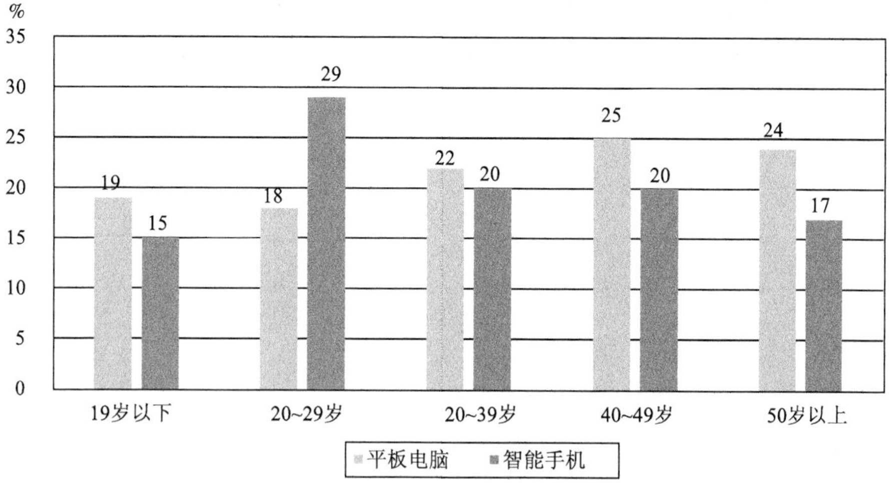


**图 5-48　2014 年德国移动互联网用户年龄结构及其接入设备特征①**

根据 2014 年更细化的数据可以读出：从整体上看，随着移动互联网用户年龄层的增加，其使用平板电脑作为移动互联网连接设备的比重也随之上升。20~29 岁人群使用智能手机作为移动互联网连接设备的比重最高，为 29%。从整体上看，29 岁以下人群更倾向于使用智能手机作为移动互联网连接设备，30 岁及以上人群更倾向于使用平板电脑作为移动互联网连接设备（见图 5-48）。

① http://de.statista.com/statistik/daten/studie/39362/umfrage/internetzugang-per-handy-in-2009-nach-altersklassen/.

### (二)移动互联网用户收入结构

2014 年，德国月收入为 1500 欧元以下的人群可能因为经济原因不常使用移动设备。1500 欧元以上的用户群中可以发现，收入越高，使用智能手机频率甚至呈下降趋势，而月收入 3500 欧元以上的人群则更倾向于使用平板电脑作为移动互联网连接设备（见图 5-49）。

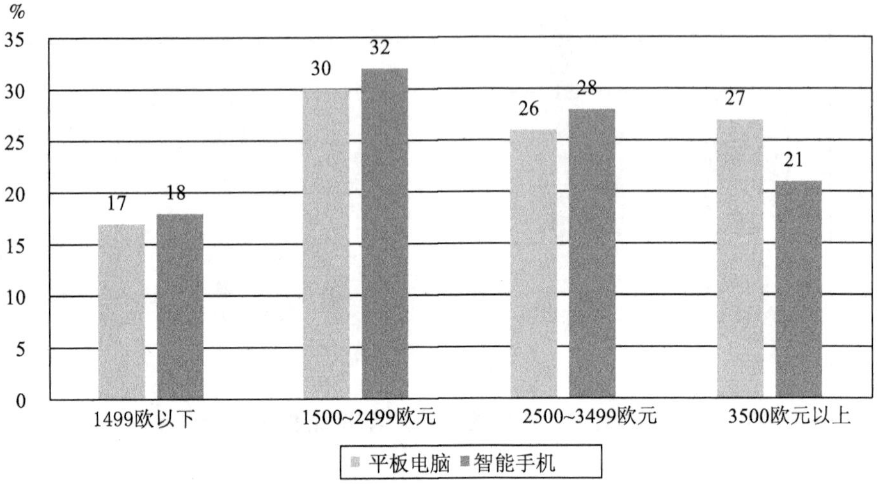


**图 5-49　2014 年德国移动互联网用户收入结构及其接入设备特征①**

## 三、个人用户及企业用户移动互联网使用情况

### (一)个人用户移动互联网使用情况

#### 1. 个人移动互联网使用领域分布特征

2014 年，德国移动互联网用户使用移动互联网主要用于发送即时消息（38%）、收发电子邮件（35%）、阅览新闻（33%）、本地信息服务（33%）以及社交网络（26%）。但从整体来看，德国移动互联网在

① http://de.statista.com/statistik/daten/studie/196091/umfrage/mobile - internetnutzung -in-deutschland-nach-haushalts-nettoeinkommen/.

各领域的使用率仍低于固定网络（见图 5-50）。

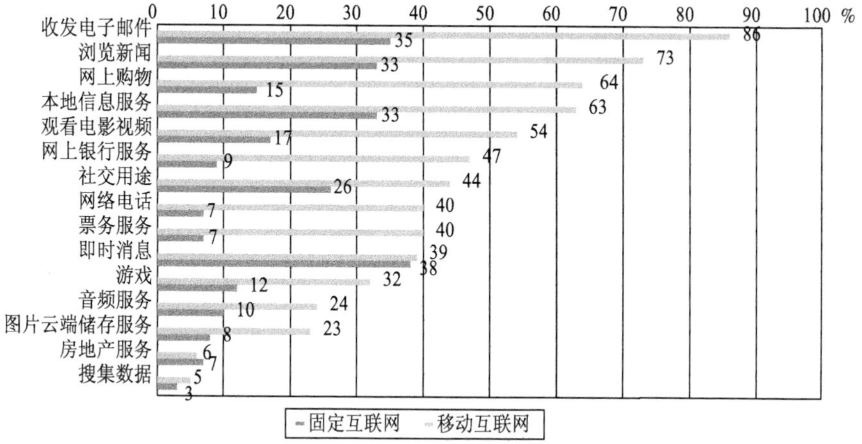


**图 5-50　2014 年德国个人移动互联网用户使用领域**①

**2. 个人移动互联网用户最常访问的十大网站**

2015 年 1 月—3 月，德国个人移动互联网用户最常访问的网站为 gutefrage. net（论坛类网站），其月均用户量达到 880 万。其次为 bild. de（新闻类网站）、Spielgel Online（新闻类网站）等。第十位为 Zeit Online（新闻类网站）。由图 5-51 可知，德国个人移动互联网用户最常访问的网站为新闻类网站。

① HUAWEI Technologies Deutschland GmbH：Mobile Internetnutzung 2014.

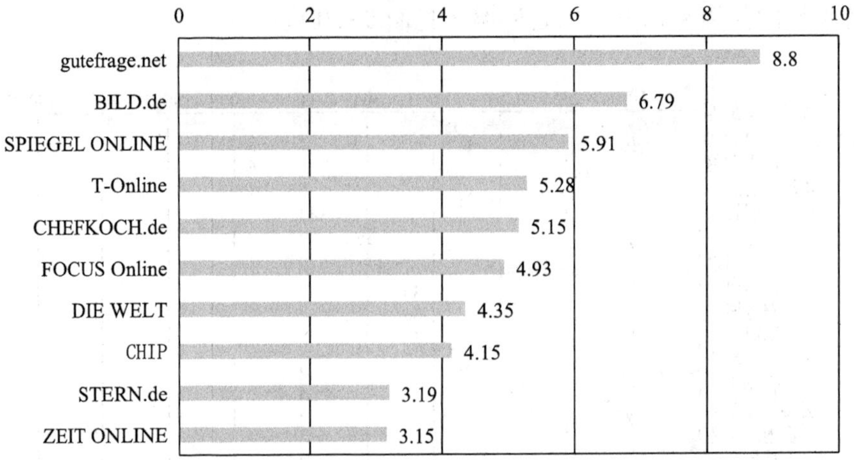


**图 5-51　2015 年德国个人移动互联网用户最常访问的十大网站①**

## (二)企业移动互联网使用情况

### 1. 企业员工移动互联网接入率

**表 5-3　2015 年德国企业员工移动互联网接入率**

| | 总和 | 企业员工数量 | | | |
|---|---|---|---|---|---|
| | | 1~9 人 | 10~49 人 | 50~249 人 | 250 人及以上 |
| | 拥有移动互联网的员工比重(%) | | | | |
| 大于 10% | 24 | 22 | 38 | 39 | 42 |
| 大于 20% | 20 | 20 | 23 | 22 | 2 |
| 大于 50% | 13 | 13 | 6 | 7 | |

从整体上看，2015 年德国企业中具备移动互联网连接条件的员工超过员工总数 10%以及 20%的企业所占的比重，随企业人数规模的增加而增加，而该比例超过 50%的企业数量较少（见表 5-3）。

① Verband privater Rundfunk und Telemedien：http://www.vprt.de/thema/marktentwicklung/marktdaten/mediennutzung/mobile-nutzung/content/mobile-internetnutzung-deut-5.

### 2. 各行业移动宽带安装率

表 5-4　2015 年德国各行业移动宽带安装率①

| 行业 | 企业移动宽带安装 | | | | |
|---|---|---|---|---|---|
| | 总和 | 企业员工数量 | | | |
| | | 1~9 人 | 10~49 人 | 50~249 人 | 250 人及以上 |
| | 拥有移动宽带企业的比重(%) | | | | |
| 平均值 | 56 | 55 | 63 | 79 | 92 |
| 加工业 | 51 | 45 | 59 | 80 | 93 |
| 能源供应、用水供应、垃圾处理、环保 | 53 | 51 | 67 | 88 | 95 |
| 建筑业 | 55 | 54 | 70 | 82 | 97 |
| 贸易、维修保养、汽车维修 | 45 | 43 | 57 | 79 | 94 |
| 交通、仓储、邮政快递 | 63 | 62 | 64 | 79 | 93 |
| 餐饮业 | 47 | 47 | 45 | 56 | 92 |
| 信息与交流 | 76 | 75 | 86 | 90 | 97 |
| 房地产业 | 62 | 62 | 72 | 89 | 97 |
| 科技服务 | 64 | 63 | 72 | 92 | 95 |
| 其他经济服务 | 67 | 67 | 66 | 71 | 80 |
| 计算机与通信设备维修 | 68 | 67 | 83 | 100 | / |

从总体来看，德国 56%的企业装有移动互联网设备，且该比重随企业规模增大而增加。其中，信息、计算机及通信设备维修、金融服务等相关企业移动互联网安装率明显高于其他行业。相比之下，贸易、汽车维修等相关企业移动互联网安装率较低（见表 5-4）。

① Statistisches Bundesamt: Unternehmen und Arbeitsstätten – Nutzung von Informations- und Kommunikationstechnologien in Unternehmen 2015.

## 四、移动互联网发展中智能手机的应用

### (一)智能手机用户数量及其变化趋势

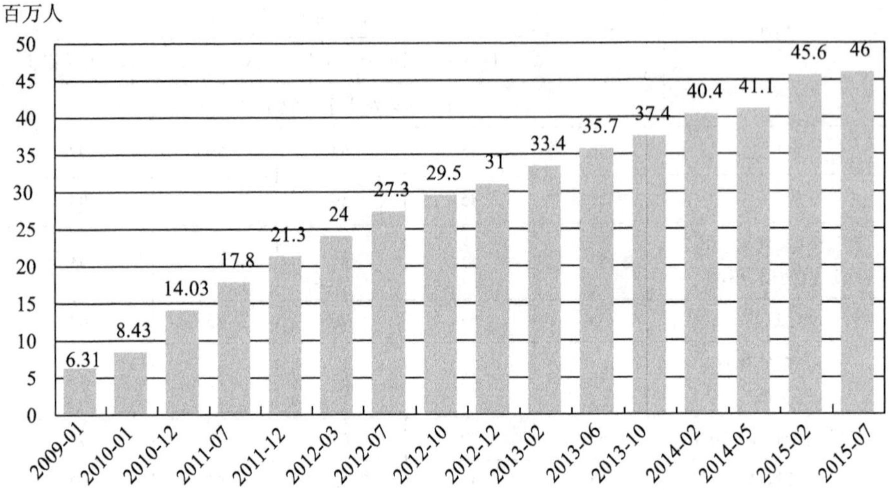


**图 5-52 2009—2015 年德国智能手机用户量发展情况**[①]

2009 年 1 月—2015 年 7 月，德国智能手机用户由 621 万持续大幅上升至 4600 万，增幅高达 640. 7%（见图 5-52）。

### (二)智能手机作为移动互联网终端所占比重

2014 年，德国移动互联网用户中选择笔记本电脑作为移动互联网连接终端的人数占 59%，将智能手机作为连接终端的用户占 58%，其次分别是移动电话（非智能手机）、台式电脑、平板电脑、可穿戴设备。 自 2012 年以来，将笔记本电脑作为连接终端的用户大致保持平稳，而将移动电话（非智能手机）和台式电脑作为连接终端的用户大幅减少，将智能手机、平板电脑、可穿戴设备作为移动互联网连接终端的

① http://de. statista. com/statistik/daten/studie/198959/umfrage/anzahl-der-smartphonenutzer-in-deutschland-seit-2010/.

用户大幅增加（见图5-53）。

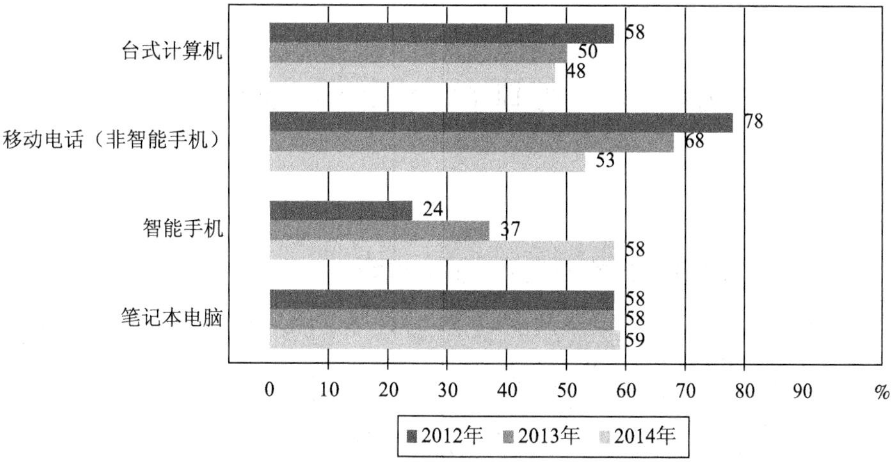


**图5-53　2012—2014年德国移动互联网连接方式比重①**

---

① HUAWEI Technologies Deutschland GmbH：Mobile Internetnutzung 2014.

# 第五节　德国社交网络行业分析

## 一、德国社交网络基本情况调查

社交网络的迅猛发展是全球化最有力的表现之一。Facebook、Twitter、YouTube等社交平台的诞生和发展标志着人类交际已经进入互联网虚拟时代，而随着经济等各方面的发展互联网发展也普及了全球。同时值得一提的是，社交网络与社交媒体（social media）相辅相成，在全球化的今天得到迅猛发展。社交网络的作用之大不容忽视，此模块就德国社交网络近年的发展展开调查、讨论，同时分析中也将其与中国社交网络稍加比较。

### （一）德国社交网络发展情况

BITKOM（德国信息技术、通信、新媒体联合协会）的数据显示，德国传统媒体的主导地位倾向依然很显著。根据他们一项对媒体使用情况的调查我们可以看到，2012年3月期间，14岁及以上人群中有99%收看过电视节目，收音机、杂志和报纸紧随其后，分别有94%的人使用过。互联网使用情况达到了76%，所占份额和传统媒体还是有一定差距的①。虽然2012年传统媒体依然领先于互联网，但根据我们的观察及体验不难发现近几年互联网及社交媒介越来越多地表现出取代传统媒介的趋势，尤其是在青少年群体中，社交媒体显得必不可少。尽

① http://www.199it.com/archives/45203.html,2012-05-25.

管有99%的人群观看电视节目，但是社交网络的发展没有因为传统媒体的强势而受到阻碍（见图 5-54）。

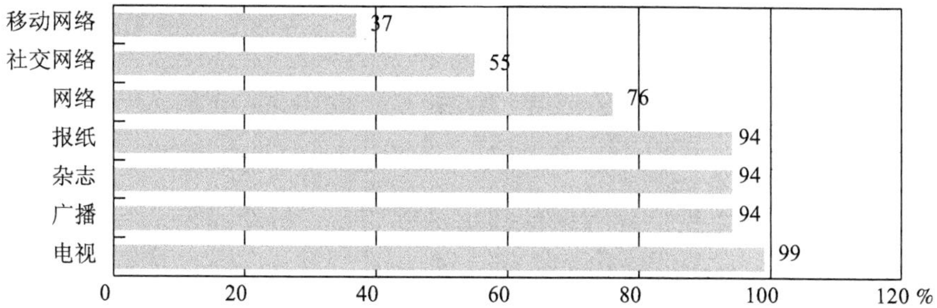


**图 5-54　2012 年 3 月德国媒体使用情况**

资料来源：《BITKOM and Airs》，2012 年 4 月 3 日。

## （二）德国近年主要社交网络排名

2013 年 9 月 Facebook 以 3336 万访问量居社交网络第一位且遥遥领先。其余社交网络访问量差别不大，依次为：Xing、Twitter、Tumblr、LinkedIn、Odnoklassniki、Stayfriends、Deviantart、Ask 和 Badoo（见图 5-55）。

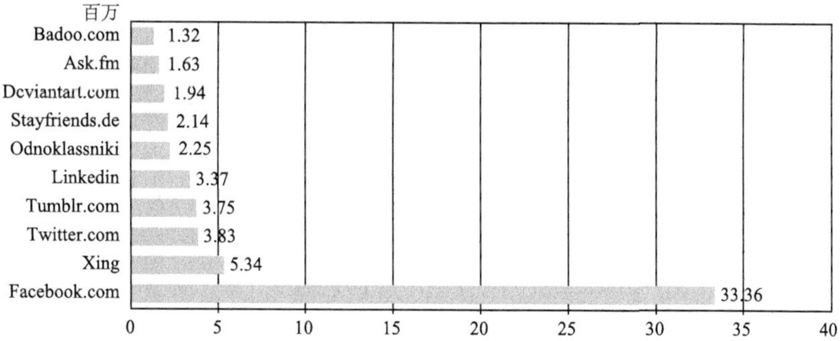


**图 5-55　2013 年 9 月德国社交网络的访问量**

资料来源：Statistahttp://de. statista. com/statistik/daten/studie/170467/umfrage/besucherz ahlen-sozialer-netzwerke-in-deutschland/.

同一公司其他数据表明，2014 年 12 月 Facebook 访问量达 6.36 亿，2015 年上半年 Facebook 用户数量占全部社交网络用户数量百分比为 40.6%，两项均居榜首。可见 Facebook 基本上是德国的最主要社交网络[①]。事实上德国是欧洲 Facebook 用户数量增长最快的国家，仅仅 2012 年上半年就增加了 160 万用户，近几年增长更是迅速。Facebook、Twitter 和 Tumblr 都是在全球范围内享有大量用户的社交媒介，功能也有相似性，均为类似微博这种交友、分享平台。而 Xing 和 LinkedIn 则是专门服务于找工作的社交网络。尤其是 Xing 作为德国本土的社交网络享受着越来越多的用户。尽管表格中没有提到 StudiVZ 这个德国本土社交网络，但是作为 Facebook 的本土化产品 StudiVZ 还是值得提一下的。StudiVZ 在建立之初投入了大量精力来发展在学生群体中的用户，很可惜他们没能在这个方向上走得更远，近年表现出下滑趋势。18~34 岁这个群体是社交网络的主要用户群，然而 Facebook 全球化的趋势带走了大量这个年龄段的用户。另一方面，由于 StudiVZ 与 Facebook 功能及形式都过于相似，免不了都有“复制”嫌疑，同时这种相似性也给它的发展带来了局限。

### (三)德国社交网络广告销售额预测

Digital Market Outlook 调查报告显示，2016 年移动社交媒体广告的销售额将达 2.3986 亿欧元。之后逐年增长，到 2020 年移动广告销售额将达 4.6634 亿。另一方面台式机广告销售额从 2017 年达到高峰值 1.5014 亿欧元后开始有逐年减少的趋势，到 2020 年将减少到 1.0463 亿欧元。可见 2017 年对台式机的销售额来说是分隔点，这也是移动媒体越来越普及的必然结果（见图 5-56）。

---

① Statistahttp://de.statista.com/statistik/daten/studie/180570/umfrage/meistbesuchte-websites-in-deutschland-nach-anzahl-der-besucher.

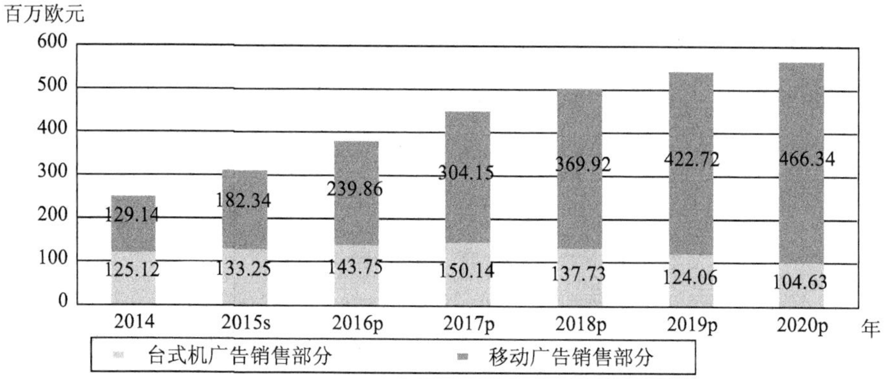


**图 5-56 2014—2020 年德国社交网络广告销售额预测**

资料来源:Statista。

## (四)国内外社交媒体应用对比

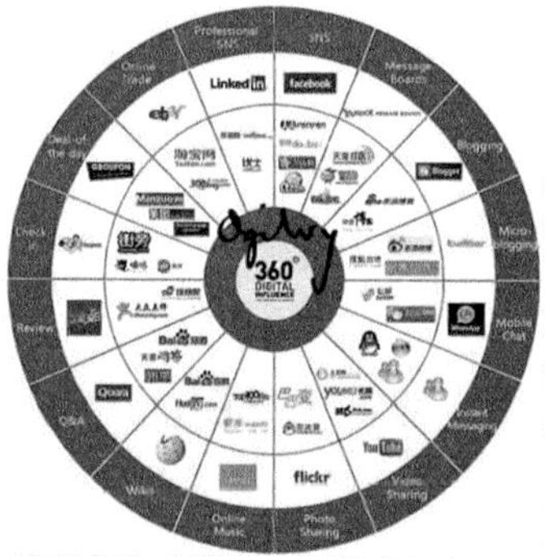


**图 5-57 国内外社交媒体对比图**

资料来源:奥美 360 度数字影响力(360° Digital Influence)。

奥美 360 度数字影响力（360°Digital Influence）团队发布了国内外社交媒体对比图，列出了与中国社交媒体对应的国际平台。比如，在中国与 Twitter 相对应的是新浪微博，与 YouTube 相对应的是土豆和优酷。然而具体分析表明，中国网民使用视频网站和美国网民使用 You-

Tube 的具体细节还是有很大差异的。比如，YouTube 的短视频很受欢迎，而优酷和土豆用户则更喜欢长视频。中国用户每天在视频网站花费时间平均为 1 小时，美国用户则少于 15 分钟。从中可以看出，中国视频网站更像网络电视台或录像机的替代品，正缓慢取代传统电视机的地位和功能[①]（见图 5-57）。

## 二、德国主要社交网络现状发展及分析

### （一）Facebook[②]

通过上文的调查数据可知，总体来看，Facebook 在德国的普及率非常高，相比于其他社交媒体有着压倒性优势。另有较早的 comScore 公司 2011 年 10 月份的数据显示，Facebook 是德国用户最常用的社交平台，超过本土的 StudiVZ 以及 Wer-Kennt-Wen。分析公司 Socialbakers. com 的数据还发现，德国的女性用户略多一些，而且大多数用户的年龄集中在 18~23 岁这个区间。因为德国城市人口中绝大多数年轻人有着良好的教育背景，因此这些人成为科技、时尚的忠实追随者是很容易理解的事情。

eMarkter. com 的数据显示，截至 2012 年 4 月 2 日，Facebook 德国用户中女性用户比例为 52%，略高于男性。25~34 岁的用户群体最大，占总用户的 27%，而 18~24 岁的用户群体紧随其后，占总用户的 26%。这一数据也基本验证了我们之前所说的 Socialbakers. com 的结论（见图 5-58）。

① http://www. techweb. com. cn/world/2011-03-03/938780. shtml.

② http://de. statista. com/statistik/studie/id/3180/dokument/facebook-statista-dossier/.

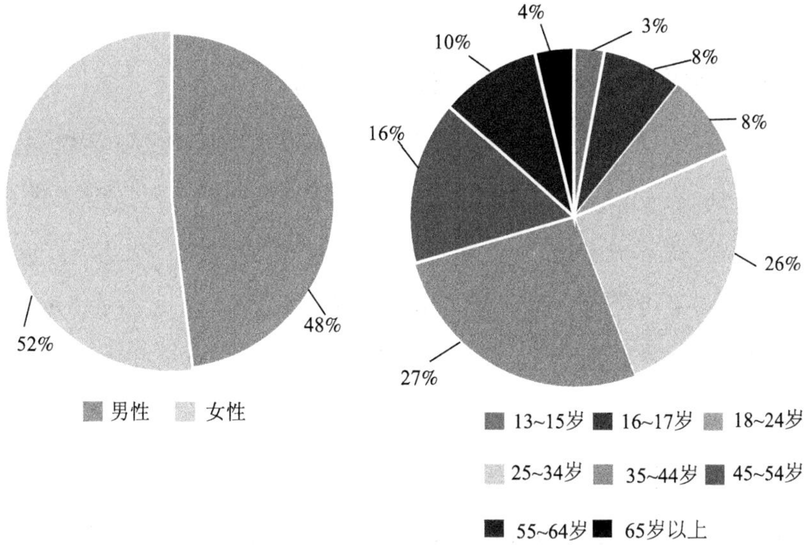


**图 5-58　2012 年德国 Facebook 用户按照性别年龄分布**

资料来源:《*BITKOM and Airs*》,2012 年 4 月 3 日。

## (二) Xing

与 LinkedIn 这种全球性的社交平台相比，Xing 是德语区的商业社交平台。用户可以利用此平台找工作，管理工作或私人社交圈。

Xing 于 2003 年成立，是一家上市企业。作为一家德国企业，Xing 尤其受德国用户青睐。2010 年 10 月尽管德国商务社交网站 Xing 的主页仍显示其注册用户为 900 万，但是它的实际注册用户最近已经突破了 1000 万大关。因此 2010 年第二季度是该社交网站在过去五个季度以来注册用户增长最快的季度，也是公司成立以来运营业绩最好的季度。1000 万注册用户中，有 420 万用户来自德国，另外，在土耳其和西班牙这两个核心市场，Xing 的注册用户增长也非常迅速，目前 Xing 在土耳其的用户达到了近 100 万，在西班牙的用户超过了 150 万，为支持这两个市场的不断成长，Xing 还分别在伊斯坦布尔和巴塞罗那设立了核心战略办公室①。

## 三、 德国用户群体特点及行为分析

如前所述，Facebook、Twitter 和 studiVZ 的使用者主要是想通过社交媒介达到娱乐和获取信息的目的，Xing 和 LinkedIn 则是用来求职的专门平台。 大部分德国社交媒体用户人都非常看重个人信息的安全性，而 Xing 在其官网上就十分着重地强调了这一点，这也是 Xing 作为一个虚拟求职平台得以迅速发展的原因。 目前 Xing 的用户量已超千万。

## 四、 预测

2016 年销售额会在 2015 年的基础上增长 21.56%。 整体来看，未来几年德国社交媒体广告业的销售额增长率会大幅下降，台式机部分售额甚至出现了负增长（见图 5-59）。

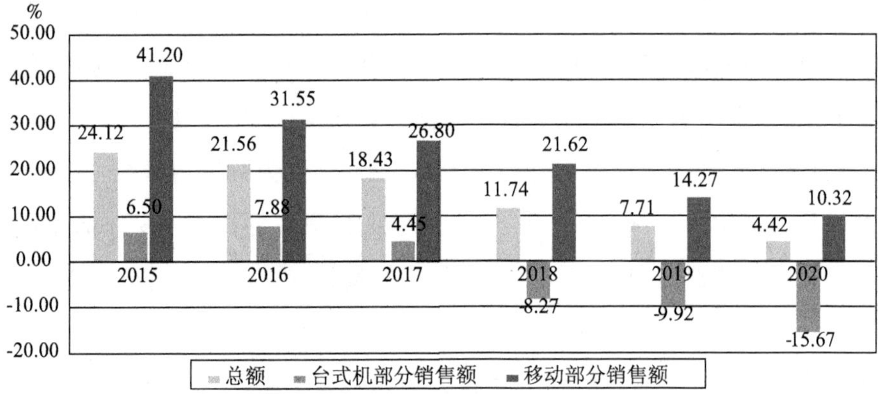


**图 5-59 2015—2020 年德国社交网络广告业销售额预测②**

资料来源：Statista。

① http://tech.qq.com/a/20100927/000450.htm,2010-09-27.

② 图表引自 Statista。

## 第六节 中德青年网络社交行为比较[①]

Facebook 在一定程度上代表着私人倾向类社交网站，而 Xing 则是职业倾向类网站的代表。针对 Facebook 和 Xing，2013 年德国汉堡应用科技大学 Raymond Pocher 以及 Ruediger Weissbach 教授的团队对 9000 多名 18～35 岁的德国青年人做了调查。采访内容涉及在线社交行为动机、强度以及使用偏好和态度等问题。与之对比，中方则根据中国青年网络社交现状，利用专业的问卷在我国 8000 多名同年龄段青年中做了比较调查研究。中方参考如人人网、腾讯 QQ 以及职业类网站（如大街网）等与 Facebook 和 Xing 对应的、最具代表性的私人倾向的社交网站及职业类网站。

对比研究表明，两国青年对社交网络的使用具有一定的相似性，使用私人倾向类社交网站比例与频率均高于职业倾向类网站。有 83.5%的德国年轻人注册过 Facebook 账号，其中大学生占 75.5%。在中国，有超过 98%的青年人注册了腾讯 QQ 和微信的账号，人人网的注册率也超过 90%，其中在校本科生和研究生占比 90%以上（见图 5-60）。

① 张冰，钱燕云，罗小芳. 中德青年网络社交行为比较及文化成因[J]. 安徽文学月刊，2016(2)：107-110.

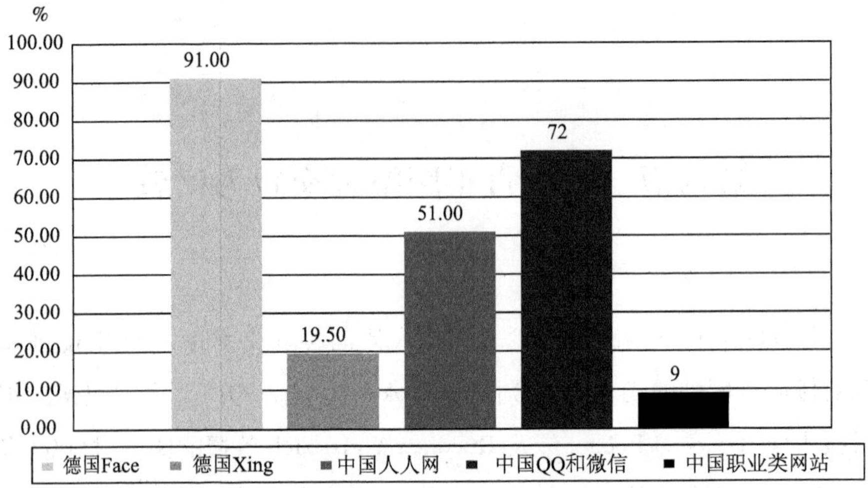


**图 5-60　两国青年各社交网站“频繁使用”比例①**

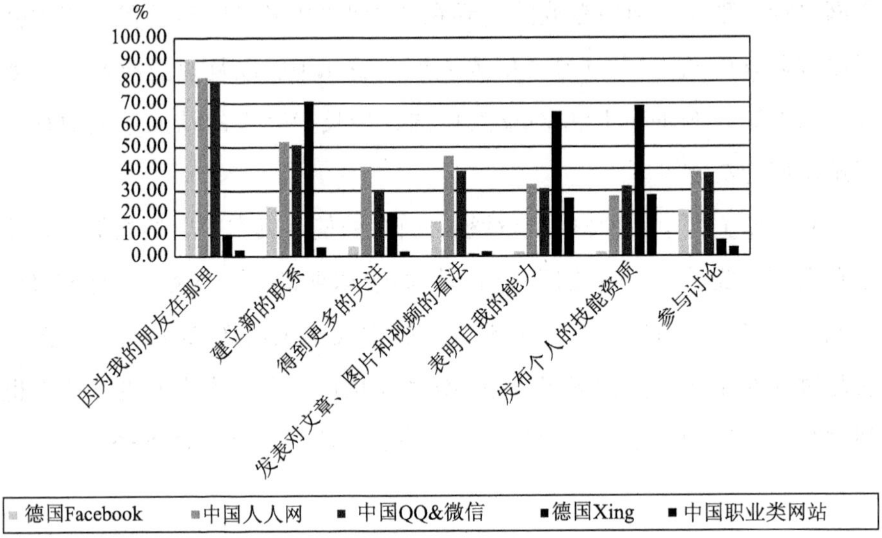


**图 5-61　在社交网站创建账户的理由②**

① 张冰，钱燕云，罗小芳．中德青年网络社交行为比较及文化成因[J]．安徽文学月刊，2016(2):107-110.

② 张冰，钱燕云，罗小芳．中德青年网络社交行为比较及文化成因[J]．安徽文学月刊，2016(2):107-110.

另一方面两国青年注册社交网络的理由和动机存在着相同点和不同点。总体上看使用个人倾向的网站在两国均较看重“因为我们是朋友”，“表明自我的能力”“发布个人的技能资质”相比不太重要，但在中国明显占有更大的比重。使用职业类倾向的网站动机则均主要表现为“表明自我的能力”“发布个人的技能资质”的倾向。但 Xing 的用户最关注的是“建立新的联系”，与此相比中国职业类网站的用户几乎对此没有需求（见图 5-61）。

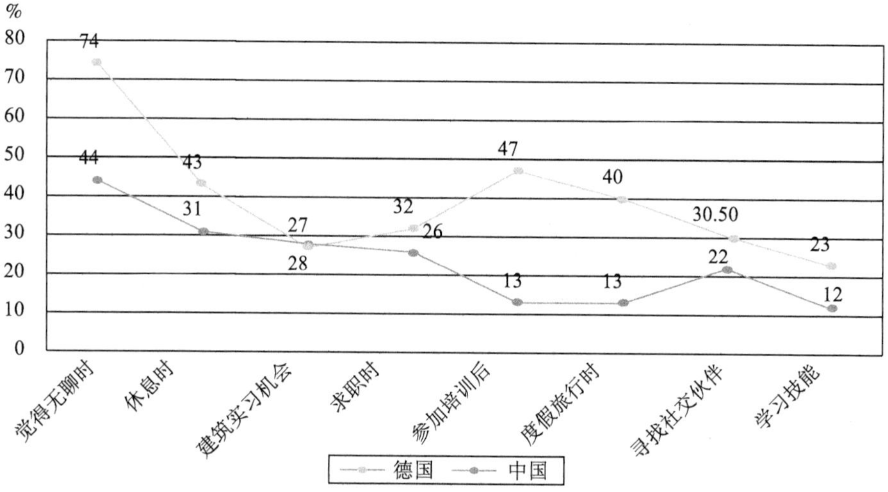


**图 5-62　显著影响社交网站使用强度的事件①**

在关于“影响社交网站使用强度的事件”中，两国青年均认为“觉得无聊”是导致使用强度“显著提高”的最主要因素。可见青年人更多是把社交网络当作休闲娱乐、打发时间的一种方式（见图 5-62）。

此外，两国青年在社交网站上的个人信息公开程度均较低。相比

① 张冰，钱燕云，罗小芳．中德青年网络社交行为比较及文化成因[J]．安徽文学月刊，2016(2)：107-110.

之下，德国用户对待个人信息更为谨慎。两国青年详细给出年龄、住址及教育培训等个人信息的情况比较少见。而相比 Xing 或中国职业类网站，Facebook、人人、QQ、微信等网站个人信息公开度更低（注：从上到下依次为银行、支付卡供应商、手机供应商和移动支付系统供应商、设备或处理系统生产商、网站、社交媒体平台和其他供应商）。

银行、支付卡供应商、手机供应商和移动支付系统供应商是前四位最受喜爱的移动支付供应商。其余的依次为：设备或处理系统生产商、网站、社交媒体平台和其他供应商。

## 一、德国境内支付方式普及度的影响因素分析

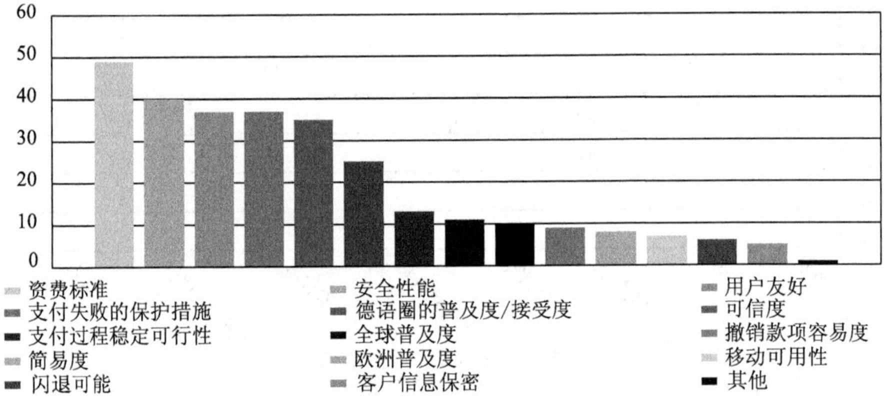


**图 5-63　2014 年影响支付方式普及度因素**①

资费标准、安全性能、用户友好及对支付失败的保护性措施是影响支付方式普及度的主要四个因素。其余的因素或要求依次为：德语圈的普及度/接受度、可信度、支付过程稳定可行性、全球普及度、撤销款项容易度、简易度、欧洲普及度、移动可用性、闪退可能、客户信息

① statista http://de.statista.com/statistik/daten/studie/73201/umfrage/anforderungen-an-zahlungsverfahren-im-e-commerce/.

保密和其他。 这也充分表明为什么德国新型支付方式并没有得到全面发展的原因，大部分德国用户还是对其安全性、隐私性持怀疑和观望态度的（见图 5-63）。

## 二、在线及移动支付的应用

短信支付、扫码支付和非接触式射频支付是最常用移动支付技术手段。 事实上，对于隐私安全非常看重，相比其他欧美国家也较为保守的德国人来说，新的支付方式还是要花很多时间才能真的被大多数群体所接受（见图 5-64）。

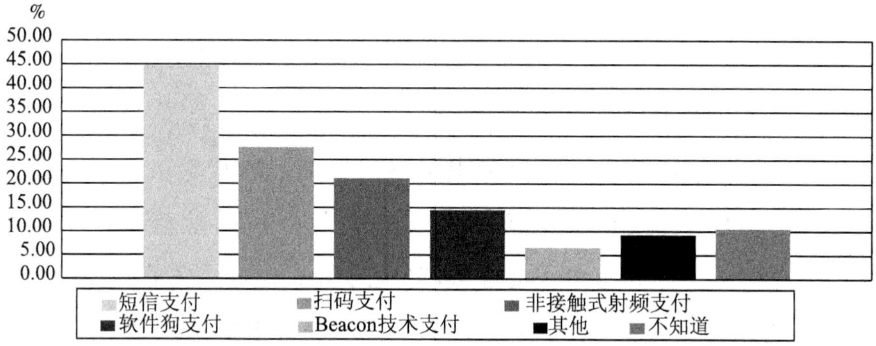


**图 5-64　2014 年移动支付相关技术发展**[①]

## 三、移动支付总结

总体来看，与中国在移动支付发展方面相比，德国相对保守。 在中国，支付宝和微信等支付方式盛行的同时，德国用户会更多地考虑这些新兴支付方式的安全性，因此移动支付方式也偏向于传统的 Paypal 及网上银行等形式。

---

① statistahttp://de. statista. com/statistik/daten/studie/150134/umfrage/mobile - zahlverfahren - - favoriten-der-verbraucher-nach-verfahren/.

# 第七节　在线娱乐行业

## 一、动漫

动漫行业在德国的发展呈上升趋势，受众群体逐渐扩大，市场研究者对德语区进行了调研，得出的结论是：动漫市场的整体销售额达到两位数增长；以五年为区间进行比较，增长的趋势更为明显。

## 二、网络文学

德国将电子出版物主要分为电子书、电子杂志和电子报刊等几大类[①]，其中电子书占市场份额最大，2015 年销售额达到 3.493 亿欧元[②]。德国电子出版物销售额为 5.226 亿欧元，世界排名第四。

2014 年在电子版报纸的覆盖率为 27.6%，纸质版报纸使用率为 62%。2015 年电子出版物的人均收益额为 63.9 欧元。2016 年电子出版物销售总额为 6.715 亿欧元。2016 年使用电子出版物最多的是 25~34 岁的人群，约有 260 万，同时在该年龄层中男性用户比女性用户更多。相比起来，55 岁以上的使用得最少。从收入情况来看，中等收入的群体的使用者最多（见图 5-65）。

① http://de.statista.com/outlook/204/137/epublishing/deutschland#.

② http://de.statista.com/outlook/204/137/epublishing/deutschland#.

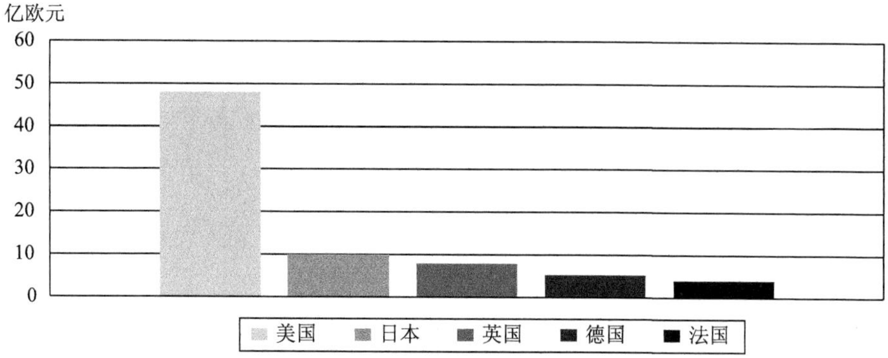


**图 5-65　2016 年美、日、英、德、法五国出版物销售额**

## 三、 在线电影

comScore 的数据表明，德国在线视频的普及率在世界排名第七，而前三位分别是俄罗斯、美国和法国。 据 Bitkom 预测，2013 年德国在线买卖及租赁电影所达到的销售额将达到 1.321 亿欧元①。 2010 年网络电影市场及网络电影租赁销售额为 4300 万欧元②，预测 2016 年将达到 3.5 亿欧元。 2015 年订阅用户视频点播销售额约为 1.321 亿欧元③。

2015 年订阅用户视频人均收益为 43.75 欧元，2016 年预计达到 48.13 欧元。 使用订阅用户点播视频的用户最多的年龄层是 25～34 岁，2016 年达 130 万，其中男性约有 80 万，女性 50 万。 值得注意的是，在各个年龄层男性用户均比女性用户更多。 另外中等收入群体的用户最多，人数达到 230 万，低收入用户数量为 70 万，高收入用户 120

---

① http://de.stat ista.com/statistik/kategorien/kategorie/21/themen/196/branche/online - video - online-entertainment/.

② http://de.statista.com/statistik/daten/studie/280915/umfrage/umsaetze - im - digitalen - filmverkauf-und-verleihmarkt-in-deutschland/.

③ http://de.statista.com/outlook/206/137/svod/deutschland#.

万。[①] 2016 年德国订阅用户视频点播服务的使用人数为 430 万。

最受欢迎的视频点播网站为 Amazon Prime[②]。2014 年点击率最高的影院官网为 cinestar. de，总访问量达 404 万。同时该网站支持通过移动终端进行访问，使用移动设备的访问量为 202 万。第二位和第三位分别为 Cineplex. de 和 Cinemaxx. de（见图 5-66）。

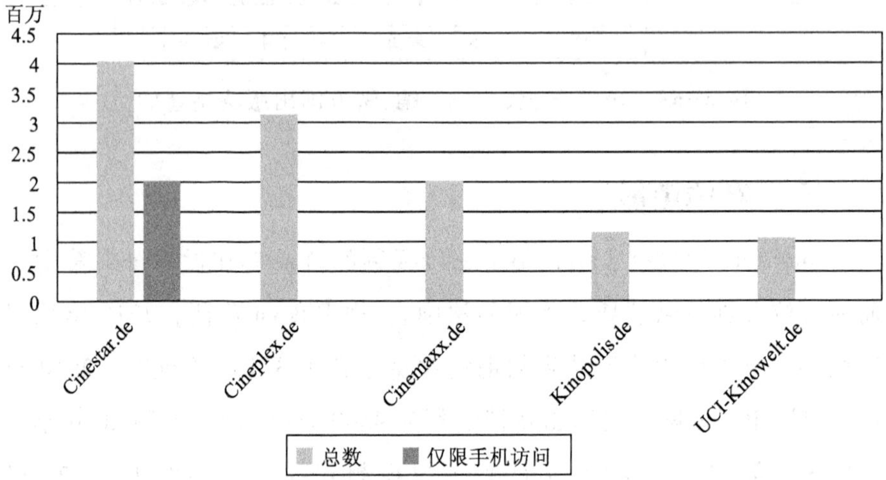


**图 5-66　影院官网访问人数**

## 四、视频

世界最大的在线视频门户网站是 Youtube。在德国，每天使用在线视频网站的用户就超过了 1100 万。2013 年大约有 100 万德国人使用视

① http://de. statista. com/outlook/206/137/svod/deutschland#.

② http://de. statista. com/statistik/daten/studie/398171/umfrage/beliebteste-video-on-demand-anbieter-in-deutschland/.

频网站。[1] 2016 年视频市场销售额为 4.221 亿欧元。[2]根据 Goldmedia 的预测，到 2018 年，德国订阅用户视频点播服务的销售额将增长两倍，预计将达到 4.49 亿欧元。2020 年将增长到 6.78 亿欧元。

### （一）在线视频观看情况

图 5-67 显示的是，根据 ARD/ZDF 网上调查，2007—2015 年受访者中在线观看视频的人数比例变化趋势。可以看出在线观看视频的用户比例总体呈上升趋势。图 5-67 中的峰值出现在 2014 年，64%的受访者在线观看视频，而 2015 年则稍有回落，下降了 3 个百分点。

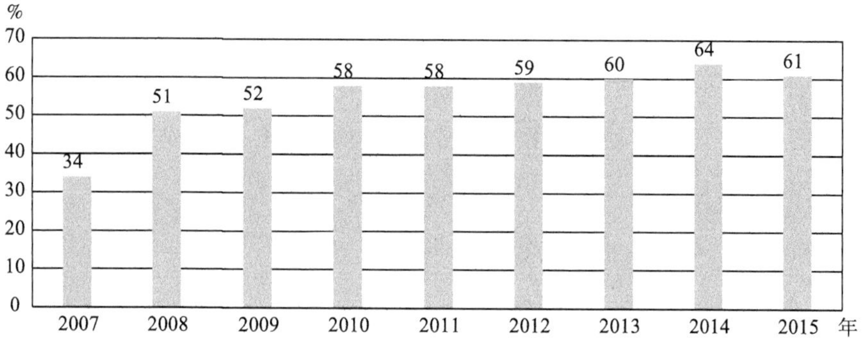


**图 5-67　2007—2015 年德国人群在线观看视频比例变化**

### （二）热门在线视频网站

图 5-68 是 2014 年 10 月访问人数排名前十位的在线视频平台。Google Sites 以 3537 万的访问量名列第一。

① http://de.statista.com/statistik/kategorien/kategorie/21/themen/196/branche/online-video-online-entertainment/.

② http://de.statista.com/statistik/kategorien/kategorie/21/themen/196/branche/online-video-online-entertainment/.

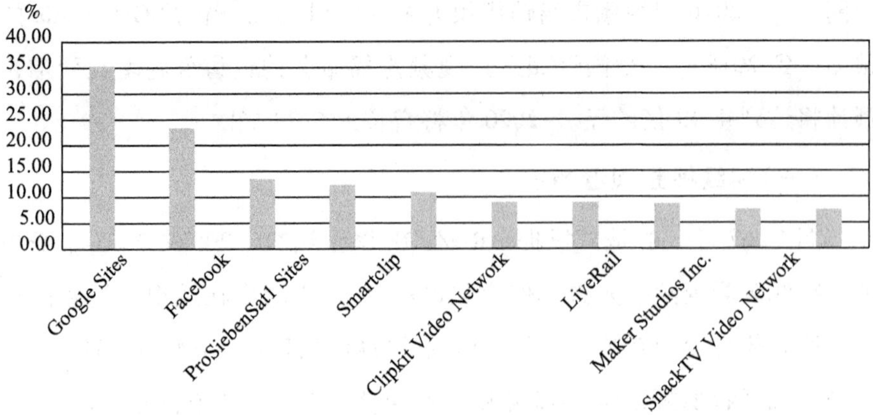


图 5-68　访问人数排名前十位的在线视频平台

## (三)各大视频平台所占市场份额

图 5-69 显示按使用者数量划分 2015 年上半年各大视频平台所占市场份额。其中 YouTube 以 50%的市场份额遥遥领先。其次分别为 MyVideo、T-Online Bewegtbild、Dailymotion、VEVO 等。

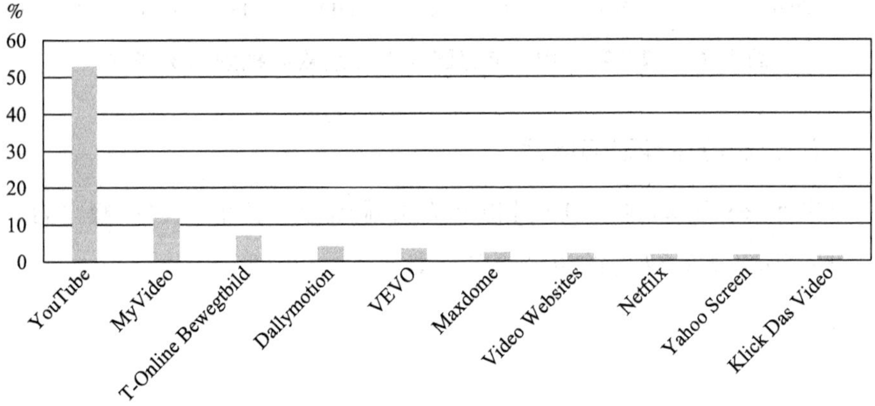


图 5-69　2015 年上半年各大视频平台所占市场份额(按比例)

### （四）移动视频发展情况

2015 年 Tomorrow Focus Media 调查显示，41.2%的受访者在线观看的视频种类是音乐相关的视频（MV）。 2014 年的调查表明，大约 19%的受访者过去两周内使用过移动设备访问过移动视频网站。

图 5-70 展示的是智能手机用户最常用的在线视频平台，YouTube 以 85.80%的比例排名第一。

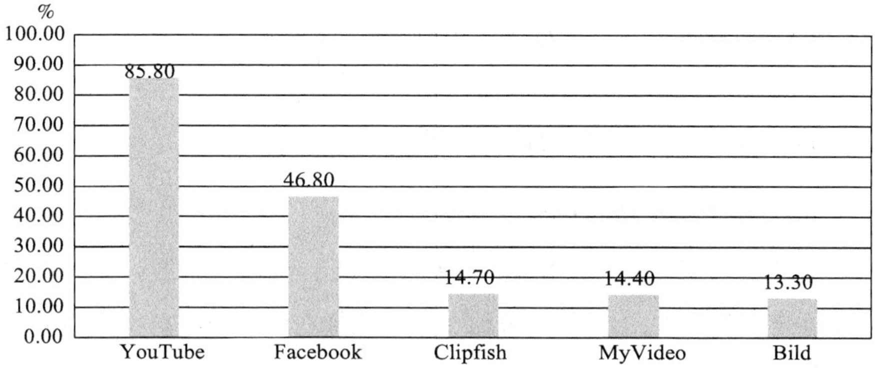


**图 5-70　智能手机用户最常用的在线视频网站**

### （五）智能机付费电视及视频供应商使用情况

图 5-71 展示了 comScore MobiLens 对于智能机付费电视及视频供应商的评估结果。 超过 30%的付费观看电视或视频智能机用户选择 Sky 供应商。 使用苹果供应商的用户占 26.8%。

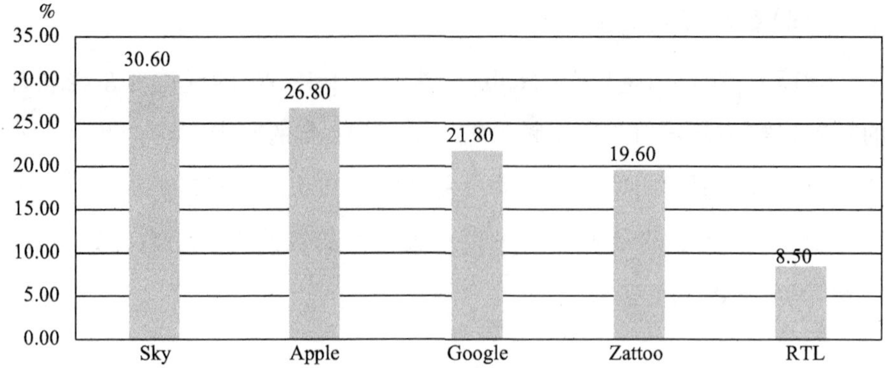


图 5-71　智能手机最常用的付费电视运营商

## 五、 音乐(数字音乐：下载、在线)

### (一)数字音乐发展情况

2015 年数字音乐销售额达 4.595 亿欧元，可以看出数字音乐消费量呈逐年上升趋势。同时越来越多的人选择在线播放，付费下载收听的数量变化不大(见图 5-72)。

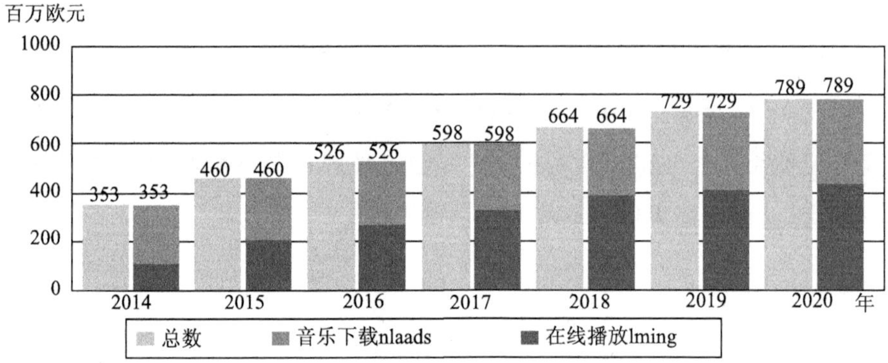


图 5-72　数字音乐销售额

## (二)数字音乐用户情况

2015 年数字音乐用户数量达 1670 万，呈稳步增长状态，2016 年达到 1810 万。

图 5-73 体现了数字音乐服务的用户人数及发展趋势，可以看出，数字音乐在线播放服务的使用人数稳步递增，与数字音乐总用户人数发展趋势基本一致，相比较而言，进行数字音乐下载的占比较少，发展趋势也趋于平稳。 根据预测，将只会有相对较小的增长，2014 年下载数字音乐的用户有 780 万人，到 2020 年为止可能有小幅增长，预计为 1002 万的用户。

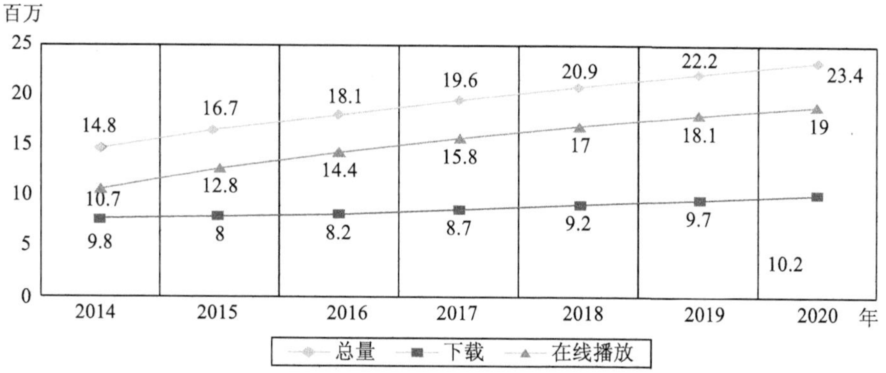


**图 5-73 2014—2020 年使用数字音乐用户数量变化情况**

2015 年数字音乐用户中，25～34 岁的群体中有 290 万为女性，190 万为男性（见图 5-74）。

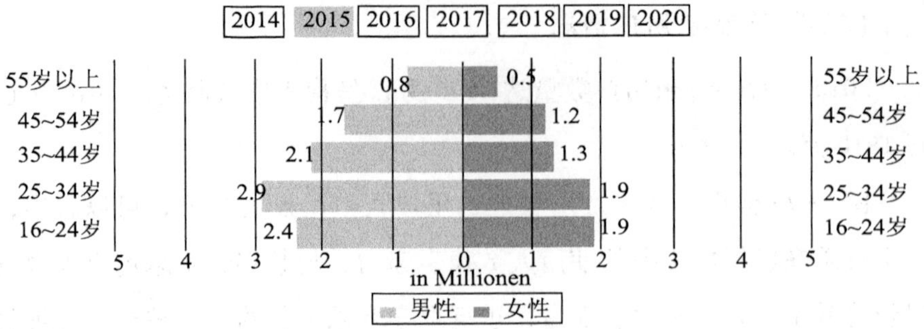


图 5-74　用户人数比例

总体来看，数字音乐用户中有 910 万人为中等收入水平，所占比例最大（见图 5-75）。

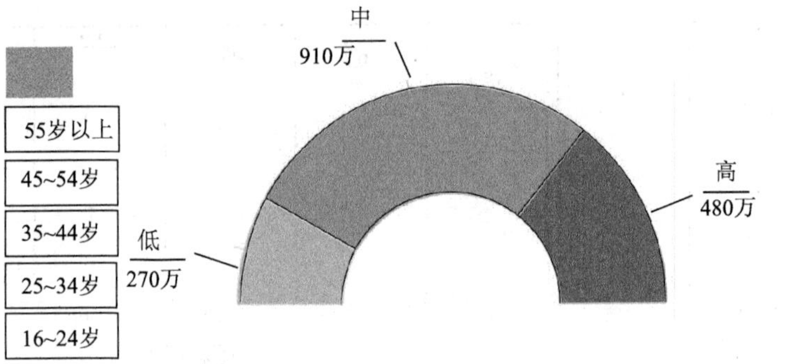


图 5-75　数字音乐用户收入比例

2015 年平均每位用户每年在数字音乐方面的支出为 27.56 欧元（见图 5-76）。

**图 5-76　2015 年用户在数字音乐方面的平均支出**

### (三)用户使用行为(具体案例数据)

据调查最常用的音乐门户为 Spotify（67.8%）、Google Play Music（17.6%）和 Deezer（不到 14%）。Shazam（歌曲识别软件）以 8.4%的比例位居最受喜爱的安卓音乐应用第一位，第二名是 Soundhound。2014 年 Facebook 上 Spotify（流媒体音乐服务平台）平均每日活跃用户为 1018 万人次左右。

## 六、游戏

Bigpoint 公司于 2002 年成立，是德国一家较大的网络游戏运营商。Webvalue 调查了德国 73 家游戏运营商，Bigpoint 跻身前十。该运营商的使用率达到 6.4%，排名第三，意味着同时间段里有近 25 万的用户，Bigpoint 公司最受欢迎的是它的网页游戏产品。①

### (一)网络游戏发展情况

2013 年大约 2090 万人会在其智能机或平板上玩数字游戏。2010 年德国游戏行业总收入达 19.2 亿欧元左右（不包括硬件），28%的游戏

① http://de.statista.com/themen/2001/bigpoint/.

销售额是通过个人笔记本游戏平台实现的。图 5-77 为 2013 年及 2014 年虚拟额外内容及订阅销售额，2014 年上半年达 2. 8 亿欧元。

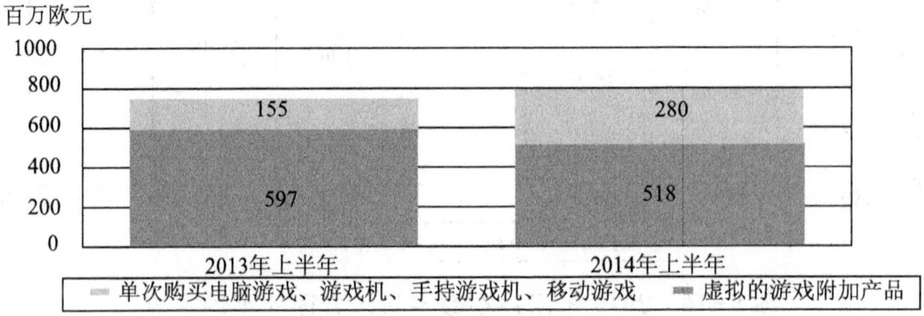


**图 5-77　2013—2014 德国游戏行业收入**

### (二) 网络游戏用户情况

2014 年智能机或平板游戏板块中，约 20%的用户为 40～49 岁年龄段人群。总体来看，单人游戏或多人游戏的偏好差别不大，但不同年龄段内部及不同年龄段间差异较大，如 14～29 岁人群中 1/4 的用户更愿意玩多人游戏，而 65 岁以上人群中只有 7%愿意玩多人游戏。图 5-78为 2012 年用户对游戏种类偏好的数据。63%因果游戏，59%策略，36%跑跳，31%角色扮演，31%为动作类。

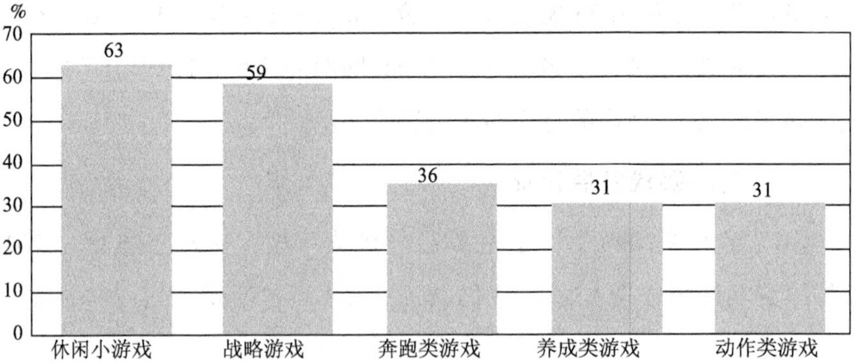


**图 5-78　网络游戏用户情况**

图 5-79 表示的为 2012 年视频游戏用户所使用的媒介分布，64%在电脑上（打包的），61%在手机上游戏。

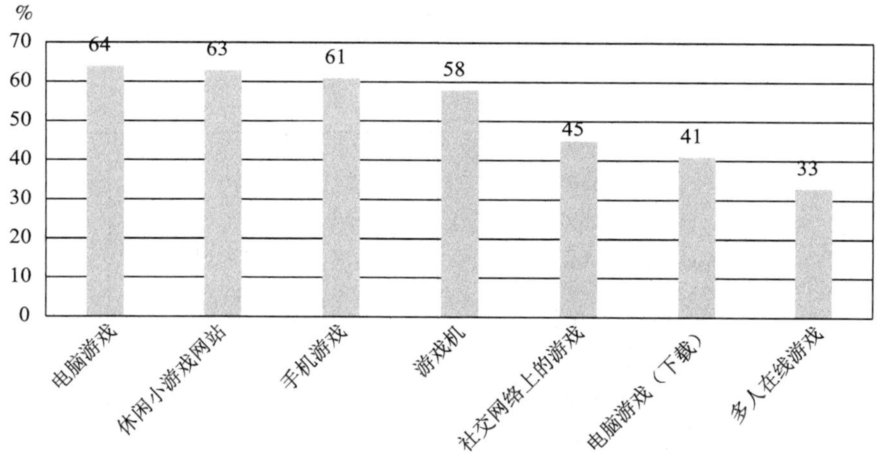


**图 5-79　2012 年德国视频游戏用户比例**

## （三）游戏硬件

图 5-80 表示的为 2013 年德国各个游戏机品牌的销售量（按千件计算）。 任天堂以 71.674 万榜首。

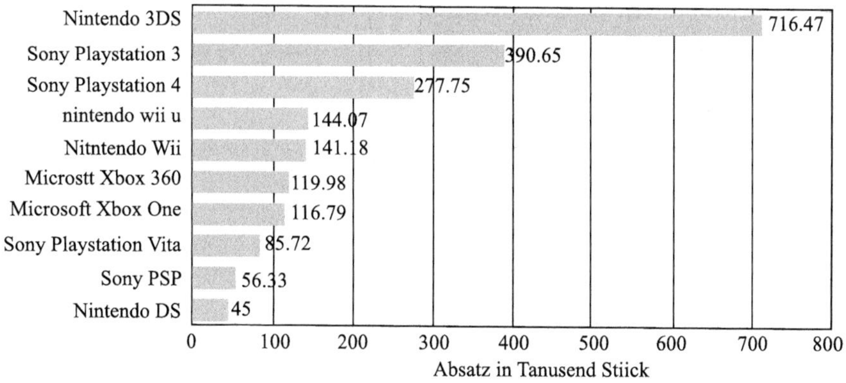


**图 5-80　2013 年德国游戏机品牌销售量**

### (四)移动游戏

2013 年德国大概有 2090 万人（占全国人口的 1/4）选择在平板或智能机上玩游戏。最受欢迎的前十名安卓平板游戏中，Angry Birds（愤怒的小鸟）位居榜首（见图 5-81）。

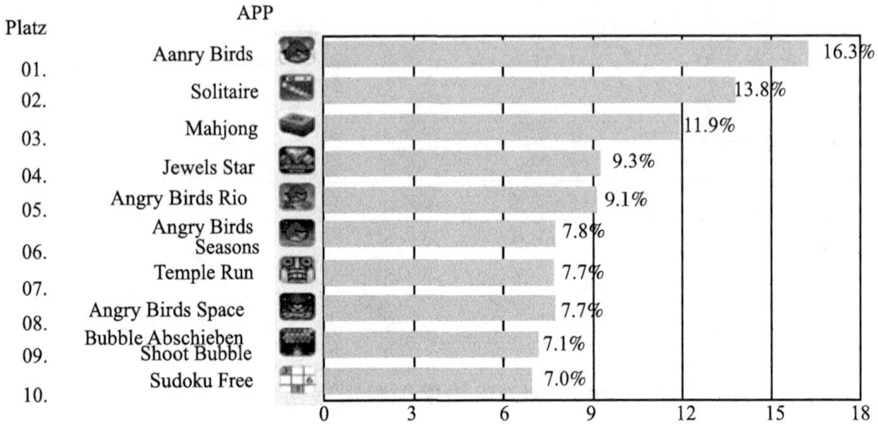


图 5-81　移动客户端游戏排行榜(对 2015 名德国安卓平板用户的调查显示)

# 第八节　电子商务物流行业分析

## 一、 行业概况

过去的四十年间，物流行业发生了巨大的变化，逐渐成为企业生产及供货网络中意义重大的一个环节。 电子商务 B2C 行业的发展催生了物流行业的发展，同时物流行业的完善会反过来促进电子商务 B2C 行业的发展，中国在这一方面就非常值得借鉴。 物流行业的发展关乎着未来的互联网+采购/服务行业的发展，因此，对德国物流行业的了解也是很有必要的。

20 世纪 90 年代，物流行业在企业生产的流程化中起到了重要的作用，它融入了企业经营过程之中。 企业接到订单，开始采购或是从仓库中调配材料，然后对这些原材料进行加工生产，制造出符合订单要求的产品并配送给客户。 在这一过程中，IT 行业的发展也辅助了对商品流的控制和优化。

在跨企业一体化这一阶段，物流行业则开始试图将他们的企业与供货商和客户联结在一个网络内，这就需要将各企业的 IT 系统联系在一起，以建立一个共同的并且能够实时更新的信息库。 这样就可以减去仓储的环节。 在这个时期“及时送达”或是“连成一体”的直接配送理念传播开来，使得不必要的存储进一减少。

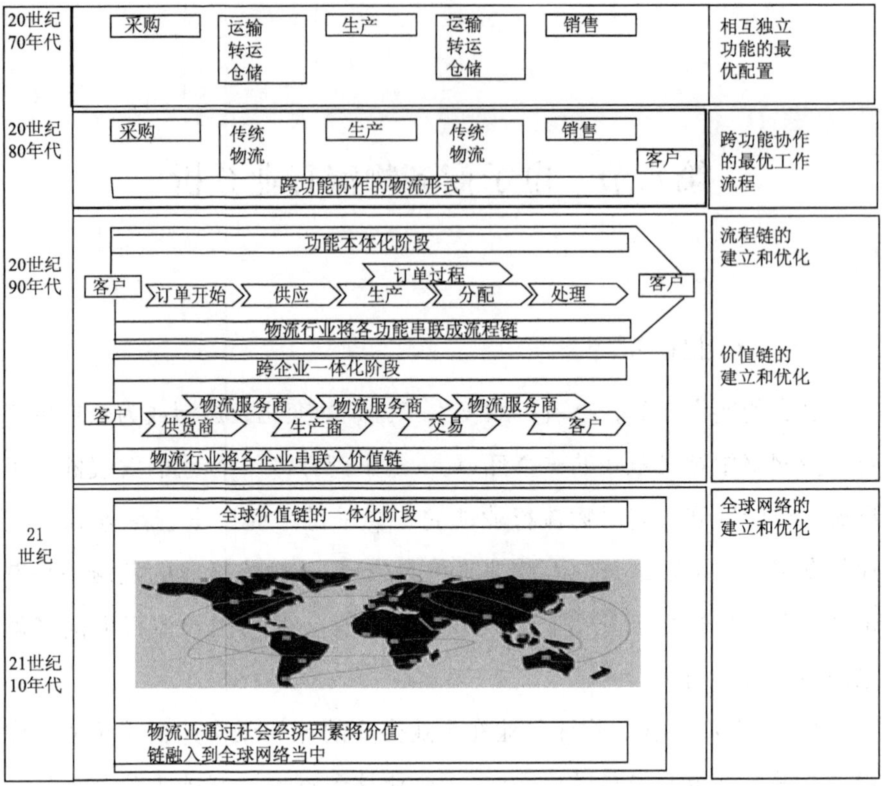


**图 5-82　物流行业发展史①**

随着企业越来越以流程为导向，一个新的物流服务类型得以产生。物流服务商作为合作伙伴为企业提供全部或是部分的物流外包服务。有时这些服务还会跨越“传统的”物流功能界限，如有些物流公司会提供产品的预组装服务。

世界上占据主导地位的 100 强物流企业现今年均发展速度达 3.7%，相当于总体市场发展速度的两倍，挤压了较小型企业的发展，因此中小型企业也面临着巨大的挑战，但同时这也为它们在细分市场打

① http://www.bvl.de/wissen/entwicklung-der-logistik.

造独具风格的复合型一体化物流服务提供了良机。①

**（一）近几年物流行业发展情况**

图 5-83 为 1995 年以来德国物流行业的营业额数据。物流业是德国的支柱产业之一，其年均增长速度远高于 GDP 增速，是仅次于贸易和汽车产业的德国第三大产业。可以看出，自 1995 年起，德国物流行业一直保持着较为稳定的增长态势，只在 2009—2010 年受到金融危机的影响稍有回落。2013 年起营业额已达到 2300 亿欧元，几乎相当于 1995 年的两倍，占到了德国 GDP 的 9%左右。

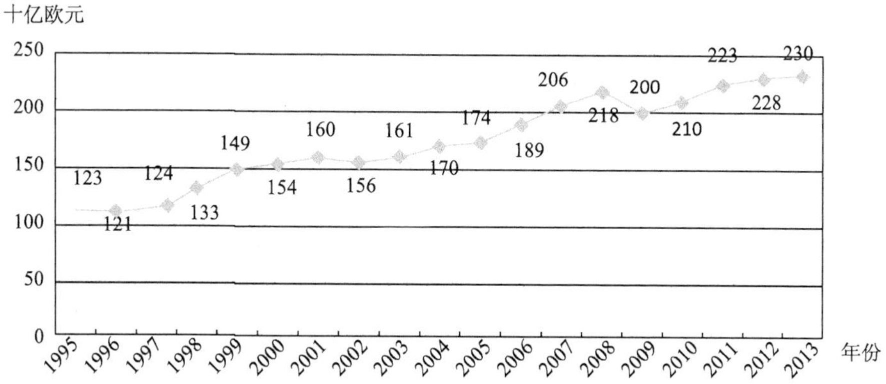


**图 5-83　1995 年来以德国物流行业的营业额数据②**

图 5-84 为德国 2000—2014 年物流运输行业从业者人数变化图，可以看出，这十五年间该行业人数是显著增加的，据德国运输物流协会（DSLV）预测，2014 年从业人数相比于 2000 年增加了约 15 万人，达到 53.2 万人次，这一数据也反映了物流运输行业在德国经济中的支柱

① http://www.dhl-discoverlogistics.com/cms/de/course/services/tts/tts_future.jsp；http://www.bvl.de/wissen/entwicklung-der-logistik.

② 《弗劳恩霍夫协会关于巴登符腾堡州物流发展情况的简单报告》，2014 年 12 月，第 3 页。

地位。

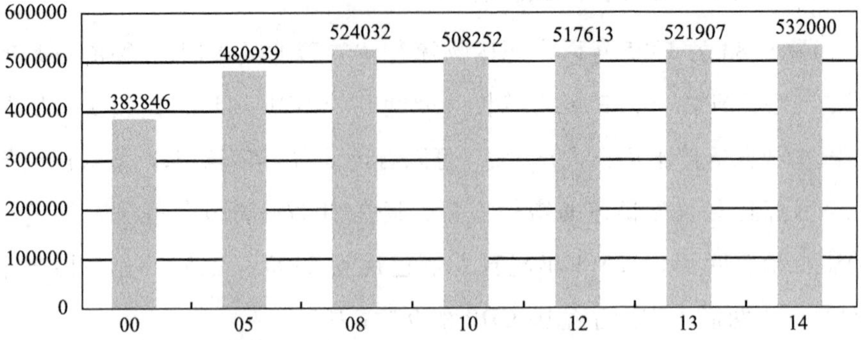


**图 5-84　德国 2000—2014 年物流运输行业从业者人数变化图①**

## (二)主要物流公司排行榜

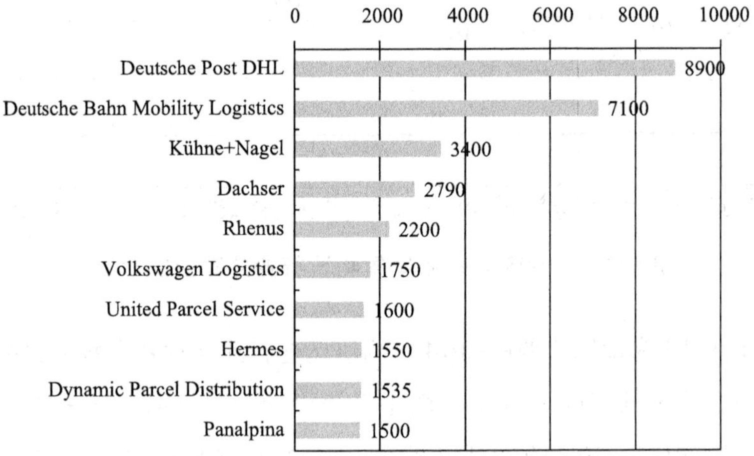


**图 5-85　按照德国范围内总营业额排名德国最大的 10 家物流企业排名②**

图 5-85 为按照德国范围内总营业额排名德国最大的 10 家物流企业

① 《德国物流运输协会 2015 年数据报告》,2015 年 5 月,25 页。

② http://www.scs.fraunhofer.de/de/studien/logistikmarkt/top100_1516.html.

排名，其中 DHL 凭借 89 亿欧元的营业额遥遥领先，排名第二的则是德铁机动物流股份有限公司，德迅公司以 34 亿欧元的营业额位列第三，而美国物流企业 UPS 则处于第七位，营业额为 16 亿欧元，Hermes 和 DPD 公司紧随其后。

**表 5-5　2014 年度中国物流企业 10 强名单**

| 排名 | 企业名称 | 物流业务收入(万元) |
|---|---|---|
| 1 | 中国远洋运输(集团)总公司 | 14414820 |
| 2 | 中铁物资集团有限公司 | 7632421 |
| 3 | 中国海运(集团)总公司 | 6764517 |
| 4 | 中国外运长航集团有限公司 | 5828320 |
| 5 | 河北省物流产业集团有限公司 | 5818003 |
| 6 | 开滦集团国际物流有限责任公司 | 4423713 |
| 7 | 厦门象屿股份有限公司 | 3537580 |
| 8 | 中国石油天然气运输公司 | 3040718 |
| 9 | 中国物资储运总公司 | 3000880 |
| 10 | 顺丰速运(集团)有限公司 | 2570000 |

表 5-5 为 2014 年中国物流企业 50 强排行榜的前一部分，中国远洋运输总（集团）公司凭借 1400 多亿元（约合 190 亿欧元）的营业收入遥遥领先，它是中国大陆最大的航运企业，中国中央政府直管的特大型国有企业，全球最大的海洋运输公司之一，在《财富》世界 500 强企业中排名第 327 位。值得注意的是，榜中排名前九的均为大型国有物流企业。位于第 10 位的顺丰速运则为中国最大的民营物流企业。

### (三)网店发货方式

图 5-86 显示了 2010 年德国网店店主选用的配送服务企业，其中 70%的商家使用了 DHL 的配送服务，30%选择 DPD，24%选择 GLS，Hermes 所占份额为 13%，UPS 为 10%，其他企业占 11%，由此也可得

出，网店店主通常不会仅仅局限于一家物流企业，而是会进行多种选择。

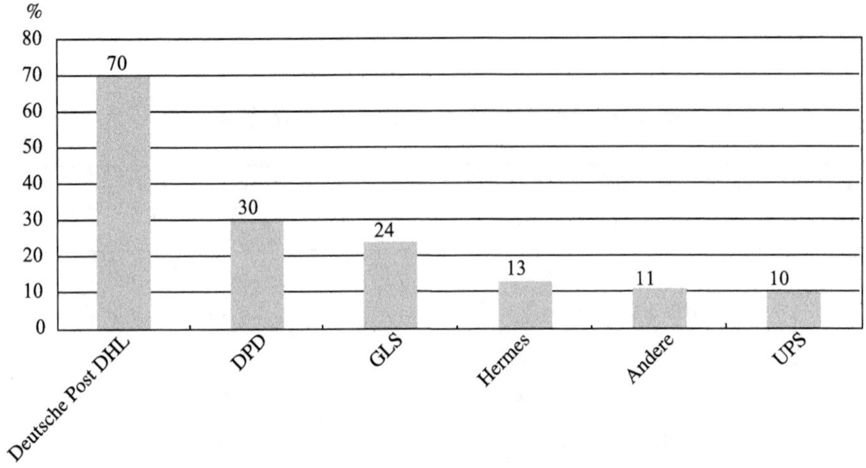


**图 5-86　2010 年德国网店店主选用的配送服务企业**[①]

## 二、具体物流企业(以 DHL 为例)

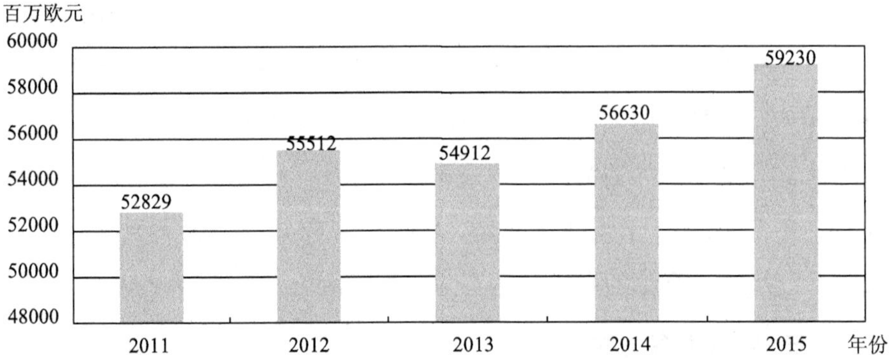


**图 5-87　DHL2011—2015 年销售额变化**[②]

① http://de.statista.com/statistik/daten/studie/167092/umfrage/genutzte-versanddienstleister-von-online-haendlern-in-deutschland/.

② http://geschaeftsbericht2012.dp-dhl.com/der-konzern/mehrjahresuebersicht.

图 5-87 为德国物流巨头 DHL 公司 2011—2015 年的销售额变化。2011 年其业绩已达 528.29 亿欧元，至 2015 年实现了近 70 亿欧元的业务增长，其间在 2013 年虽有回落，但总体保持了相对强劲的增长趋势，这也侧面反映了物流行业近年来的蓬勃发展。

图 5-88 为 2011 年及 2012 年 DHL 国内外销售市场所占比重分布图， 2011 年 DHL 国内销售额占比约为 31.7%，国外市场比重约为 68.3%；2012 年国内市场比重略有下降，而外国市场占比为 69.7%，由此可以看出，国际业务对 DHL 而言具有决定性的作用，但 DHL 在进军国际市场的同时也保证了其在国内市场的稳定发展。

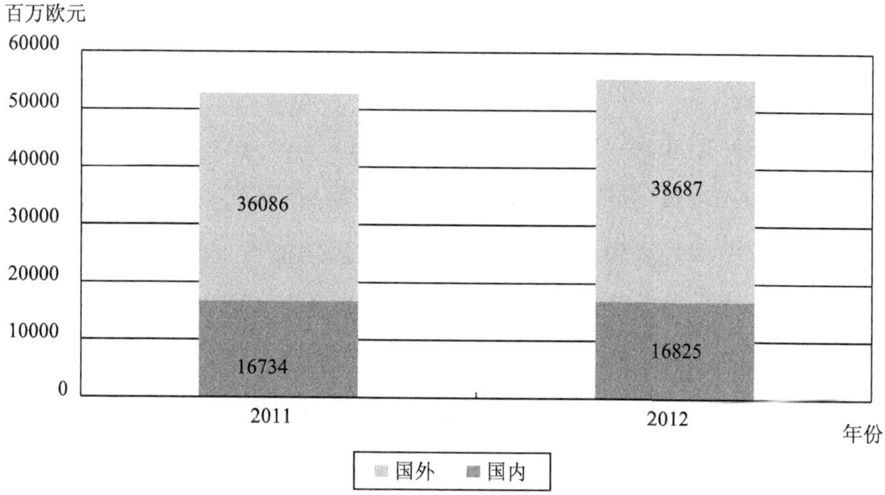


**图 5-88　2011 年及 2012 年 DHL 销售额中国内外市场所占比重分布图**①

① 《DHL 公司 1990—2013 年发展历程》,2013 年 9 月,第 23 页。

## 三、 物流行业发展趋势

### (一)针对物流行业投资情况的变化

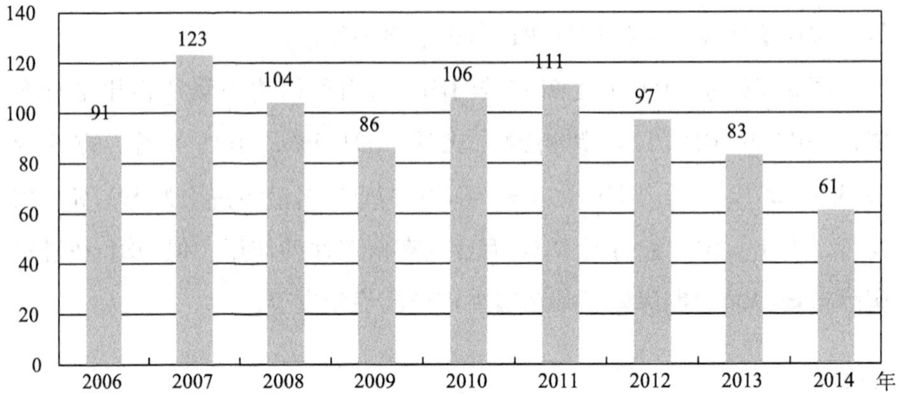


**图 5-89 2006—2014 年德国下萨克森州物流相关投资数量变化**①

图 5-89 为 2006—2014 年德国下萨克森州物流相关投资数量变化图。 由于数据有限，此处只能通过下萨克森州的个例来尝试了解整个德国物流行业的投资情况。 可以看出，德国物流行业总体处于蓬勃发展的态势之中，与之相对的是，投资的数量及数额却在近年间有所回落。 2007 年时投资数目为 123 项，达到历史峰值，到 2014 年投资数目仅为 61 个，几乎只是 2007 年的 1/2。 就投资数额而言，2014 年为 3.7 亿欧元，相比于 2013 年回落 30%。 导致这种现象的原因则是多种多样的，一方面国外物流企业越来越多地进驻德国，给本土企业施加巨大压力；另一方面许多小型物流企业也逐渐成为大型物流服务商的子公司，无法吸引外来投资。 同时，物流行业投资情况也受到德国整体国民经济状况的影响，近几年德国经济的波动也使潜在投资者变得更加小心

① 《物流市场概览——2014/2015 年下萨克森州物流行业投资情况》,2015 年 11 月,第 4 页。

谨慎。

### （二）物流企业未来规划及预测

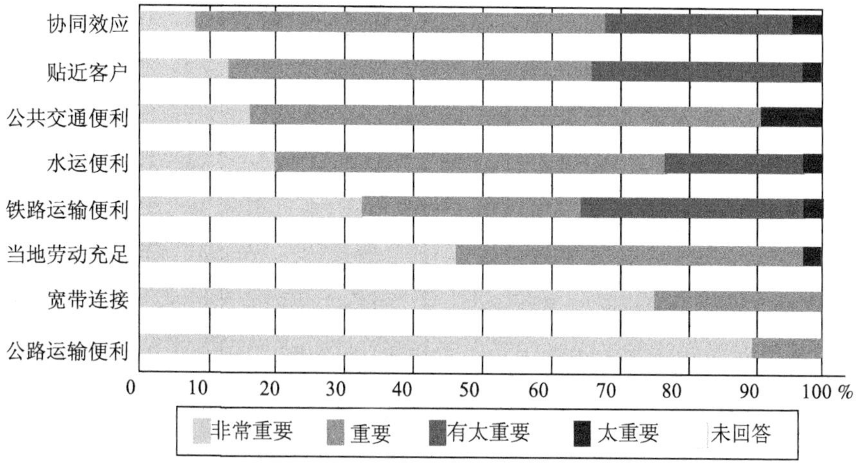


**图 5-90　影响物流行业未来投资的前提条件调查结果图①**

图 5-90 为影响物流行业未来投资的前提条件调查结果图。其中 90%的受访者认为四通八达的公路条件对于投资来说是非常重要的，约 75%的受访者认为宽带连接对于投资非常重要，45%的人认为充足的劳动力也是一个至关重要的先决条件。相比之下，贴近用户及协同效应则并没有那么重要。

① 《物流市场概览——2014/2015 年下萨克森州物流行业投资情况》，2015 年 11 月，第 16 页。

# 第九节　互联网法律规范

## 一、交易相关

### （一）远程销售法[1]

《远程销售法》（*Fernabsatzgesetz*）主要由《远程销售法新规定》《解约法》和《退货法》等相关章节组成，还包含了 2002 年 1 月 1 日起正式生效的《网络及其他电子交易特别规定》，是德国政府将 2000 年 6 月 8 日欧盟颁布的《电子商务指令》转换成国内法律的重要措施之一。该法于 2000 年 6 月 30 日正式生效，在德国债法现代化工程的大框架下于 2002 年 1 月 1 日起正式编入民法典，目前为 2004 年 12 月修订的第八版。该法共计 6 款（民法典 312 条之一至 312 条之六），分别为远程交易合同、消费者在远程销售过程中的知情权、解约权、退货权、电子交易过程中销售方所担负的电子义务和销售方告知义务。从内容上看，本法更加强调和突出网上销售业者的告知义务和保护消费者的交易过程中的知情权，从法律上克服了网上销售因消费者不在场而容易导致信息不对称的行业弊端；同时，《解约法》和《退货法》的相关章节修改了消费者解约的时间规定，并增加了若干适用《退货法》情况，较好地贯彻了新民法典中强化消费者解约权的立法特点。

---

① http://www.gesetze-im-internet.de/bundesrecht/fernabsg/gesamt.pdf.

### (二)德国民法典[①]

德国《民法典》(BGB)于1896年8月18日由德皇威廉二世公布，并于1900年1月1日生效实施。该法自颁布以来历经150多次修改。2002年1月1日，德国新《民法典》在经过重大修订后正式生效，将原来的《上门销售法》《远程销售法》及《欧盟电子商务指令》统一起来，以“特殊营销形式”为专节（新民法典第312条之一至312条之六）集中规定，将电子购物等新兴营销方式纳入民法典。同时，为适应近年来网上购物出现的新情况，德国政府也陆续修订和颁布了一系列专门法律法规，其中比较重要的有《新反不正当竞争法》和《远程销售法》(含《网络及其他电子交易特别规定》)。

## 二、运输相关

### (一)对于欧盟国家邮包、快件进境的管理规定

限制进境物品种类包括:他国生产的药品、军民两用产品、烟花爆竹（常规邮寄禁止入境，可选择危险物品邮寄方式）、历史文物、武器和弹药等。

在海关征税标准方面，德国海关总署对于欧盟内部邮递包裹并没有定期处理的规定，因此，欧盟内部包裹进入德国境内将免除进口关税，但也存在例外。在某些情况下，欧盟各国海关将对邮件进行内部控制。海关有权力检查邮件是否包含须被征消费税的物品或违法的被限制的、禁止进口的物品。如果邮件是个人到个人的投递方式，那么酒精类饮料、烟草、咖啡或以咖啡为基础的产品将不能私人投递，而须被认定为商业行为。且该类商品须缴纳消费税（葡萄酒除外），并由德国邮政运输至海关，收货人将被通知前往海关缴纳税费。烟草类商品

---

① http://www.gesetze-im-internet.de/bundesrecht/bgb/gesamt.pdf.

在原欧盟国家缴纳过税款的，收货人须持相关发票向德国海关证明。但葡萄酒并不在此类。另外一类由在线邮购公司寄送包裹给私人的行为，酒精类饮料、烟草、咖啡或以咖啡为基础的产品和能源类产品须缴纳德国消费税或其他税费后才能投递至买家。且该税费由在线卖家支付。

**(二)对于非欧盟国家邮包、快件进境的管理规定**

限制进境物品种类包括:非欧盟国家生产的药品、烟花爆竹（常规邮寄禁止入境，可选择危险物品邮寄方式）、刑具、危害青少年的著作与媒体刊物、毛坯钻石、历史文物等。作为个人需求与馈赠礼物的食品类原则上可以入境，但具体物品有所限制（如蘑菇不超过2公斤；鱼子酱禁止入境；具备药物功效的特定营养品禁止入境。）其他限制进境物品种类还包括：假冒与盗版物品、不符合欧盟相关安全标准的工业产品、武器和弹药等。纺织品入境须出具符合欧盟标准的相关证明。根据动植物保护条例，由动植物制成的产品须经海关严格检查以确定能否入境。

在海关征税标准方面，若属商业行为（如网购商品），商品价值在22欧元以下的，免征进口增值税；价值在22欧元及以上的，一律征收19%的进口增值税。商品价值在150欧元以下的，免征关税；商品价值在150欧元以上的，按照商品在海关关税目录中的税率征收关税，且关税的税基是商品价值附加进口增值税的总额，而不仅仅是商品价值本身。若属私人物品，价值在45欧元以下的，海关予以免征；物品价值超出45欧元但在700欧元以下的，关税和进口增值税全包税率为商品价值的17.5%；如果是来自与欧盟缔结海关优惠协定国家，税率为15%；某些特定物品（如烟酒类）税率更高。

## 三、道德相关

《反不正当竞争法》[①]是德国政府利用法律手段调控经济运行和规范行业秩序的重要法律手段之一，也是德国商业领域的重要的“保护性”法律，在1909年6月7日颁布的《反不正当竞争法》的基础上历经多次修订，结合转换实施欧盟2005年5月11日公布的第2005/29/EG号条例有关内容之后，最终版本于2008年12月30日正式生效。

新反不正当竞争法反映了德国在该领域立法思维上的重大转变，颠覆了旧版法律的借鉴英美普通法体系以案例判案的裁决原则，回归德国传统的大陆法立法思维，同时不排除法官的裁量权，法官依然可以通过法的续造来实现案件的裁决。新法凸显了保护消费者利益为核心和通过加强企业及商家之间的互相监督来规范行业秩序的两大新特点，并在司法过程中强调了行业协会的作用；同时删除了禁止商家特价销售、清仓销售等限制性商业行为，有效地降低了先前过于严厉的法律干预门槛，进一步促进了市场有效竞争。该法分为一般条款、法律后果、司法程序规定、处罚规定等共4章20条。

## 四、隐私相关法律概述

《电信媒体法》[②]是德国的准电子商务法，于2007年3月生效，用来规范电子商务经营者的商业行为。该法共16条，主要内容有:法律主体可以不经申请自行开设网站主页，但主页必须包括经营者的有关详细信息，如名址、联系方式、税务登记号等；经营者需披露所提供产品或服务的详细信息；经营者对于消费者的个人信息保护义务；欧盟成员国内注册的经营者开展欧盟内业务时只需按照该国法律行事，无须符合

① https://www.gesetze-im-internet.de/bundesrecht/uwg_2004/gesamt.pdf.

② http://www.gesetze-im-internet.de/bundesrecht/tmg/gesamt.pdf.

其他成员国的法律规定。

除上述法律之外，与网络零售业相关的还包括《广告法》《联邦信息保护法》《商标法》《知识产权保护法》《包装条例》《电信法》《价格说明条例》《信息技术安全法》等①。

① https://www.bmi.bund.de/SharedDocs/Downloads/DE/Gesetzestexte/it-sicherheitsgesetz.pdf?__blob=publicationFile.

第六章

# 德国互联网产业的发展趋势及挑战

# 第一节　德国互联网产业所面临的宏观环境

PEST分析是指对影响一切行业和企业的各种宏观环境因素的分析，尽管根据不同行业和企业自身特点，分析的具体内容会有差异，但一般都会从 P（politics）、E（economy）、S（society）、T（technology），即对应中文的政治、经济、文化和技术这四大类影响企业的主要外部环境因素进行分析。①

## 一、政治环境

### （一）德国政治现状

德国的政治一向以稳定著称，独特的选举制度和政党的体质，优良的政治文化，严明的政党纪律，权力的合理分配使得德国的政党政治得以持续维持稳定。然而自难民危机爆发以来，默克尔总理采取的宽容的难民政策却一度令德国社会产生明显分裂，如安置难民的费用由谁承担，收容难民数量如何决定等诸多问题使德国政府和民众之间、联邦政府和各州政府之间以及各党派之间出现重大分歧。短时期之内，德国政治环境会经历阵痛，但是从长远来看，德国凭借其良好的政治基础和平稳的经济形势依旧会为个人和企业提供舒适稳定的政治环境。

### （二）"工业4.0"引领互联网产业发展

产业的发展往往依赖于政府政策的制定，而德国于2011年4月在

① http://wiki.mbalib.com/wiki/PEST分析模型。

汉诺威工业博览会上提出的“工业 4.0”概念，毫无疑问地为德国乃至世界上其他国家指明了道路。18 世纪末的“工业 1.0”是以机械制造为基础，20 世纪初以电气化为基础导入的大规模生产方式引领了“工业 2.0”，“工业 3.0”建立在 20 世纪 70 年代的 IT 技术和信息化之上，而“工业 4.0”标志着以物联网技术和制造业服务化开始兴起。德国政府高度重视“工业 4.0”，已将其视为纲领性政策。

德国“工业 4.0”的核心是智能化加网络化，构建智能工厂，实现智能制造。而实现智能生产的关键则在于构建遍布全德，涉及所有行业，涵盖各类大、中、小型企业的高速互联网。该网络有助于德国企业实现快速的信息共享，制造工作由高效的分工合力完成。在此基础上，生产工艺可以重新定义并进一步细化，从而实现更为专业化的生产，提高生产效率。此外，企业也能与生产单位衔接，制造和市场的距离被大幅缩短。①

以上内容所需的核心技术就是物联网，而物联网又是在互联网的基础上实现的“物物连接”。显而易见，互联网产业的发展将会直接左右物联网技术的进步，进而关系到德国“工业 4.0”的发展进程。我们有充分的理由相信，作为德国制造纲领性的概念，“工业 4.0”毫无疑问会大幅促进互联网产业的发展。

### (三)互联网及电子商务推动政策

德国早在 2009 年就着手推动家庭互联网发展，政府定下的目标是：2010 年底，实现宽带网的全覆盖；截至 2014 年，75%的住户将可以使用到超过 50 兆每秒的宽带，到 2018 年，所有住户都将使用到超过 50 兆每秒的宽带。为了发展偏远地区的互联网设施，德国联邦计划拨款 33 亿欧元，各州也将总计投资 7 亿欧元。德国还预计，到 2020 年

---

① 丁纯，李君扬．德国工业 4.0：内容、动因与前景及其启示．德国研究，2014(4)：50-51.

将按照计划全面开展5G工程。由此看出，德国政府对互联网的普及程度非常重视，而完善的基础设施将为互联网产业的发展铺平道路。与此同时，德国政府也在积极发展数字办公，其中最重要的一个项目是“数字行政2020”，旨在推动办公过程的数字化和网络化，同时政务的透明度也将得到更有力的保障。

德国联邦经济部于1997年底决定资助成立地方性的旨在支持中小企业普及电子商务的促进中心，这些中心遍布全德国，每年可以领取相当数额的补贴。主要任务包括：①提供Internet及其他网络用于商业用途方面的一般性信息；②为应用电子商务过程中的特殊问题提供咨询；③展示应用电子商务的成功案例；④开展中立性的培训、讲座等；⑤为鼓励中小企业使用电子商务进行广告宣传；⑥建立覆盖全德国的电子商务信息平台。

另外，德国政府同时还促进中小企业使用电子商务的示范项目，目的在于促进开发适合中小企业及手工业比较集中的某个行业电子商务的应用解决方案。经济技术部主要从以下5个方面评判项目是否值得促进：①项目对某行业的解决方法具有革新性，并达到当前技术的发展水平，如应用电子支付手段、加密技术、电子签名技术手段的应用等；②经济上的应用潜力，包括市场潜力、使用者接受程度、营销机会等；③项目提供的解决方案具有广泛的可应用性；④有利于开展全球性的国外业务；⑤各组成部分在相应行业中具有有效的可操作性，并包含相应的培训措施。以上两项措施是德国政府在20世纪90年代末提出的，电子商务在那时就已经成为德国政府重点关注的领域。①

除以上所述之外，自2006年起，德国每年召开一次IT高峰会议，研讨产业政策，其中包括电子商务内容，一些具体的促进措施有：政府

① 高秀英，张久荣．德国电子商务发展与监管．中国工商管理研究，2002(9):29.

采购电子商务化；每年颁发一次中小企业网页大奖，鼓励它们设计其网上形象；中小企业可申请经济部的最高5万欧元的直接补贴，用来发展企业的技术与信息支持等。①

### （四）法律为发展保驾护航

《电子通信法》于1996年获得通过，此后也经历了多次修改。该法律旨在营造公平合理及机会均等的竞争环境，与电子商务直接相关的是其对于电子服务者的规定。其中第6条明文规定，从事电子商务的公司必须申请许可证，而获得该许可证的前提是，公司具备相关专业的人才，从而能够掌握与操作许可证中所规定的业务；同时，能实现该类业务的设备也必不可少。

《远处销售法》是在欧盟框架下，针对德国国情制定的法律，该法律对使用电子商务服务设施进行交易的双方做了行为上的要求，主要目的是保护消费者的权益不受侵害，相关条文如“供货方在于买方达成买卖前必须提供有关货物的全面信息”以及“客户有取消合同与退货的权利”。②

为适应近年来网上购物出现的一些新情况，德国政府特别制定了《新反不正当竞争法案》，并于2008年12月30日正式生效。这些法律法规有效打击了网上不正当交易，有力地保证了电子商务的健康发展。

德国政府电子商务监管的主要思路可以概括为：通过增加透明度，促进信息流动解决问题；武装消费者，让他们了解自己的权利和解决的措施；重视私立标准设定机构的参与，重在形成自我约束机制；形成多元化的市场监管手段和环境，鼓励第三方认证和维权机构的积极参与；

① 李健．德国电子商务发展现状及趋势分析．商，2015(29)：106.

② 高秀英，张久荣．德国电子商务发展与监管．中国工商管理研究，2002(9)：30.

努力实现跨国监管（在欧盟层面）。德国对电子商务行业调控和监管的三大支柱分别是：私法、刑法和经济秩序法。而监管的主要内容包括：信息披露义务、数据保护、网站责任、消费者保护，等等。①

电子商务的发展促成了第三方支付的兴起，第三方支付可分为网上支付、移动支付、预付卡支付和银行卡收单等，具有独立性、中介性、信用性、便捷性和个性化等特点。我国的第三方支付在其蓬勃发展的10余年时间里处于“无法可依”的状态。尽管在2010年，中国人民银行出台了《非金融机构支付服务管理办法》，但与美国、德国（欧盟）等发达国家仍有较大差距。德国属于欧盟重要成员国，其第三方支付法律须符合欧盟相关法律，因此我们主要讨论欧盟在第三方支付法律领域里的作为。欧盟将第三方支付服务视作发行电子货币，将其纳入统一的电子货币监管体系。早在1998年，欧盟就规定，第三方支付业务只能由取得银行业执照或电子货币机构许可证的商业银行或电子货币机构经营，相关法律包括：《电子货币指令》和《修改〈关于信用机构业务开办与经营指令〉的指令》等，具体内容则涵盖市场准入、客户备付金的管理、消费者权益保护、反洗钱等。在市场准入方面，申请人要想获得电子货币机构的资格必须向所在国主管当局提交包含营业项目、经营计划、初始资本金等材料，且必须满足其他诸多条件，但对一些小型电子货币机构会进行豁免；在客户资金管理方面，欧盟采取了“账户分离”“投资限制”“赎回制度”来实施；此外，欧盟十分注意保护交易安全、知情权及隐私权；为了打击洗钱行为，欧盟制定了《反洗钱指令》和《反洗钱和反恐怖融资指令》，具体措施包括可靠的客户识别制度、可疑交易报告制度、记录保持和内部控制制度。我们通过将欧盟的第三方支付法律与美国做比较可以看出：在美国，各州之间的许

① 阿拉木斯．电子商务监管研究.信息网络安全,2011(7):91.

可证不能通用，但如果在欧盟取得许可证，在欧盟范围内均可开展业务；欧盟对起始资本金有着较高的要求（需达到100万欧元，后调整到35万欧元），而美国对此则相对宽松；美国的支付机构将客户的资金视为负债，对其投资比例和范围都做了较大限制，而欧盟则仅对投资范围做出限制；而在消费者权益保护和反洗钱方面欧盟与美国均有相对完善的法律，各有千秋。①

在现在的德国，涉及知识产权保护的相关部门有：联邦司法部、联邦经济和劳动部、德国专利和商标纽伦堡高级财经管理委员会、检察机关和法院等。同时，德国为保护知识产权做出了如下的努力：制定了明确的知识产权战略和管理保护方针，注重知识产权人才的培养，建立科学合理的知识产权申请与评价体系。②

以上只是德国对电子商务法律监管的冰山一角，不难看出，德国早在电子商务发展的萌芽时期就为其套上"紧箍咒"，以此防止由于监管跟不上发展可能导致的种种问题。与德国相比，中国在该领域的初期法律工作做得明显不足。2017年初，在中国的电子商务爆炸式发展的若干年后，第一部电商领域的综合性法律《中华人民共和国电子商务法（草案）》才提请人大常委会一审。③由此我们也看出了中国与德国在电子商务发展方面的不同：德国采取的做法是防微杜渐，而中国则是在放任自由的野蛮增长后再严格规范，两者各有利弊。

### （五）电子商务——实体经济的"新发动机"

德国是一个高度依赖实体经济的国家，在对互联网的态度上德国人保持了相当冷静的头脑。2014年，《中外管理》杂志探访德国知名企

① 李俊平．第三方支付法律制度比较研究，2012.

② 欧光义．德国企业知识产权保护的经验及其对我国的启示．中国证券期货，2010(10)：160.

③ 张维炜．中国电商市场告别"野蛮增长"时代．中国人大，2017(2)：22.

业如宝马、赢创、海瑞克、汉斯格雅等行业领头羊时，几乎所有的德国人，无论是管理者还是学者，抑或官员都没有主动提到过“互联网”。①

然而，在“工业4.0”这一宏观政策的引领下，对互联网避而不谈绝无可能，但至少我们看出了德国政府及企业所秉承的理念，这个理念深入人心：德国追求的不是实体经济互联网化，而是互联网应深入实体经济内部。这点我们从德国对待电子商务和实体店的态度上就可以窥知一二。德国对线上线下零售企业采取相同标准收税。而自2003年7月1日，欧盟开始实施电子商务增值税新指令，这一指令具有开创性的意义，使欧盟成为世界上第一个征收电子商务增值税的地区。

德国将电子商务比作德国经济“新的发动机”，力图用互联网产业带动实体产业的进一步发展，尽全力减小两者之间的冲击。德国的相关政策可以高度概括为：互联网产业的进步要起到辅助和改革实体产业的作用，推动其转型升级，绝不能本末倒置，使得线上产业影响到线下产业的健康发展。

### (六)趋势及挑战

稳定的政局是一切产业发展的基础，德国可以说具备了这个条件，以“工业4.0”引领的宏观政策掀起了互联网革新的浪潮，而自21世纪初开始的多项互联网及电子商务发展的扶持推动政策也助力其中，互联网化是大势所趋。德国早期就针对互联网产业出台的多项法律法规对其健康发展起到了重要的作用，然而，不得不承认的是，这也限制了其发展速度。此外，德国更加重视的是互联网产业和传统产业的相辅相成，“一切为了实体经济”的理念还是占据了主流。因此，我们有理由相信，德国的互联网产业在未来相当长一段时间会在政策的引领和法律

① 杨光．德国人为什么不提互联网？中国企业还需回归本分．理论参考，2015(7)：54.

的保障下继续稳步向前，如何协调互联网产业和实体产业的关系则将成为重大挑战。

## 二、经济环境

### （一）德国经济现状

衡量一国的经济状况有许多指标参数，如国内生产总值、人均国内生产总值（人均 GDP）、失业率等。接下来我们将对德国当前的经济形势做一概述性分析。

德国的 GDP 一直位于世界前列，2015 年，德国位于美国、中国、日本之后，力压英国、法国等国列世界第四。由于人口基数较大（超过 8000 万），德国的人均 GDP“仅”排在全球第 19 位。

德国政府历来注重控制失业率，也的确收到了成效。2017 年 1 月，德国的失业率降到了 3.8%，在欧盟内仅高于捷克的 3.1%，而欧盟平均失业率则达到了 8.1%，远高于德国水平。

在控制通货膨胀率方面德国做得一样出色，2016 年，德国相比于 2015 年的通货膨胀率仅为 0.4%；同年，德国的家庭年均可支配收入约为 31000 美元，位于所有欧洲国家的第三位。2015 年，德国货物贸易进出口总额位于第三位，落后于中国大陆和美国，是第四名日本的近两倍。

显而易见，德国的经济无论从哪个方面分析都具有世界顶尖的实力，这样的总体经济环境对包括互联网在内的任何产业的发展都是沃土。

### （二）优势产业的互联网化

德国是制造业强国，其优势产业集中在汽车产业、机械制造产业、化工业与制药业和电子电气工业等，而这些产业因其具备的生产规模大、产业链固定、用户较集中的特点更容易与互联网接轨，这些也是德国“工业 4.0”所重点关注的领域。

然而，德国工业改革的最终目的并不是实现网络化生产，更重要的是智能化生产，位于德国安贝格的西门子电子制造工厂很好地诠释了这一点：该工厂用小批量多批次的生产模式代替了按照自身意愿进行的大批量生产模式，如此待售品数量减少，原材料消耗变小，现金流得以更高效流动。同时以企业为导向的规模型设计也在向用户为导向的个性化设计转移，即 B2C 模式向 C2B 模式的过渡，这对制造业来说是大势所趋。在该趋势中，德国凭借其扎实的制造业基础和先进的制造理念将有很大可能成为全球率先一批完成转型的国家之一。①

### (三)电子商务稳中有升

互联网产业中很重要的一项就是电子商务，而当前德国的电商环境究竟如何?

目前德国主要的电商模式还是 B2C，而 B2C 的销售额自 21 世纪初开始一直以每年不到 10%左右的增幅上升，在金融危机和欧债危机的影响下也不例外。尽管如此，德国的 B2C 销售额与美国和中国相比仍有巨大差距。在消费者数量方面，德国的网络消费者数量超过了 5000 万，仅落后于中国、日本和美国，电商消费潜力是巨大的。而网络零售行业第一的位置毫无疑问地归属于亚马逊，其所占市场份额超过 1/4，且仍在继续上升。电子支付手段作为中国消费者最偏爱的支付手段，在德国却还没有获得相应的地位，虽然比例在逐年上升，但是 2016 年的占比也不过 43%。

C2C 模式则尚处在萌芽时期，德国人对此认同度不高，或者说还不甚了解，但是，个人卖家的数量也不断增多。

除了 B2C 和 C2C 外，B2B 模式也同样值得研究，德国企业互联网

---

① 周运煌．互联网+落地下的新商业模式．中国信实出版社，2016：116-118.

连入比例较高，网速也较快，但是在云计算领域德国企业却还有很大提升空间。此外，德国中小型企业利用互联网进行采购和销售的比例也较低。

电子商务的发展往往还会和物流行业联系在一起，德国的物流业发展势头良好，在2014年，其营业额已经占到了GDP的9%。

不难看出，无论是B2C、C2C还是B2B模式，德国都有巨大的潜力。电子商务在德国一直没有经历爆炸式增长的阶段，德国人线上购买或销售行为较为保守，电商企业一家独大，电子支付手段不够普及，作为德国产业支柱的中小型企业利用互联网程度不高，以上是目前德国电子商务所面临的问题。当然不可否认的是，德国电子商务也正在努力慢慢突破。

**（四）趋势与挑战**

作为发达国家，德国的宏观经济环境趋于稳定，GDP增速虽然同一些发展中国家无法相比，但是在GDP总量、人均GDP、控制失业率以及通货膨胀等方面德国都位居世界前列，同时，德国对实体经济的重视也避免了“互联网泡沫”的产生，鉴于其政策的延续性，我们相信，在未来相当长时间德国都不太可能出现该类问题，这也为互联网产业的发展打下了坚实的基础。

德国企业已经渐渐与互联网建立起密不可分的关系，大型企业如西门子等已经在转型的路上迈出了一大步，对于它们来说，互联网能有效地帮助它们提高生产效率并且向智能化生产改革，充足的资金和先进的技术是转型的保障，但是其庞大的企业规模也为改革提供了不小的难度。中小型企业是德国最重要的产业支柱，如何让这些企业打破原有思维，向“工业4.0”中的理念靠拢更是重中之重。然而德国中小型企业数量众多，想找到适合所有企业的改革路径简直是天方夜谭，因此，针对不同企业只能对症下药，最关键的是，要使企业的管理者充分意识到由互联网引领的新工业革命是未来企业能生存并保持竞争力的基础和关键。

电子商务在德国的发展一直不温不火，该趋势估计在未来的一段时间内也不会发生明显改变。挑战显而易见：电商企业发展活力不足，消费者习惯短时期难以改变等。然而，人们应该意识到的是，电子商务同德国强调实体经济的政策并不冲突，本质上，电子商务和虚拟经济并不等同，其应该被定义为“新实体经济”。电子商务只是为实体经济提供了一个虚拟的平台，而借助这个平台，实体经济企业可以更好地在销售、运输乃至生产过程与消费者接触，这对双方都是利大于弊。事实上，真正危害到实体经济的并不是电子商务本身，而是由其监管难度较大所带来的造假贩假等行为，所以，正如前文所述，融合线上线下、协调实体经济和新实体经济之间的连接关系才是最好的出路。

## 三、社会环境

### (一)社会构成

德国人口约为8200万人，女性略多于男性，老龄化问题严重，并且在未来仍将加剧，人均寿命无论性别均排在世界前列；外来人口超过1000万人，且由于难民危机的爆发，增加趋势更加明显；婚姻家庭数量呈持续下降态势，与此对应的独居者和未婚同居的数量则缓慢上涨，生活模式的改变和女性独立程度与生活水平的提高密不可分，以后向相反方向发展的可能性并不大；德国作为高质量教育国家的典型代表，一直以来吸引大量的外国留学生前来求学，其中中国留学生的数量遥遥领先于其他国家，是第二名的俄罗斯数量的两倍还多，而排在俄罗斯之后的为印度、奥地利、保加利亚、土耳其等国。显然，德国作为教育领先的欧盟国家长期吸引留学生前来，随着全球化的进程以及各国越来越重视海外教育，该群体规模会越来越庞大。

### （二）德国人与互联网

有70%的德国人拥有可上网的移动设备；在所有年龄段的人群中，绝大多数每天都要上网，而在45岁后，每天上网人数所占比例随着年龄增长有所降低，但是尽管到了65岁以上，仍有超过60%的人每天使用互联网，年轻人比老年人更喜欢网上购物，且更经常应用社交媒体和在线娱乐；按照群体来看，几乎所有学生每天使用互联网，工作人群、失业人群和退休人群使用频率逐步降低；收入对使用互联网的影响同样十分明显，收入高的人群的互联网使用频率远高于低收入者。

### （三）消费倾向

分析社会环境还有一点至关重要，那就是了解消费倾向。德国人在网上购物很少购买大件商品，最主要的消费品集中在衣服、体育用品以及书籍等。德国网购消费者的忠诚度较其他国家更高，德国人一旦接受某商家就会成为最忠诚的客户，这意味着，当本次购物满意度高，客人下次常常会放弃搜索。不过，德国客户对产品以及服务的要求也更高，从产品质量、客服、响应到送货周期，一个环节不到位就会导致购物体验降低，从而导致商家流失客户。[①] 此外，根据调查，德国人相比于价格对质量的看重程度更高。

德国人有着很强的规则意识，这点从他们的日常生活中可见一斑，他们宁愿放弃利益而选择不触碰边线，此外，德国人极其厌恶风险，一项调查显示德国人相比其他欧洲国家的人更加愿意为了将来的生活进行储蓄，这便是很好的佐证。

### （四）趋势与挑战

总的来说，德国的社会越来越趋于多元化，机遇与挑战并存。

---

① http://www.cifnews.com/article/18435.

德国人口老龄化问题是互联网产业面临的首要难题，虽然互联网已经不再是年轻人的专属，但发展该产业更多的是需要有想法敢创新的年轻人，而在这一方面老年人相对来说有所欠缺，另外，老年人无论是在网上消费还是使用社交媒体、网络资源也都不够积极。对此，互联网产业应该重视和完善对老年人的“照顾”，具体包括：增加针对老年人的商品如保健品等，提高社交媒体对老年人友好度如降低操作难度等，网络资源收纳更多符合老年人“口味”的内容，物流行业进一步发展等，当然其中还有最重要的是对质量和安全的保证。此外，如何让遵守规则，厌恶风险的德国人适应互联网的发展也是一大难题，这无疑对互联网保护个人隐私信息能力提出了很高的要求。

留学生和外来人口则为互联网产业带来了更多样的选择，由于其多为年轻人，对互联网的使用应该是轻车熟路，鉴于该群体的特点，互联网产业可以从以下几点做出优化：增加适合该群体的电商产品，如语言教材、生活用品等；补充并完善现有互联网资源或推出新的具有针对性的社交媒体、在线娱乐软件等；根据不同国家习惯或习俗改进服务，不一而足。如此，就不光涉及了互联网产业的优化和升级，还有对跨文化的理解和应用，而跨文化一直都是各国所需要面对的挑战。

## 四、技术环境

### (一)完善的科研体系

科研是一个国家科学技术发展的核心，国家对科研的重视程度与科研机构自身的运行状况将在很大程度上决定该国技术进步的速度，互联网产业作为高度依赖科研进步的新兴产业，其发展更是离不开完善的科研体系。

德国的科研主要由4个科研体系构成：高等学校、非盈利性科研组织、国立研究所以及企业研究机构。高等学校主要开展基础研究；非盈利性科研组织如马克斯·普朗克协会则依赖政府提供经费。同时，政府有义务对其运行进行监管；国立研究所包括数十个大型研究实验室、研究所和公立性质的机构；企业研究机构指的是一些科研实力较强的公司以及其建立的实验室或基金会。德国科研的主管机构是联邦德国教研部，其主要通过宏观政策及资金管理来引导德国的整个科研体系。以上所提到的与科研相关的组织、机构的角色可以概括为：联邦德国教研部：统筹监管，承担经费；高等学校：基础研究，培养人才；非盈利性科研组织：前沿研究；企业研究机构：转向高新技术开发，科研成果转化。德国科研经费有四大来源：联邦政府、州政府、经济界和欧盟。按照德国基本法的规定，联邦和各州政府都有权利和责任支持科研。

科研质量的评估也是重要的一环，德国在评估基础研究的成就时主要参考下列标准：培养科学后备力量的质量和数量；发表学术著作与论文的质量与数量；应邀参加学术活动的次数；获得荣誉称号、奖励（尤其是诺贝尔奖）的情况以及在学术组织中的任职情况。在评价应用型研究时主要看经济界对科研成果的应用、需求以及出资情况。除了上述评估标准以外，科研成果对经济发展和创造就业机会的影响越来越受到重视，并被作为评估基础研究和应用型研究成果的共性指标。我们可以由以上介绍中清晰地看到，德国科研实力与其完整高效、相互协调、与时俱进的科研体系密不可分，德国政府从政策法规到经费资助，再到质量评估，每一个环节都在为科学技术的进步保驾护航。①

### （二）先进的技术转移体系

技术转移是指技术从一个地方以某种形式转移到另一个地方，包括

① 李鹏，刘彦．德国科研体系的发展及对我国创新基地建设的启示．科学管理研究，2011（2）．52-54.

国家之间技术的转移，也包括从技术生产部门（研究机构）向使用部门（企业）的转移，也可以是使用部门之间的转移。①

德国技术转移体系有两大优势：一是技术转移工作与上游的科研体系紧密相连；二是该体系与广大中小型企业的合作是广泛而深入的。德国技术转移服务机构主要包括：德国技术转移中心、德国史太白技术转移中心和德国弗劳恩霍夫协会。

德国技术转移体系重视专家队伍建设，紧密围绕客户需求并且拥有完善的管理体制和组织机构，已经逐渐成为全球技术转移的典范。②

### (三)专利及其保护

几十年来，德国经济一直走在世界前列，其中一个重要原因就是德国企业有效运用了知识产权制度，不断提升和保持其强大的市场竞争能力，德国企业将知识产权战略作为企业整体发展战略的重点之一加以实施。

德国已经形成了一套较为成熟的“企业主体、国家支持、员工努力”的知识产权战略管理和法律保护体系。 国家在知识产权立法、司法和行政等方面予以强有力支持：知识产权法律体系完备、知识产权诉讼案处理相对高效、在科技创新方面投资巨大。③

德国申请的国际专利数量也位居世界前列，2016 年，德国总共申请超过 18000 项专利，仅落后于美国、中国、日本，位居第四位。

### (四)互联网研究所的筹建

为了加速德国互联网技术的发展，德国政府也在积极筹建互联网研

---

① http://baike. baidu. com/link? url = 6wyyDH62lF6HtcGUVMaTU7ZZEJHFjX3mWX9Bb7 _ _ KC4Maxx XfXfzitXCSYUSDUsa2_bj7EqJ-mrZ8ZSsSHwjmqDM6y2QV3-MY5JvWJDM1exLRCj6xIT6 ifBIK-woXWbi9.

② 李玉清等. 德国技术转移工作经验及借鉴. 中国高校科技,2014(10):56-58.

③ http://www. qstheory. cn/kj/ywcz/201309/t20130910_269903. htm.

究所。德国联邦教研部从众多申请者中选定了五家机构制定建立德国互联网研究所的方案。由牛津大学互联网研究所教授领导的专家评委会提议巴伐利亚科学院、汉诺威莱布尼茨大学、卡尔斯鲁厄理工学院波鸿鲁尔大学和柏林社会学研究中心五家机构进入下轮资助范围，并研究制定成立德国互联网研究所的具体方案。2017 年春季将进行第二轮评审，届时将从五个候选方案中选出一个，正式实施德国互联网研究所的筹建工作。在首期五年内，德国互联网研究所筹建需约 5000 万欧元的经费。①

### （五）趋势及挑战

从以上介绍分析中可以看出，德国的技术环境十分出众：完善的科研体系、先进的技术转移体系再加上有力的专利保护。作为高度依赖制造业的大国，德国的技术环境保障了其持续的竞争力，相信未来也不会例外。德国缺的永远不会是良好的土壤，只可能是创新的种子。

## 五、结语

至此，我们用 PEST 模型对德国互联网产业将面临的环境一一做了分析。作为世界上为数不多的发达国家和制造强国，德国政治、经济、社会及技术环境都可谓“宜人”，然而最重要的还是德国互联网产业自身如何有效利用大环境，在“工业 4.0”的指导下，实现对自我的突破。表 6-1 为德国互联网 PEST 模型表格：

① 房强．德国筹建互联网研究所．世界教育信息，2016(14)：78.

**表 6-1 德国互联网 PEST 模型**

| 政治环境 | 经济环境 | 人文社会环境 | 技术环境 |
|---|---|---|---|
| 政局稳定,但近年来受到难民危机影响较大;<br>“工业 4.0”引领新一轮的产业革命;<br>相关政策推动家庭互联网发展及政府办公数字化;<br>联邦政府开设不同项目促进电子商务发展;<br>法律保障完善,如《远处销售法》《电子通信法》《新反不正当竞争法案》等;<br>继续强调实体经济发展,以互联网产业推动实体经济发展;<br>…… | 经济形势良好,在几个主要参数如GDP、人均 GDP、控制失业率、控制通货膨胀率、贸易出口额等均在世界前列;<br>优势产业如汽车产业、机械制造产业、化工业与制药业和电子电气工业等均有很大潜力与互联网接轨;<br>B2C 模式发展不温不火,C2C 和 B2B 仍有很大潜力空间,电子支付普及度较低;<br>…… | 人口 8200 万人,老龄化严重,外来人口(主要为难民和留学生)增加,家庭形式愈加多样化;<br>上网条件(如移动互联网设施)较好,上网频率较高,年轻人高于老年人,高收入人群高于低收入人群;<br>消费忠诚度较高,网上消费集中在一般居家用品,对产品及服务要求高,看重质量;<br>规则意识较强,厌恶风险;<br>…… | 科研体系完善;<br>技术转移体系高效;<br>对知识产权重视程度及保护程度很高;<br>正在积极筹建互联网研究所;<br>…… |

## 第二节　德国 B2C 电子商务行业五力模型分析

波特五力模型是迈克尔·波特（Michael Porter）于 20 世纪 80 年代初提出，它认为行业中存在着决定竞争规模和程度的五种力量，这五种力量综合起来影响着产业的吸引力以及现有企业的竞争战略决策。五种力量分别为同行业内现有竞争者的竞争能力、潜在竞争者进入的能力、替代品的替代能力、供应商的讨价还价能力、购买者的讨价还价能力。① 而 B2C 电子商务是互联网产业中的“重头戏”，下面我们将用该模型对德国 B2C 电子商务行业进行分析。

### 一、潜在进入者的威胁较低

（1）电子商务的规模经济和网络经济性形成了进入壁垒。随着近年来德国电子商务的发展，B2C 行业市场体量增长显著，已形成一定规模，如来自美国的 Amazon. de,其所占市场份额达 20%左右，领跑 B2C 零售行业，而德国本土互联网零售网站如 Otto. de（综合类零售网站），Zalando. de（服装及鞋类网站）的交易规模也连创新高，此外，B2B 电子商务具有网络经济性，即已拥有越来越多用户的电子商务平台将会吸引更多用户使用，消费者更倾向于选择已成规模的电商，因此，目前德国 B2C 电子商务的规模经济和网络经济性使该行业形成了进入壁垒。

---

① http://baike. baidu. com/link? url = JP3_jvOITWYEl_V3BnZnH - 0omoDVqzgk ggwQsAIhzkaK-MqssQ70dJvfAiBC8x7DTVS80CIF7Ips_aSHx5ADEhPwIJdI8RSoYNL6AGq1hyub5 JdjlxVBrVIZHwBqzsAQoLVCfu0pf8xKt10raL5ruTwlV7uL _ Zp9BOlZFtpu02HqPc5JDctPmyCybGuaM3s8dba2epuH1qxX8TYuBfmQMckPDHJFgxRAIWvnokUvUBYy.

（2）对于潜在进入者来说，品牌偏好和顾客忠诚度者也形成了隐形壁垒。相较于新进入该行业的潜在进入者，目前已有的互联网零售行业如上述 Amazon. de 等企业已拥有庞大的交易规模及日益壮大的忠诚客户群体，为潜在的进入者设置了隐形的进入壁垒。

（3）资本与技术的需求架高了进入壁垒。目前电子商务行业竞争，要求企业有足够的资源投入。潜在竞争者想要进入 B2C 电商行业首先需要有适当的规模，这就要求有雄厚的资金持续投入支持，其实是足够的知名度，为保证网站有足够的点击量及注册用户，也要求有强大的运营团队支持，在提供服务环节需要稳定的供应链及物流、售后服务等支持，以 Amazon. de 为例，其为会员提供快速配送、快速退换货服务及会员限时秒杀活动等，均需要上述资源支持，因此资本与技术投入也架高了进入壁垒，削弱了潜在进入者的威胁。

（4）值得一提的是，在德国，许多传统零售企业也开始推出其在线购物服务，如一些本土百货商场开始提供在线购物服务，依托线下零售所积累的客户群体，将线上与线下购物相结合，为消费者提供更加便捷的服务，这也是该行业的潜在进入者。

## 二、现有企业之间的竞争较大

（1）相对于中国，德国 B2C 电子商务市场集中度并不高。如图 6-1 所示，2016 年中国 B2C 行业交易规模中天猫所占比例为 56.6%，京东所占比例为 24.7%，这两个综合性第三方平台相加占整个 B2C 行业的 81.3%，由此可以看出中国 B2C 电子商务市场集中度非常高。

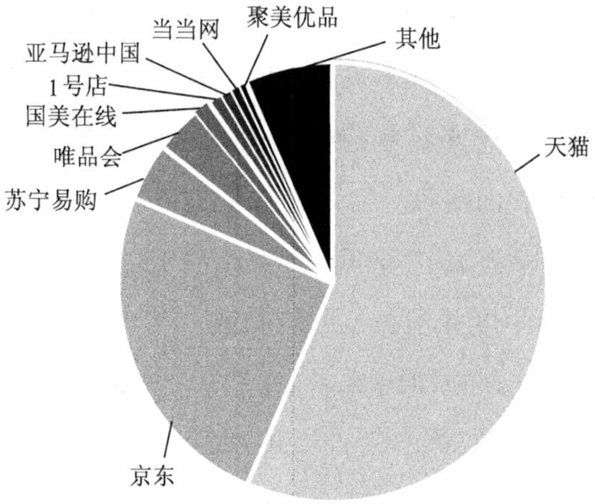


**图 6-1 2016 年中国 B2C 交易规模市场份额**

资料来源：艾瑞网。

而在德国的电子商务行业中，虽然来自美国的 Amazon. de 作为一家综合性互联网零售企业在 B2C 领域占据着不可撼动的领跑地位，但其所占市场份额远不如中国的大型第三方平台，如图 6-26① 所示。

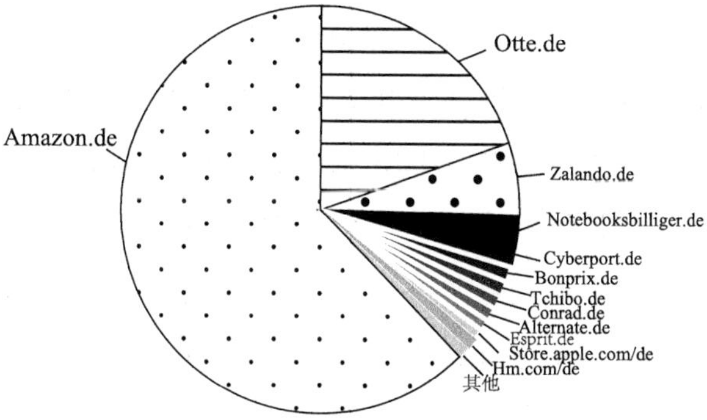


**图 6-2 2015 年德国 B2C 电商交易额市场份额**

① https://de. statista. com/statistik/daten/studie/170530/umfrage/umsatz-der-groessten-online-shops-in-deutschland/.

据 Statista 所公布的德国在线购物网站销售额显示，2015 年德国电商规模达 398 亿欧元，其中 Amazon. de 销售额最高为 77. 9 亿欧元，仅约占全行业的 20%，而紧随其后位列第二的综合性本土在线零售网站 Otto. de,销售额为 23 亿欧元，约占全行业的 6%，第三位的时尚购物网站 Zalando. de 销售额为 10. 3 亿欧元，约占 3%，从图 6-2 中不难发现，德国的 B2C 行业集中度并不高，比较分散。

（2）与中国相比，在德国 B2C 行业中，由制造品牌自建的 B2C 平台占比例较大。 在 B2C 电子商务模式方面，除第三方电子商务平台如 Amazon. de 等，各大型供货商也已经推出自己的网上销售平台，如快销时尚品牌 H&M 公司，除了作为大型供应商为德国各个综合类购物网站如 Zalando. de 提供产品之外，该公司本身也在官方网站进行产品的销售，搭建自己的 B2C 平台，这也成为纯 B2C 网站强有力的竞争对手。中国的第三方销售平台所占市场份额较大，而品牌自建平台较少，所占比例也非常低，而在德国，第三方销售平台所占市场份额远不如中国同类平台，而许多品牌自建平台，如苹果公司、H&M 公司等，也已经占有一定市场份额，其销售额也位于电商前列。

而传统实体零售行业也逐步开始进行网上销售，如成立于 1879 年的德国老牌连锁百货商场 GaleriaKaufhof 自 2000 年起逐步推出其在线购物网站，以顾客对其的忠诚度吸引了许多消费者。

此外，与中国相比，德国的社区商务发展仍处于初期，如图 6-3[①] 中调查结果显示，目前有约 10%的德国消费者希望可以在网上购物时可以与社区网站用户进行交流。

---

① https://de. statista. com/statistik/daten/studie/12855/umfrage/meinungen - zur - verbesserung - des-erlebnisfaktors-online-shopping/.

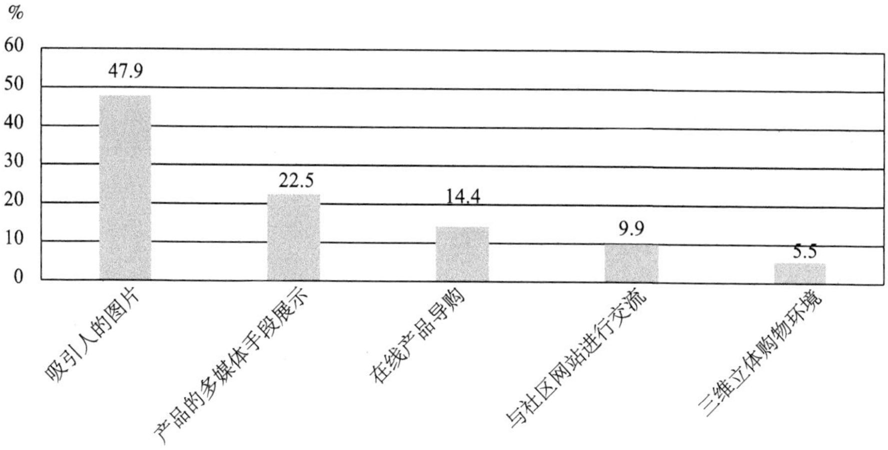


**图 6-3　最能提升德国人购物体验的因素**

## 三、替代品的威胁较大

（1）传统的线下交易方式影响力依旧很大。在德国，目前有 60% 的消费者表示相比于传统零售行业更愿意选择在网上进行消费，从男女比例来看，女性更倾向于在传统的零售行业进行消费。与中国电子商务的巨大体量相比，德国传统交易方式仍然是主流的交易方式。德国消费者的消费习惯，更看重商品质量及服务，相较于网络购物方式，传统线下交易方式中，消费者可以直接接触到商品，产品质量更加可靠，此外德国消费者在电子支付方面较为保守，支付方式也更加安全，因此，传统交易方式更容易获得德国消费者的信任。从供应商角度来说，德国的中小企业实力较为雄厚，竞争力强，通过传统渠道为消费者提供服务较为便利，而在中国有许多中小企业无力负担实体零售商高额的入场费等各项费用，因此转而投向网络零售平台。

（2）C2C 电子商务模式逐步发展。目前许多德国消费者对于 C2C 电子商务模式还存在一些顾虑，该模式也仅在年轻人中认知度较高，但随着第三方支付软件如 Paypal、Giropay 等方式的普及，C2C 卖家所提供的低价、多样化的产品优势逐渐显现出来，如报告第一部分所述，据2015年统计，31%的德国人已经加入了在线卖家的行列，因此伴随着电子支付方式的进一步普及，C2C电子商务模式对于B2C行业的威胁将会越来越大。

## 四、消费者的讨价还价能力较大

（1）市场需求大。目前，德国网上购物人数达4700万，电商消费潜力位居欧盟之首，从全球来看，其消费者数量也仅次于中国、日本和美国，因此，在德国电子商务行业拥有庞大的市场需求。

（2）商品差异化较小，加大了消费者的选择空间。目前B2C电子商务行业处于蓬勃发展阶段，现有企业发展稳定，又不断有新企业进入该领域，所提供的商品虽品种多种多样，但同质化非常严重，消费者所购买的商品大部分是标准化产品，差别较小，因此消费者在购买商品时有更多的选择余地，货比三家，这样无疑提升了消费者的讨价还价能力。

（3）信息透明化，增强购买者对价格的敏感度。借助于互联网这一平台，消费者可以很方便地获得不同B2C网上零售商的供应信息，可以很容易地对不同零售商所报的价格进行比较，从而提高了自身的讨价还价能力。

（4）转换成本低，通过互联网，消费者可以轻易转投另一家在线购物网站选择所需商品，无须固定在一家零售商身上。

## 五、供应商的议价能力视情况而定，大型供货商议价能力较强，中小企业议价能力较弱

（1）物流行业市场集中度高，物流供应商议价能力较强。电子商务的重要供应商之一是物流公司，德国邮购历史悠久，因此邮政物流基础设施完善，本土主要物流企业包括DHL、德国邮政等，市场集中度

较高，虽然也有其他可以选择的物流公司，但物流系统远不如 DHL 和德国邮政完善，因此多数电商为给消费者提供稳定、快捷的物流服务会选择上述物流公司，因此物流供应商的议价能力较强。

（2）目前在德国，拥有一定经济实力的大型供货商也开始逐步建立自己的线上购物平台，组建自己的电子商务部门，与网络零售平台成为竞争者，因此对于大型供货商来说，其对在线购物网站的依赖将会逐步降低，电商网站对于大型供货商的议价能力较低；但德国拥有众多发展历史悠久的中小企业，中小企业运营自己的电商网站成本较高，因此会更多依赖现有的电商网站平台，以此同大型供货商进行竞争，B2C 行业对于中小型企业供应商的议价能力较强。

（3）此外，目前有越来越多的海外供应商通过 Amazon. de 这类第三方零售平台销售产品，其中不乏来自中国的许多企业，借助第三方零售平台为德国消费者提供物美价廉的产品。

通过上述的分析我们可以看出，德国 B2C 电子商务市场需求大，发展潜力巨大，与中国相比，德国目前的电子商务市场分散，覆盖各个领域的垂直电商有很多，但综合性第三方平台却不多，所占市场份额也远没有中国同类第三方平台大，因此新进入电子商务行业的企业可以选择搭建综合性第三方购物网站这一市场空间较大的领域，为中小供货商提供销售平台，也为消费者提供便利的“一站式购齐”服务。

通过报告所列数据和上述五力模型的分析以及中德两国在 B2C 行业对比我们可以看出，目前，德国的 B2C 电子商务行业存在很大的市场潜力，尤其是在综合性第三方购物平台方面还拥有很大的发展空间，一方面，德国的中小企业实力雄厚，被称为“隐形冠军”，利用综合类购物平台可以更便利地销售产品；另一方面，对消费者而言，综合性购物平台让顾客在同一家网站购齐所需商品，便捷了消费者的网上购物。

在这一方面中国的成功经验值得借鉴，比起中国各大平台如天猫等所占的巨大的市场份额，德国的 B2C 电子商务仍是以分散型专业化零售商为主，综合性第三方平台只有来自美国的 Amazon. de 一家独大，因此德国 B2C 企业和打算进入该行业的创新企业应将目光更多地锁定在搭建第三方购物平台上，为供应商和消费者提供更便捷的优质服务，使自己在激烈的电商市场竞争中处于不败之地。

## 第三节　互联网对德国传统制造业的影响

德国是制造业强国，毫无疑问，德国未来的发展战略将依旧围绕“制造业”展开。近些年来，互联网产业在世界各地正如日中天，在德国也不例外。那么，互联网究竟会对德国传统制造业产生哪些影响呢？

本部分展示了互联网对德国传统制造业的影响，包括采购、生产、运作和售后等一系列环节，其中重点展示互联网对德国的优势——生产制造部分的改造状况。德国率先在世界范围内推广由其引领的第四次工业革命——工业 4.0（Industrie 4.0），旨在利用互联网的优势，提高德国制造业的竞争力，从而引领世界范围内工业领域新一代革命性技术的研发与创新。

目前世界范围内第三次工业革命的能量已接近尾声，尤其国际金融危机发生后，全球制造业格局面临重大调整，新一代信息技术与制造业深度融合，正在引发影响深远的产业变革，形成新的生产方式、产业形态、商业模式和经济增长点。发达国家率先开启了以互联网、物联网、大数据为代表的新技术改造和升级制造业、将制造业进行数字化转型并创新生产方式的第四次工业革命（德国：工业 4.0，美国：工业互联网，中国：中国制造 2025）。其中，德美两国遥遥领先。德国工业 4.0 强调“硬”制造，从制造业出发，利用信息技术等手段改造制造业，实现制造业+互联网。

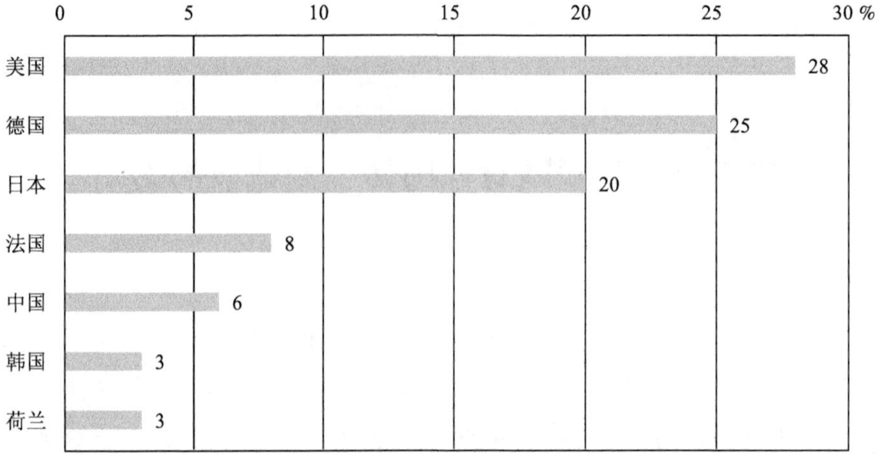


**图 6-4　德美两国在工业 4.0 战略中居于世界翘楚**

注:28%的受访者认为美国在互联网对制造业的改造效果上世界第一,德国紧随其后。

德国工业 4.0 源于 2011 年汉诺威工业博览会，是德国政府《高技术战略 2020》确定的十大未来项目之一。其研究项目由德国联邦教研部与联邦经济技术部联手资助，在德国工程院、弗劳恩霍夫协会、西门子、博世、蒂森克虏伯、德国电信、德国大众和 SAP 等德国学术界和产业界的建议和推动下形成[①]，已上升为国家级战略。德国联邦政府投入达 2 亿欧元。州政府方面，德国南部州投资比较多。预计到 2020 年，德国工业部门将会每年向项目注资 400 亿欧元，而国民经济预计将额外增长 1530 亿欧元。

此次德国引导的工业革命所必备的数字基础设施如 CPS 物理信息系统和智能工厂在正在政府的扶持下处于不断完善中。德国整个物联网产品战略和路线由 SAP 公司制定，为构建工业 4.0 解决方案奠定了基础。接下来的 5 年，预计超过 80%的德国企业实现全部价值链的数

① Georg Giersberg: Die Vernetzung der Welt, In: DE Magazin Deutschland 4/2013, S. 28.

字化，每年将为德国工业多产出 300 亿欧元的效益。这些企业加入工业 4.0 重点主要放在制造和物流领域。值得注意的是，相比于研究和开发新产品，越来越多的企业更注重优化传统的服务方式与营销方式。也就是说，在互联网改造制造业的大框架下，德国企业一方面注重传统生产制造的升级优化，同时更看重“以客户为中心”的业务转型及企业各价值链的全面整合。[①] 然而，本次的工业革命涉及整个国家级产业转型，必将面临很多的艰难险阻，如难以攻克的技术难关、企业共享的信息数据安全问题、人力资源问题、国民消费习惯的转变以及中小企业转换成本过大等问题。

## 一、制造业在国民经济中不可替代的地位

过去几十年，制造业在几乎所有工业国国民经济中的地位都有所下降。整个欧洲范围内工业占 GDP 的平均值为 16%，其中德国表现良好，制造业价值创造约占本国 GDP 的 22%。鉴于工业价值创造是国家繁荣的基础，因此世界大国纷纷提出重振国民工业，推动制造业复苏的战略计划。传统工业国寄希望新兴互联网来加强本身强项制造业，而新兴国家更希望借此机会在未来市场的角逐中占有一席之地，推进实体经济与虚拟经济的协调发展，把握世界领先趋势。

制造业作为全球性的产业，各企业为节约成本，在不同地区进行资源分配是运作的常态，随着整合的范围不断扩大，领域不断延伸，各项业务如跨国研发、采购、组装、制造、营销和服务远比过去复杂。在这样的背景下，要想进一步提升生产效率、提升竞争力，需要善于利用互联网的优势充分收集大数据，变“数”为“据”来提升价值链的效率。可以预测，工业 4.0 下，制造业优势将会被进一步加强。大数据

---

① Volkmar Koch, Simon Kuge, Stefan Schrauf, Reinhard Geissbauer: Industrie 4.0 & Chancen und Herausforderungen der vierten industriellen Revolution (PDF).

的整合与分析便是工业 4.0 所要求的核心技能。

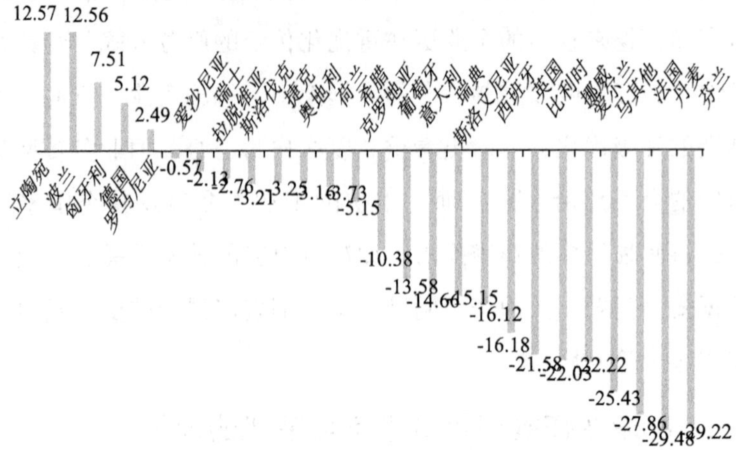


**图 6-5　2001—2012 年欧洲国家工业占 GDP 份额的增长率情况①**

注:所有西欧国家中只有德国的工业占 GDP 的份额增长率呈正值(以百分比计算)。

图 6-5 反映了 2001—2012 年欧洲各国工业在本国 GDP 份额中的增长情况，相比于传统工业强国英国、法国，其工业份额在国民经济中大幅下滑，德国的工业表现良好，12 年来增长了 5.12%。可以看出，德国的制造业依然是国民经济的重要支柱，其比重稳中有升。

① Produktionsarbeit der Zukunft - Industrie 4.0 http://www.produktionsarbeit.de/content/dam/produktionsarbeit/de/documents/Fraunhofer-IAO-Studie_Produktionsarbeit_der_Zukunft-Industrie_4_0.pdf.

## 二、德国制造业+互联网

### (一)物理信息系统(CPS)和智能工厂是制造业+互联网得以实现的基础

德国“工业4.0”平台科学顾问委员会主席艾纳·安德尔认为，工业4.0是指以智能制造为主导的产业的第四次革命，瞄准的是整个价值链，整个产品生产周期。借助于物联网（Internet der Dinge und Dienste）及物理信息系统（Cyber Physical System，CPS）等新技术，开发更加透明、更加高效的价值创造方式，使用户的收益达到最大化。

“工业4.0”的实现包括建设一个网络体系：CPS物理信息体系；研究两大主题：智能工厂和智能生产；实现三项集成：横向集成、纵向集成和端对端集成；实施八项计划：标准化和参考架构、复杂系统的管理、一套综合的工业基础宽带设施、安全和安保、工作的组织和设计、培训和持续性的职业发展、法规制度和资源效率。①

物理信息体系CPS是虚拟世界与现实世界在工业领域的高度融合，是工厂、机器、生产资料、信息系统和人通过网络技术的高度联合。它对制造业的硬件设备、工厂、移动设备、物流、服务、人员和过程进行连接、整合、分析和动态调整，具有鲜明的跨界特征。德国的物理信息系统和工业互联网平台由SAP公司构建2并提供各项解决方案、产品战略和路线，为企业走向“云端”，实现业务创新提供了技术支持。图6-6为CPS三个字母为核心的三要素。②

具有高度灵活性和反应力的智能工厂是工业4.0得以实现的最重要的因素。③ 凯撒斯劳滕智能工厂的负责人Detlef Zü hlke教授形容一个

---

① 王至尧．学习德国工业4.0、中国智能制造讲座(连载一)．新技术新工艺,2015(8):2.

② 王至尧．学习德国工业4.0、中国智能制造讲座(连载一)．新技术新工艺,2015(8):2.

③ Helen Sibum: Die Fabrik der Zukunft, In: DE Magazin Deutschland 4/2013, S. 39.

智能工厂应像乐高积木一样，可以很方便地拆卸及组装成新的形式，即以最小成本、最灵活地进行生产系统形式的转变。2013 年汉诺威博览会上，他们的智能工厂展示了制作符合客户个性化的迷你手提包的技术，展览上所有参与制作的机器可以在几秒钟内实现拆卸和重组，以便进行个性化地生产。

| Cyber | Physical | System |
| --- | --- | --- |
| •“网络”或“网络化”，物联网与互联网的融合、交汇，连接人机系统，是信息滚动的载体。<br>•互联网、物联网、云计算、3D打印、大数据、人工智能、软件系统、虚拟仿真、机器视觉 | •“物理系统”是机器、设备、物件的高度的一般化描述。<br>•人、设备、生产线、产品、物件、机器人、智能终端 | •任何“相互连接的、具有一定原件和运作，执行某种功能的事物的集合”统称。<br>•相关人员、软件、硬件的 |

**图 6-6　CPS 三个字母为核心的三要素**

在智能工厂的普及方面，根据德国工业 4.0 指数统计报告，2015 年全德范围内已经有 76%的企业着手构建智能工厂。目前，第一批完成联网的智能工厂和已经开始进行具体产品的生产制造。预计到 2025 年，全德范围内将实现智能工厂的普及，届时，德国的竞争力也将大大提高。①

### （二）互联网 + 制造业的六大改造范畴

数字化时代的到来是大势所趋，它将改变人类生活的方方面面：对于企业来说是其生产方式（大规模生产转向个性化灵活生产）和商业形态（由实体商业转向电子商业）；对于消费者来说是其消费习惯（由大众化的消费品转向个性化的订制品），最终产品的个性化生产及维护将

① Deutscher Industrie 4. 0 Index 2015，PDF.

成为新的标准。

我们参考从德国 SAP 公司提出的工业 4.0 的六大业务方案及其解决的核心问题[①]（见图 6-7）。

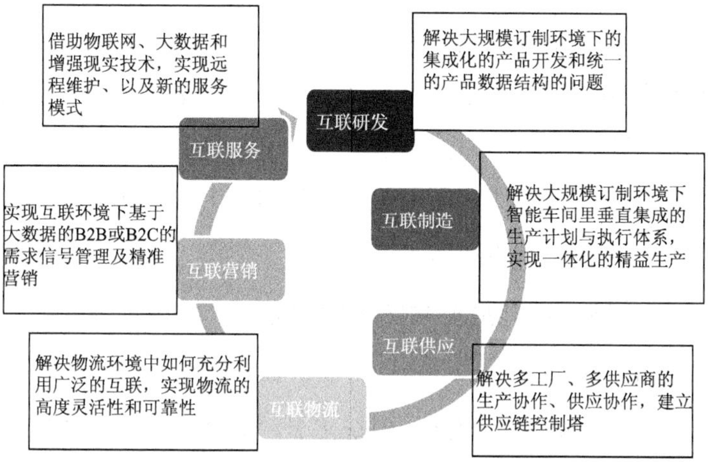


**图 6-7　德国 SAP 公司提出六大工业 4.0 的业务方案及其解决的核心问题**

在企业层面上，互联网主要对以下几个方面发挥作用：[②]

互联网+研发：借助大数据与云计算、用户与企业双向互动、集智慧之大成，搜集满足客户意愿的个性化产品创意。

互联网+采购：一方面网络采购，改变传统信息不对称，使供应层级扁平化，让采购在阳光下进行；另一方面通过云存储和网络等技术的使用，生产企业与特定企业实时数据共享，自动实现订货。（见第五章第八节：电子商务物流行业分析）

互联网+制造：信息物理主导未来，M2M 柔性制造。智能制造的实现依赖智能芯片，即“产品记忆”。产品自己携带着相关的指令信

① 改编自网络图片。

② 严卫国，王冠军．互联网+企业．北京机械工业出版社，2015.07.

息自动与相关机器对接，“告诉”机器应该怎么做。打破原有自动化金字塔的等级层次，生产系统中的每个部分都可以与其他任意部分相互交流，实现 M2M。

互联网+营销：O2O 到来，实时数据分析，以用户为核心，全网络渠道覆盖；通过数字化转型，企业与客户交互的接触点上直接与客户进行沟通和提供增值服务，创造出从产品向服务转型的新商业模式。

互联网+服务链：全生命周期呵护，全程反馈改进；智能制造突破了简单的大规模生产模式，高度的自动化实现生产灵活性，提高产品多样性更加适应个性化的市场需求。

### （三）互联网改造制造业在德国的实践

#### 1. 国家的扶持项目

目前，联邦经济部在德国全国扶持了约 280 个工业 4.0 应用项目中心，37 个测试中心和 34 个信息辅助中心。这些区域性扶持项目分散在全国各处，为企业的信息收集、检测实验、人员培训方面提供了极大的帮助。前期，企业能够得到这些机构的专业指导和咨询建议，协助企业根据自身特点研发相应的技术，并依据产品和客户对其加以检验。一些重点项目如生产和物流设备将会在高校和研究机构中进行测试并改进，而生产和应用环节会在测试中心根据实际情况模拟再现，确保技术成熟后再投入到企业具体应用。德国经济的强势离不开中小型企业的繁荣。德国有几百家企业已经在平台的帮助下应用工业 4.0，积极构建智能工厂，实现智能制造的转型升级，并取得了良好的效果（见图 6-8）。

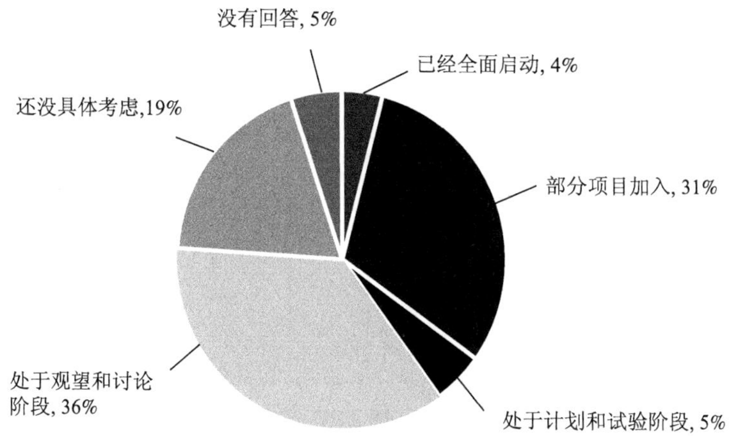


**图 6-8 企业构建智能工厂的情况**

### 2. 企业的重视程度

据德国工业 4.0 预测，目前有 20%的车企已经投入使用自动控制的设备，83%的企业认为数字化将会在价值创造中发挥越来越大的作用。为了解德国企业对工业 4.0 的看法及参与的积极程度，工业 4.0 平台调查了 559 家德国企业（员工数量在 100 名以上），了解这些企业对“工业 4.0”的看法。88%的企业认可该项目，已经或正在计划以适当的方式参与到工业 4.0 中，并认为会对公司的长久发展有很大的意义。除此之外，2016 年已有 57%的受调查企业将 5%的销售额投入到工业 4.0 中，36%的企业将销售额的 5%~10%投入到项目中。可以看出德国企业认同工业 4.0 对企业发展的长久意义，重视公司层面上的进一步研发。

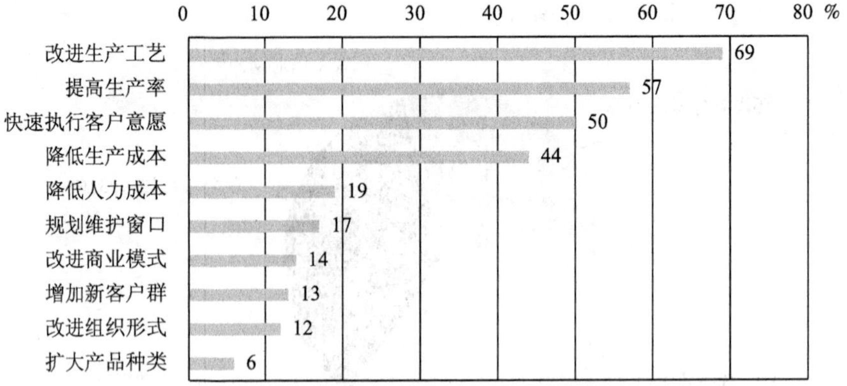


**图 6-9　德国公司期望借助工业 4.0 实现的目标**[①]

从图 6-9 可以看出，这些企业员工最希望借助于工业 4.0 来优化生产过程，改进现有的生产工艺，提高企业生产率，更加快速地满足顾客个性化的需求以及降低企业生产成本。

**3. 对德国行业的影响**

在工业 4.0 的框架下，引入互联网和 CPS 物理信息系统后德国一些重要行业将受到不同程度的影响。对此德国信息产业、电信和新媒体协会（Bitkom）和德国 Fraunhofer 研究院 IAO 研究所做了调查（见图 6-10，图 6-11）。

---

① Ziele durch den Einsatz von Industrie 4.0 Anwendungen in Unternehmen in Deutschland 2016 I Umfrage https://de-statista-com.proxy.lib.utk.edu:2050/statistik/daten/studie/539130/umfrage/ziele-durch-den-einsatz-von-industrie-40-anwendungen-in-unternehmen-in-deutschland/.

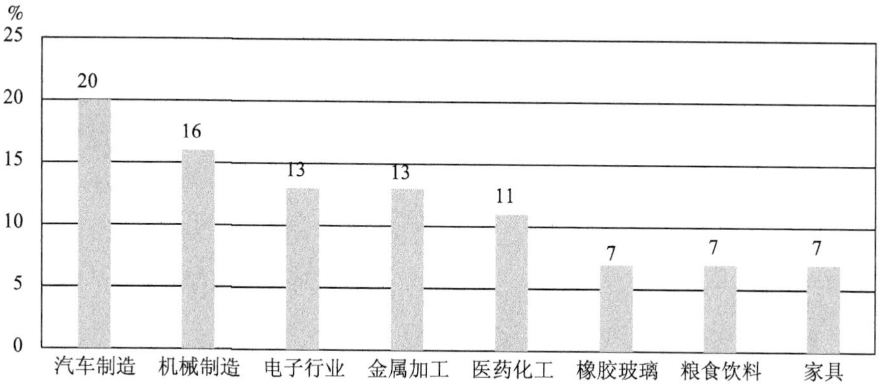


**图 6-10　德国 8 大行业的价值创造①**

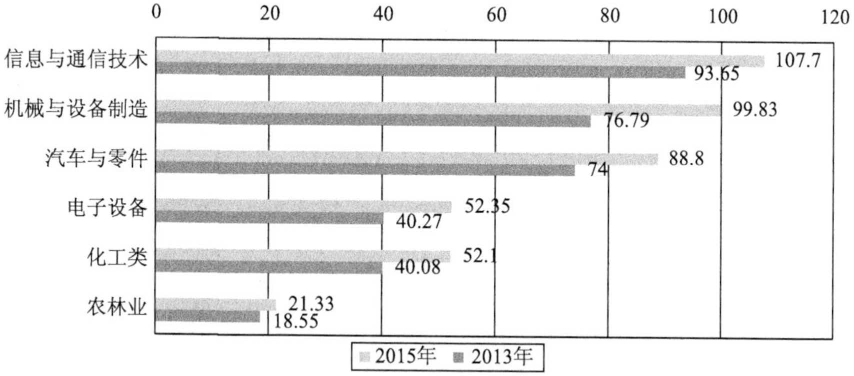


**图 6-11　对比 2013 年和 2025 年，预测工业 4.0 提升德国行业价值②**

该统计数据给出了德国制造业 8 大行业在制造业中的比重并对比了 2013 年和 2015 年工业 4.0 对德国一些重要行业价值增长的影响。 排在首位的是信息与通信行业，从 2015 年的 936.6 亿欧元增长到 2015 年的

① https://www.bitkom.org/Publikationen/2016/Leitfaden/Industrie-40-Status-und-Perspektiven/160421-LF-Industrie-40-Status-und-Perspektiven.pdf.

② Wachstumschancen ausgewählter Branchen in Deutschland durch Industrie 4.0 | Prognose https://de-statista-com.proxy.lib.uiowa.edu/statistik/daten/studie/297985/umfrage/wachstumschancen-ausgewaehlter-branchen-in-derutschland-durch-industrie-40/.

1077 亿欧元；机械与设备制造业净增长率最高，达 30%；汽车行业增长量排第三；电器行业和化工行业受影响程度相当，预计未来的价值增长也相当；农林业所受的影响不大。可以看出，汽车与机械制造依旧是德国的支柱型产业，是德国的优势所在，而工业 4.0 所要加强和再次革新的也正是这些行业。而此次互联网驱动下的变革将会给德国通信技术行业带来蓬勃发展的动力，可以说，通信技术的发展在一定程度上决定了德国互联网工业革命的变革和发展程度。

**4. IT 行业对市场反应最为灵敏**

图 6-12 中的数据给出了德国 IT 行业 2017 年最为关注的技术与市场趋势。可以看出信息安全和云计算是 IT 界最为关注的，物联网和工业 4.0 是大趋势。对比往年的数据，这一趋势不断增强。那么对于通信类企业来说，他们将会进一步提高物联网与工业 4.0 方面的参与度。同时，对于企业最为关注的 IT 安全问题其实也是工业 4.0 顺利实施所面临的一项重要问题。下面章节将会继续讨论这一问题。

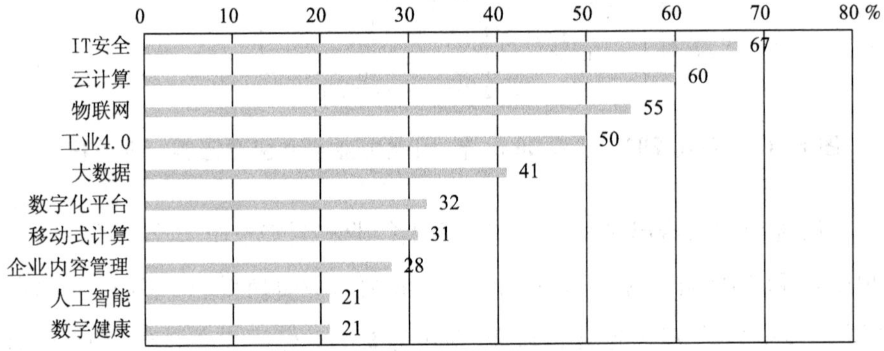


**图 6-12　2017 年德国 IT 业的重要趋势①**

① · ITK-Branche - Die wichtigsten Trends Deutschland 2017 | Umfrage . https://de-statista-com. proxy. lib. utk. edu:2050/statistik/daten/studie/675726/umfrage/die-wichtigsten-trends-in-der-itk-branche/.

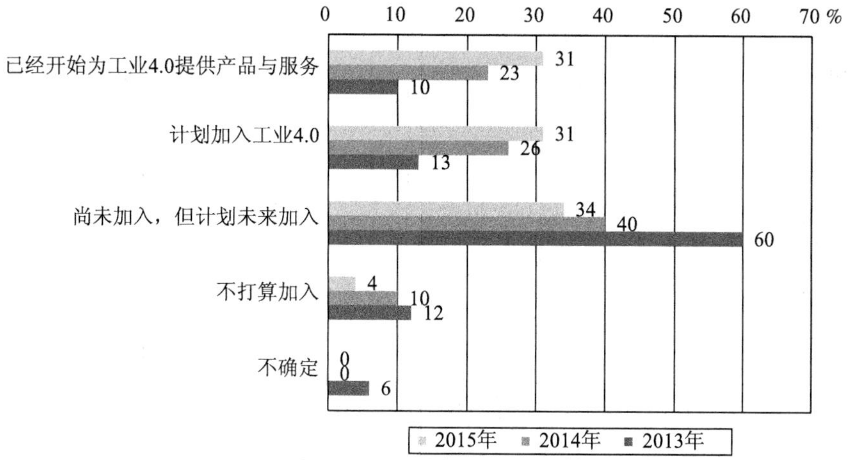


**图 6-13　工业 4.0 对信息通信企业的意义**[①]

图 6-13 是对 318 家德国 IT 企业调查的结果。我们可以看出，随着时间的推移，处于观望阶段的企业越来越少。越来越多的通信类企业已经认识到互联网对工业改造的意义，已经或者正在计划投入到工业 4.0 项目中，提供特定的服务与产品，提升公司的参与度。相比于其他行业，通信类企业参与工业 4.0 的积极性更高，对市场的反应更灵敏。

通信行业的发展对实现互联网经济转变是至关重要的。当前，德国的信息与通信类企业总共有 91000 家，从业人员达 100 万人以上。尽管如此，与美国等通信行业更为发达的国家相比，德国并不占优势。此次互联网工业革命中，德国 IT 行业有着相当大的机会，国家的扶持将会给予其更多的提升和发展的余地（见图 6-14）。

① Umfrage https://de-statista-com.proxy.lib.utk.edu:2050/statistik/daten/studie/298171/umfrage/bedeutung-von-industrie-40-fuer-itk-unternehmen/.

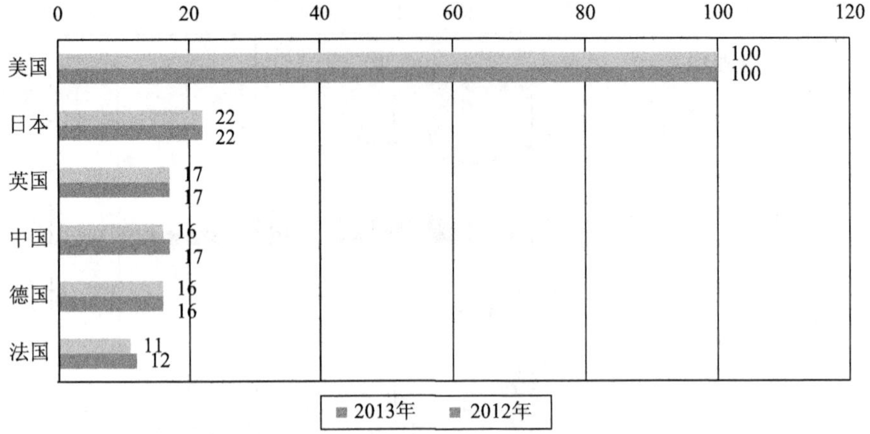


图 6-14　2012 年和 2013 年世界 IT 市场发展情况

## (四)国家层面上的合作

### 1. 与美国工业互联网达成合作

在美国,“工业 4.0”的概念更多地被“工业互联网”所取代,尽管称呼不同,但这两个概念的基本理念一致,就是将虚拟网络与实体连接,形成更具有效率的生产系统。从政策层面来讲,美国政府在金融危机后将发展先进制造业上升为国家战略,推出了先进制造伙伴计划(AMP),汇集了来自研究、商业和政府部门的代表,共同描绘“投资和促进新兴技术发展”的路线,希望以新的革命性的生产方式重塑制造业。[①] 美国于 2012 年启动的“先进制造业国家战略计划”中提出,要发展包括先进生产技术平台、先进制造工艺及设计与数据基础设施等先进数字化制造技术,其核心是鼓励创新,通过信息技术来重塑工业格局,激活传统产业。而在此过程中,除了美国政府的政策扶持外,行业联盟的率先组建成为发展的重要推手。

① 纪成君,陈迪.“中国制造 2025”深入推进的路径设计——基于德国工业 4.0 和美国工业互联网的启示.当代经济管理,2016(2).

德国工业 4.0 强调“硬”制造，从制造业出发，希望利用信息技术等手段改造制造业，实现制造业+互联网。究其原因在于其网络体系不敌美国，毕竟美国国内互联网高度发达，各大互联网企业聚集、人才济济，在信息数据保护方面的研究更胜一筹。因此，软件和互联网经济发达的美国更侧重于在“软”服务方面，更加注重创新能力以及创新营销模式。希望借助网络和数据的力量提升整个工业的价值创造能力，从 CPU、系统、软件、互联网等信息端，通过大数据分析等工具实现互联网+制造业。双方各自重点不同，但都强调发挥出自身最擅长的部分。

德美企业可以在很多方面软硬互补。美国互联网发展世界一流得益于其第三次工业革命的结果。如今其硅谷带来的产业集群效应、世界闻名的互联网信息公司微软、IBM 作为推动者以及各大高校汇集得到全世界最顶尖的人力资本共同带动着美国的互联网发展一路高歌，不断拉大与其他国家间的差距。与之相比，德国拥有的则是过硬的工业实体，其核心优势是其强大的工业产品和服务，在传统工业领域，如机械制造、汽车制造等具有很大的优势。德国公司尤其擅长攻克技术难关，优化生产技术和过程，降低企业生产成本，以此提高企业生产率。与美国追求的创新商业模式有着不同的重点，这一点我们可以从前面的图表中看出。在这个方面，德美双方有很大的合作空间。

**2. 中国制造 2025 对接德国工业 4.0**

中国提出互联网+和中国制造 2025 战略，重点提高国家制造业创新能力，推进信息化与工业化深度融合，提高制造业国际化发展水平。在 IT 领域的重点则包括物联网及其应用，工业控制和自动化。

中国目前只是制造业大国，尚未进入世界级的制造业强国，既没有德国在传统工业领域的雄厚基础，也缺乏如美国引领世界信息技术发展的先进技术。当下还要解决产品质量提升、强化工业基础能力、制造业升级转型等基本问题。应该在继续大力发展先进工业技术的同时，紧盯新的信息产业发展动向，实现二者共同进步。普华永道思略特一篇报告指出工业 4.0 的产业集成要求企业能够整合研发、制造、物流、人员转换与售后服务等产业链要素，通过高度集成的信息系统加以控制、大数据实时分析随时反馈。然而有效的管理方式和综合使用大数据信息在中国都是相当薄弱的，单个企业和单个行业都无法实现这些革新性变化，需要跨行业乃至政府的力量加以推动。

中德两国政治经贸关系一向良好。2015 年，中德互为对方第四大贸易伙伴，双边贸易额达 1568 亿美元。两国企业接轨条件在于德国有技术，中国有市场。德国有 97%的企业都是中小型企业，这些企业不管规模多么小，资金多么薄弱，都有自己的专利特色。这些德国企业拥有技术，但本国市场有限，也没有能力拓展海外市场；而中国有大量中小型企业渴望得到德国的优势技术。[①] 目前中德合作的电动汽车就是很好的例子。两国建立了产学研合作基地，统一了充电接口，这对德国车企来说意味着广大的中国市场为其敞开了大门。另外在电子商务方面中国的优势远远超出德国，中国国内拥有各大成熟的电商平台、完善的物流系统和支付平台给传统行业带来了颠覆性的改变，德国可以充分借鉴中国的经验。由此可见，中德在工业 4.0 项目上的合作带来的收益将是无可估量的。

### 3. 欧洲层面的数字平台共享

在欧洲层面，第七研究框架计划（2007—2013 年）对物联网的研究给予了大力支持，财政拨款被优先专用于信息和计算机技术，包括多

① 叶石界. 中小企业对接德国“工业 4.0”. STAFF AND WORKER’S EDUCATION OF CHINA: 28.

项制造业中实现物联网的跨领域措施。 西门子主导的物联网工作工程被注入了 580 万欧元来发展实际情境下的“即插即用”方案。 与此同时，24 亿欧元已经被投入到 ARTEMIS 技术平台来促进包括制造和生产自动化及 CPS 等八个子方案的研发项目。 除此之外，12 亿欧元被投入到“未来工厂”这一公私合作计划，该计划每年征集有关智能、ICT 驱动的制造业领域的申请。 在这一计划的支持下，以 SAP 主导的“行动计划 T”提交了它的“制造 2.0 愿景”，即拟作为第八研究框架计划——地平线 2020（2014—2020）下的研究资助计划的讨论稿。

根据欧盟委员会的数据，欧盟范围内数字化的内部统一市场每年给欧盟带来 4150 亿欧元的经济效益和上万个工作岗位。 预计到 2020 年，物联网的市场份额将达到 1.9 万亿欧元。 到 2025 年，工业数字化给德国带来额外价值将达到 4250 亿欧元，生产力提升 30%，年成本降低 2.6%。

## 三、德国互联网改造制造业面临的挑战

工业 4.0 虽然给制造业带来无限的发展可能，但在通向最终目标的道路上不可避免地会遇到各种各样的困难和挑战，本次的工业革命涉及整个国家级产业转型，要实现跨领域的合作必将面临很多的困难。 除了为实现新型生产方式所必需的技术基础外，企业信息安全和工人素质培训等都是目前急需解决的难题。

随着大数据时代的到来，数据成为企业最重要的资源之一。 物理信息生产系统的应用，需要对庞大的数据信息进行收集和有效处理。同时，企业间价值创造网络的建立，也要求共享企业的部分甚至是全部生产数据。 这种数据使用的合法性，以及敏感数据的保护问题，成为目前关注的焦点。 德国作为工业 4.0 研究的先驱者，在全球推广新技术的同时，也要首先研究出相应的数据保护措施。 如何做到数据保护

和信息安全这是当下亟待解决的问题。如果攻克不了这个难关，很多企业出于担忧可能很难真正加入进去。

另一大挑战是员工素质问题，虽然德国制造业从业人员的高素质是其目前的一个竞争优势，然而在工业4.0时代，仅仅拥有制造方面的专业知识是不够的。未来的智能工厂中工人仍然发挥了很大的作用，但主要是借助于移动终端和智能设备进行计划、调控和监管之类的工作。这就要求制造业的员工具有一些新的知识储备，如人机交互、跨专业工作方法、统计学基础知识、信息技术等，但这并不是通过简单的技术培训就能快速实现的。如果不能有效地在未来一段时间内提高行业内工作人员在工业4.0工作环境中的工作能力，就很可能会导致大量的失业问题，即使在新的生产模式下会出现新的工作岗位，那些不能达到要求的员工仍然无法接手这些工作。

此外，在线上线下的互动方面，相对于中国，德国国内还是相当保守的，这会大大抑制互联网经济的活力。其O2O和B2C的发展还有很大的空间，具体可参见前半部分对德国互联网线上交易部分的分析。

而且，德国97%的企业都是中小型企业，他们构成了德国制造业的主力军，然而这些中小型企业在转型过程中面临着引入技术和转型成本过高、研究开发投入不足、政策支持导向等诸多问题。尽管德国国内已经有各项扶持性政策和研究机构，但面临这样一个大体量的产业转型仍然是不够的。这都需要在探索工业4.0生产方式的道路上不断克服，边摸索，边解决，边前进。反过来，这些问题的解决方法，也必会给行业内部带来更加深刻的影响。

## 四、展望未来与总结

数字化的趋势是不可逆转的，世界范围内有先见性的老牌工业国和新型工业国已经纷纷加入互联网改造传统行业的过程中。互联网与产业的结合所带来的社会价值和经济效益都是相当可观的，此次的工业革命也将决定国家间的综合国力。

德国的优势在于宏观方面国家的政策扶持、中观层面上高校、研究机构和企业的通力合作，以及世界范围内最顶尖的制造业作为基础。然路漫漫其修远兮，德国目前仍然有大量需要克服的问题。这将需要与中美等其他国家保持长期合作，取长补短，方能实现利益最大化。

# 第七章　德国篇结语

至此，我们对德国互联网产业已经较为全面地进行了概述，同时分别借助 PEST 模型、波特五力模型对德国互联网产业面临的宏观环境及电子商务行业做了分析。此外，由于德国是制造业强国，互联网对德国传统制造业的影响是互联网产业发展的重要内容。在这一部分，我们会对整个报告的内容进行梳理，方便读者更好地抓住要点。

德国是出口导向型国家，是欧洲最大的经济体，各项宏观经济参数名列前茅，几个优势产业如汽车产业、机械制造业、化工业、电子电气工业发展势头良好，很大程度上推动了德国经济的发展。

德国人口达到 8300 万人，增长主要来自外来人口，老龄化趋势越发严重。8300 万人口中，互联网用户数量 5610 万，并且数字在逐年增加。德国互联网已经走入了几乎每一个家庭，家庭安装宽带数量为 3020 万，且全德境内，无线热点数量极高。

德国的 B2C 商务模式发展不温不火，营业额虽在欧盟范围内领先，却大幅落后于美国、英国等国。C2C 模式比起 B2C 则更为缓慢，C2C 同样难以突破现有的瓶颈。

德国的企业互联网普及率为 89%，且网速可观，但是云计算使用比例略低于欧洲平均水平。

德国人不太使用移动支付，发展相对保守，普遍存在对安全性和隐私保护问题的担心。

在“互联网对德国传统制造业的影响”中，作者介绍了“德国工业4.0”的重要意义，而制造业在它的引领下则会进一步加强。德国制造业和互联网融合的基础是物理信息系统，以此实现工厂、机器、生产资料、信息系统和人的高度联合。互联网在企业的整个产业链上发挥着重要作用，从研发、采购、制造再到营销、售后服务。

互联网对制造业的改造不仅停留在纸面上，德国联邦经济部大力扶持互联网项目，并且企业也用实际行动紧跟该潮流。

随着全球化进程的推进，国家层面的合作显得尤为重要，尤其是在作为高新技术代表的互联网产业，德国的“工业4.0”与美国的“工业互联网”、中国的“中国制造2025”高效对接，互惠互利，在欧盟内部也在进行着数字化内部统一进程，可以说互联网把各国乃至全世界连接在了一起。然而发展必然不会一帆风顺，除了为实现新型生产方式所必需的技术基础外，企业信息安全和工人素质培训等都是目前急需解决的难题。

电子商务是互联网产业的重头戏，而在“德国B2C电子商务行业五力模型分析”部分，作者通过数据分析得出如下结论：

（1）潜在进入者的威胁较低，主要由于该领域已经形成了一定的规模，消费者的倾向性较为明显。此外，所需的巨大资本与投入也是潜在进入者不容易逾越的障碍。

（2）现有企业之间的竞争较大，德国B2C市场集中度不高。

（3）替代品的威胁较大，威胁主要来自传统的线下交易和C2C。

（4）由于市场需求大，商品差异化较小，信息透明化，转换成本低，使得消费者的讨价还价能力较大。

（5）供应商的议价能力视情况而定，大型供货商议价能力较强，中小企业议价能力较弱。

在 PEST 模型的辅助下，我们对德国的政治、经济、文化和技术环境同样有了清晰的认识：德国有稳定的政治基础，完善的法律，并一贯坚持互联网产业和传统产业的结合；作为发达国家，德国的宏观经济环境趋于稳定，德国的企业也已经与互联网建立起了密不可分的联系，但是电子商务在德国的发展却依旧缓慢，这就需要融合线上线下、协调实体经济和新实体经济之间的连接关系；德国的社会越来越趋于多元化，适应老龄化和跨文化带来的冲击是保持互联网产业活力的关键；而德国的技术环境十分出众，完善的科研体系、先进的技术转移体系再加上有力的专利保护使得互联网产业的发展有了扎实的保障。